KB259772

漢城百濟의 誕生

漢城百濟의 誕生

박순발 지음

서 경 문 화 사

필자가 百濟考古學과 조우한 것은 지금으로부터 십 수년 전 夢村土城 발굴조사에 참여하면서부터이다. 1988년도와 1989년도에 걸친 2차례 발굴조사에서 현장조사의 소임을 맡으면서이다. 몽촌토성 발굴조사는 1983년도부터 시작하여 1984년, 1985년, 1987년, 1888년, 그리고 1989년도에 이르기까지 모두 6차례 실시되었으므로 당시까지 이루어진 백제 유적에 대한 발굴조사로서는 최대 규모였다. 이를 통해 많은 신자료가 알려짐으로써 바야흐로 백제고고학이 한 단계 나아갈 수 있는 기회를 맞이하게 된 것이다.

그러나 그때까지 이 분야에 대한 필자의 知見은 매우 천박하여 조사에 임하는 기간은 물론이고 그 결과를 정리함에 있어 무지를 절감하였으며, 그에 따라 두려움도 적지 않았다. 잘 아는 것처럼 어느 분야의 고고학이든 자료에 대한 시간적 위치를 설정하는 작업이 무엇보다 우선적으로 이루어져야 하는데, 당시까지 이루어진 백제고고학의 시간축은 한꺼번에 쏟아지는 자료의 홍수를 감당하기는 너무나 취약한 것이었다.

그러므로 가장 급선무는 백제고고학의 편년체계를 수립하는 것이었다. 이에 필자는 몽촌토성 출토 토기에 대한 종합적인 정리를 시도하였다. 발굴조사 기간 동안 틈틈이 현장을 찾으시던 故 金元龍 선생님의 독려는 당시의 그러한 문제의식을 지탱해준 결정적 기반이 되었다. 1988년도 현장조사가 끝난 다음 보고서 작업이 이루어지면서 출토 토기에 대한 본격적인 정리가 시작되었다. 당시 서울대학교 고고학과 3·4년생 여러분의 정열적인 탐구정신은 지금도 잊을 수가 없다. 필자를 비롯하여 崔鍾澤(현 고려대학교 고고미술사학과 교수), 成正鏞(현 충남대학교 BK21 백제학교육연구단 전임교수), 李教東, 金壯錫(현 미국 아리조나 주립대학 박사과정), 金洛中(현 국립문화재연구소 학예사), 林尙澤(현 서울대학교 박물관 학예사), 尹炯元(현 국립중앙박물관 학예사) 등 다수의 학생들은 무려 3개월 여에 걸친 주야 합숙작업에 기꺼이 동참하였다. 이를 통해 막연하던 몽촌토성 출토 토기에 대한 시간적 위치 설정이 어느 정도 가능하게 되었으며, 지금도 漢城期 백제토기 편년의 근간이 되고 있다.

1990년부터 1992년도까지 필자는 경남대학교 박물관으로 전임하게 되면서 잠시 백제에 대한 관심이 소강해졌다. 그러나 1992년 9월 충남대학교 고고학과로 옮기면서 백제고고학을 오로지 하여야 하는 소임이 다시 주어졌다. 이때부터의 관심은 백제는 언제 어떻게 국가로 성장하였는가라는 것이었다. "백제고고학"이란 백제가 남긴 물질자료를 연구대상으로 하는 만큼 "백제토기", "백제고분" 등과 같이 일상적으로 사용하고 있는 고고학 자료의 관형구인 "백제"의 의미를 분명히 할 필요가 있으며, 이때 "백제"가 국가 단계 정치체의 명칭이라면 백제고고학의 최우선적인 과제는 결국 백제의 국가형성 문제가 된다고 여겼기 때문이다. 이에 대한 그간의 연구성과가 1998년도에 제출한 서울대학교 대학원 박사학위 논문인 『百濟 國家의 形成 研究』이다. 따라서 이는 필자가 앞으로 백제고고학 연구를 진행하기 위한 전제적 기초에 해당하는 셈이다.

이 책은 그러한 필자의 박사학위 논문을 얼마간 수정 보완하여 엮은 것이다. 표제를 "漢城百濟의 誕生"이라 한 까닭은 백제의 국가 형성 시기를 주로 다루고 있기 때문인데, "한성"이라는 冠稱은 백제가 그 도읍을 지금의 서울에 두고 있을 때의 都城 명칭에 유래를 두고 있는 것으로서 본서의 내용을 통해 알 수 있듯이 국가의 형성에 있어 城郭의 등장이 가지는 의미를 강조하기 위한 것이다. 우리나라 고고학 분야가 다 그러하지만, 특히 백제고고학 분야 자료는 噴出되고 있다 하여도 과언이 아닐 정도로 급속히 증가하고 있어 논문 제출후 불과 3년여가 경과되었을 뿐이지만 새로운 자료의 출현에 따른 보완의 필요성이 있었기 때문이다. 그러나 당초의 논지는 그대로 둠으로써 당시까지의 자료를 토대로 도출된 논의의 수준을 유지하고자 하였으며, 자료 추가에 의한 수정 또는 보완 사항은 해당 부분의 脚註로 처리하였다. 그리고 본문의 내용과 관련 있는 사진 및 도면 자료도 새로이 추가함으로써 독자의 이해를 증진하고자 하였다.

한편, 학위 논문에서 미처 다루지 못한 부분이나 논지의 보강이 필요한 부분이 있어 2편의 별도 논문을 〈補論〉으로 卷末에 붙였다. 「高句麗土器의 形成에 대하어」(『百濟研究』29輯 所收)와 「馬韓 對外交涉의 變遷과 百濟의 登場」(『百濟研究』33輯 所收)이 그것이다. 앞의 논문은 백제토기와 고구려토기 사이의 관련성에 대한 분명한 이해를 도모하고자 한 것이다. 그간 구체적인 검토가 결여된 채 논급되어온 백제 건국세력의 高句麗出自說과 관련된 고고학 자료의 하나인 백제토기와 고구려토기 사이의 유사성의 실상을 명확히 파악할 수 있을 것이다. 뒤의 논문은 학위 논문에서 구체적으로 밝히지 못하였던 백제의 국가 성장 배경에 대한 이해를 추구하기 위한 목적으로 작성된 것이다.

이 책의 근간이 된 학위논문이 작성되기까지 여러 선생님의 學恩을 입었다. 指導敎授 任孝宰 선생님은 작고하신 金元龍 선생님과 더불어 지금의 필자가 있기까지 따스한 배려와 많은 가르침을 주셨다. 고개 숙여 깊이 감사드린다. 尹世英, 池健吉, 崔秉鉉, 李南珪, 李鮮馥 선생님은 학위논문 심사의 노고를 맡아 매우 중요한 敎示를 주셨다.

그리고, 어려운 사정에도 불구하고 흔쾌히 출판을 맡아주신 書景文化社 김선경 사장님께 감사하며, 각종 도면 작성 및 교정을 위해 애써준 충남대학교 박물관 조교 李亨源씨와 백제연구소 조교 鞠星姬씨께도 감사한다.

끝으로, 자식으로서 남편으로서 아버지로서의 역할이 늘 부족하였던 필자를 한없는 신뢰로써 맞아준 부모님, 아내, 그리고 규상이 규민이 두아이에게 이 책이 얼마간 위안이 되었으면 좋겠다.

2001년 6월 저자.

표 실린순서

도면 실린순서

사진 실린순서

서 론

본 연구의 목적은 고고학 자료를 통해 百濟의 國家形成 문제, 특히 그 시점을 구명하는 데에 있다. 백제라는 역사적 실체의 형성을 다루는 연구에 있어 문헌사료가 중요함은 두말할 나위 없다. 따라서 자세한 문헌사료가 남아 있는 상황이라면 본 연구와 같은 고고학적 접근은 문헌을 통한 연구에 비해 비효율적일 것이다. 그러나 주지하듯 백제에 대한 문헌사료는 매우 零星할 뿐 아니라, 사료 해석의 가장 기본적 출발점이라 할 수 있는 紀年의 신빙성에 대해서도 아직 연구자들 간의 견해가 일치되지 않고 있다. 또한 문헌사료의 영성을 보완하기 위한 노력의 일환으로 점차 보편화되고 있는 고고학 자료의 활용에 있어서는 기초적인 연대비정 문제에서부터 자료 의미의 해석에 이르기까지 서로 다른 견해가 상존하고 있다. 이러한 상황에서는 최소한 백제 국가형성의 시점만이라도 보다 명확히 정리할 필요가 있을 것이며, 그러한 측면에서 본 연구와 같은 고고학적 접근은 나름의 의미를 가지고 있다.

그러나 이러한 고고학적 연구는 현재까지 알려진 물질 증거에 전적으로 의존할 수밖에 없기 때문에 역사적 실체로서의 백제 국가형성문제를 다룸에 있어서 일정한 한계를 지니지 않을 수 없다. 인간 활동의 모든 영역이 고스란히 고고학 자료로 남을 수는 없으며, 설령 그러한 자료가 있더라도 몇몇 기술적 영역을 제외하고는 물질자료의 의미를 모두 특정한 인간활동과 연계시키기는 지극히 어렵기 때문이다. 이러한 어려움은 고고학 전반에 적용되는 자료 해석상의 문제이지만, 특히 문헌자료가 남아 있는 역사시대의 고고학 자료를 다루어야 하는 역사고고학에서 두드러진 문제 가운데 하나이다. 종종 동일한 대상을 두고 문헌사와 고고학 사이에 커다란 해석상의 괴리를 보이는 경우가 있거니와 백제의 국가형성에 대한 이해 역시 그러한 문제를 안고 있다.

한편, 일반론적으로 볼 때 물질문화로서의 고고학 자료가 가지는 의미를 해석함에 있어서는 해당 물질문화가 생성 또는 사용되던 시점의 문화적 맥락 속에서 해석되는 것이 바람직하다 할 수 있다(Ian Hodder 1986). 그러한 점을 염두에 두면서 역사적 실체에 대한 고고학적 접근에서 흔히 부닥치는 한계와 문제점을 가능한 한 최소화하기 위해 여기에서 취하고자 하는 고고학 자료의 해석과 관련한 몇 가지 관점을 먼저 논의해 보고자 한다.

행위자가 사라지고 그 결과만 남아 있는 고고학자료에서 인지되는 정형성에 대한 특정 해석이 과연 타당한 것이냐에 대한 논리적 근거는 유추(Analogy)와 역사적 기록(Historical record) 두 가지에 의해 확보될 수 있다. 전자는 고고학 자료에서 관찰되는 정형성과 동일하거나 유사한 민속 또는 민족지 사례를 통해 해당 고고학자료를 유추적으로 연계시키는 것이며, 후자는 기록들에 의해 구성되는 역사적 맥락속에서 고고학자료를 연계 해석해내는 것이다. 민속적 또는 민족지적 유추를 통한 고고학적 해석의 타당성을 확보하는 방법은 통시대적으로 활용될 수 있는 반면 역사적 기록을 통한 고고학자료의 해석과 이해는 그러한 기록이 존재하는 시기에 한정될 수밖에 없으므로 역사고고학에만 적용되는 것이라 할 수 있다.

그러므로 백제의 국가형성 문제를 다루고자 하는 본 연구에서는 고고학자료 해석의 토대가 되어야 하는 역사적 맥락의 설정이 중요하며,

이는 전적으로 역사기록을 통해 확보되어야 한다. 그러나 다음과 같은 몇 가지 사항이 전제되지 않으면 역사적 기록의 활용은 무의미할 뿐만 아니라 오히려 매우 위험한 결과를 초래한다. 이와 관련해 본 연구에서 유의한 사항은 다음과 같다.

우선, 해석하고자 하는 고고학자료의 시·공간적 위치와 역사기록이 반영하는 시·공간이 일치되지 않는 경우에는 고고학자료 해석에 역사 기록을 함부로 적용해서는 안된다는 것이다. 이는 새삼 거론할 필요조차 없을 정도로 지극히 상식적 전제이기도 하다. 그러나 백제고고학에서는 아직 고고학자료의 시간적 위치가 정립되지 않은 부분이 많을 뿐 아니라 그 해석의 틀을 설정할 역사기록인 『三國史記』 百濟本紀와 같은 역사기록 역시 기년문제을 둘러 싼 이견들이 상존하기 때문이다. 사실 백제고고학에 보이는 많은 혼란은 이러한 상식이 지켜지지 않은 데서 비롯된 것이 적지 않다1). 따라서 고고학 자료의 해석에 앞서 고고학 자료의 시간적 위치 확정, 즉 해당지역에서의 편년 확립은 무엇보다 중요한 과제이다.

다음으로, 고고학자료의 시·공간적 위치와 역사기록이 나타내는 시·공간적 위치가 대응할 경우에는 비록 역사기록에 의해 설정되는

---

1) 한강유역에서 출토되는 黑色磨硏土器를 고구려토기의 영향으로 이해하고 나아가 이를 백제 건국집단이 고구려계통이었다는 것을 뒷받침 하는 고고학적 근거로 해석하는 입장이 대표적이다. 흑색 또는 황갈색 마연토기가 고구려 토기의 주종을 이루고 있는 점은 사실이나 모든 흑색마연토기가 고구려 토기가 아닌 점도 간과되어서는 안됨에도 불구하고 可樂洞 2號墳, 夢村土城, 石村洞 古墳群 등에서 출토된 일련의 흑색마연토기들을 고구려토기와 관련시키고 있는 견해들의 배경에는 백제의 건국주체인 溫祖집단이 고구려계라는 『삼국사기』등의 문헌 기록 내용을 염두에 두고 있기 때문일 것이다. 그러나 자세히 관찰해보면 고구려에서는 한강유역 백제 토기에 나타나는 기형 및 문양을 가진 흑색마연토기가 확인되지 않을 뿐 아니라 한강유역에서 이 토기가 출현하는 시기 또한 3세기 중반 또는 후엽이어서 적어도 『삼국사기』기록의 기년 역시 이 무렵이라는 확정이 없는 한 올바른 역사 기록의 활용이라 할 수 없다(제 3장 참조).

맥락(context)이 현재의 보편적 상식에 비추어 특수하다 할지라도 우선적인 해석의 틀로 채택되어야 한다는 점이다. 예를 들면, 묘제는 일반적으로 여타 문화요소에 비해 전통성이 강한 것으로 인식하고 그에 따라 새로운 묘제의 출현은 곧 그 피장가 新묘제를 襲用하는 문화집단과 出自的 관계를 가지고 있는 것으로 해석되곤 한다. 이러한 해석의 관점은 상식적으로 받아들여지고 있지만, 그러한 상식적 접근 또는 묘제에 대한 문화계통적 접근이 전혀 타당하지 않는 경우를 찾아내기는 그다지 어렵지 않다. 武寧王陵의 경우를 보자. 塼室墓라는 묘제 그 자체는 물론이고 부장품 또한 중국제품 일색이다. 상식적이고 관행적 고고학자료 해석은 이 피장자가 중국인 또는 중국과의 문화적 출자관계에 있다는 것일 게다. 그러나 墓誌銘이라는 역사기록은 그 주인공이 백제의 무녕왕임을 분명히 해주고 있다. 그러므로 이러한 고고학자료에 대한 이해는 이제 상식적 또는 일반적 범주에서가 아니라 당시의 역사기록에 의해 설정되는 보다 구체적이고 특수한 맥락을 우선적으로 고려하여 해석되어야 한다(제 6장 참조).

마지막으로, 고고학자료와 시·공간적 관계가 정확히 일치되지는 않지만 자료 형성시점과 비교적 가까운 무렵의 역사적 상황을 반영하고 있는 것으로 인정되는 역사기록의 활용 문제이다. 이러한 역사기록은 대부분 그 작성시점이 불분명하거나 당대 사료가 아닌 경우에 해당하는 것으로서, 현재 전해지는 대부분의 백제 국가형성과 관련된 문헌사료는 이러한 부류에 해당되므로 그것을 어떻게 적절히 활용할 것인가 하는 문제는 백제고고학에 있어 매우 중요하다.

이와 관련해서는 다음과 같은 방법론적 절차가 요구된다. 먼저, 고고학자료 자체의 엄밀한 편년적 위치 설정을 토대로 일련의 고고학자료에 나타나는 동시성 또는 인과성과 같은 정형성을 추출하여야 한다. 그런 다음 일련의 역사기록에 반영된 사건의 진행 및 사건들 사이의 인과관계로 구성된 맥락을 해당 고고학자료 해석의 틀로 활용한다. 비록 역사기록이 고고학자료가 형성된 시점과 동시성이 부족하다 할지라도 현재적 관점의 일반적이고 상식적인 해석의 틀이나 시·공을 전혀 달리하는 고고학자료를 통해 인지된 보편적 모델보다 앞서 참고하여 자료를 검토하여야 한다는 것이다. 특히 고고학 자료 자체만으로는 해석의 타당성 여부에 대한 판단이 거의 불가능한 고고학적 문화에 대한 種族性(ethnicity)이나 역사적 성격 파악을 위해서는 그러한 역사기록은 적극적으로 활용될 필요가 있다.

고고학자료의 해석과 관련한 역사기록에 대한 이상의 관점은 고고학자료나 역사기록이 모두 미흡하여 두 분야의 자료를 종합하지 않으면 안되는 백제고고학에 있어서는 더욱 중요하다.

본서에서 다루는 주요 내용은 다음과 같다.

제 1장에서는 백제 국가형성에 대한 기존의 여러 견해가 지니고 있는 문제점을 적출해봄으로써 연구의 방향 설정을 모색할 것이다. 즉 기존의 백제 국가형성론에 대한 현상 점검을 통해 이들이 안고 있는 문제의 소재를 확인함과 아울러 그러한 문제점을 해결할 수 있는 방법을 찾으려 하며, 그 결과 기존 연구의 한계를 극복하기 위해서는 우선 백제 국가형성의 공간적 배경인 한강유역에 대한 확고한 고고학 편년체계 수립이 무엇보다 긴요하고, 국가형성을 반영하는 객관적이고 확고한 고고학적 근거의 제시가 뒤따라야 한다는 논지이다.

그러한 시각에서 제 2장은 백제의 국가형성과 관련해 특히 그 시점을 규명함에 있어 장애가 되어 온 한강유역 고고학 편년체계 수립의 문제를 다루게 될 것이다. 『삼국사기』 백제본기의 기년에 따르면 백제는 기원전 18년에 건국한 것이 되지만 『삼국사기』초기 기년을 그대로 따르기는 어려우므로 백제의 국가형성 특히 구체적인 국가성립 시점을 특정함에 있어서는 고고학적 접근 이외에는 달리 방법이 없다. 왜

냐하면 백제 국가형성 연구란 백제 발상지인 한강유역 여러 고고학적 문화에 대한 통시적 전개과정 파악을 바탕으로 국가형성과 관련된 고고학적 근거가 언제, 어떻게 나타나는가를 확인하는 작업이기 때문이다.

제 3장에서는 제 2장에서 제시한 한강유역의 고고학 편년체계를 토대로 3세기 중후반경에 새로이 나타나는 일련의 토기양식의 의미를 살펴볼 것이다. 논지는 주로 이 토기양식의 등장이 백제 국가의 형성과 관련되어 있음을 규명함에 두게 될 것으로서, 이러한 "백제토기"의 형성과정은 백제 국가형성 과정의 일면을 말해줌을 논하게 될 것이다.

다음 제 4장에서는 국가형성의 또 다른 고고학적인 근거로 상정할 수 있는 大形墳墓가 한강유역에 등장하는 양상 및 그 출현시점을 검토할 것이다. 제 3장에서 제시한 한강유역 토기 편년체계를 토대로 한강유역을 포함한 중서부지역의 여러 묘제에 대한 편년적 위치를 논함으로써 백제 국가형성의 시기비정을 둘러싼 여러 문제의 해결을 모색해 볼 것이다.

제 5장은 한강유역에서의 城郭의 출현과 백제 국가형성 문제에 대한 검토를 시도하는 내용이 될 것이다. 여기에서는 연구자들 사이에 아직 견해가 엇갈리고 있는 한성기 백제 도성의 변천과 그에 따른 도성의 위치비정 문제도 함께 검토할 것이다.

결론에 앞서 제 6장에서는 이렇게 논의한 토기, 분묘, 성곽 등의 여러 고고학 자료에서 확인할 수 있는 백제 국가의 형성과 성장과정을 종합적으로 정리하여 볼 것이다. 여기에서는 그간 백제 건국세력의 출자 또는 계통과 관련하여 자주 거론된 石村洞 基壇式積石塚의 해석과 관련한 본 연구자의 평가와 견해도 제시할 것이다.

이상과 같이 본 연구는 백제 국가라는 역사적 실체의 형성에 대한 문제를 고고학 자료로써 접근해보고자 노력하였다. 고고학 자료의 성

격상 역사기록에 대한 폭넓은 이해를 바탕으로 한 적절한 해석의 틀
이 설정되지 않으면 이 문제에 대한 만족할 만한 해결은 결코 쉽지 않
으나, 현재까지 알려진 고고학 자료에 대한 체계적인 정리를 통해서
백제 국가의 성립 시점과 같은 금후 보다 심화된 논의를 위한 기본적
사실들을 밝혀 보고자 하였다.

제 1 장
백제 국가형성론의 현상과 방법론적 모색

1. 백제 국가형성론의 현상과 문제점

2. 연구방법의 모색

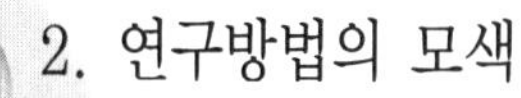

제 1 장
백제 국가형성론의 현상과 방법론적 모색

1. 백제 국가형성론의 현상과 문제점

　『三國史記』百濟本紀에는 기원전 1세기 말경 백제는 이미 국가체제를 갖추고 있었던 것으로 되어 있다. 溫祖王代 기사 가운데 이와 관련된 내용을 간추려 보면 다음과 같다. 왕에 의한 군사권의 장악 및 대외전쟁의 수행, 왕권의 세습, 樂浪·馬韓 등 인접 정치체와 대외교섭, 정치적 중심지로서 都城의 존재, "右輔" 등의 관직으로 시사되는 관료조직의 존재, 築城 등과 같은 공공 토목공사에 公役 徵發, "東明廟" 및 "大壇"으로 대표되는 지배집단의 이데올로기적 正統性 확보 수단의 존재 등이다2).

---

2)　『삼국사기』백제본기 기사에 따르면 왕에 의한 군사권 장악 및 대외전쟁 수행의 예로는 온조왕 3년조(秋九月 靺鞨侵北境 王帥勁兵 急擊大敗之), 인접 정치체와의 대외교섭의 예는 온조왕 4년조(秋八月 遣使樂浪修好), 정치적 중심지로서의 都城의 존재는 온조왕 건국조(都河南慰禮城), 관료조직의 존재는 온조왕 2년조(王以族父乙音…拜爲右輔 委以兵馬之事), 築城 등의 토목공사를 위한 公役 徵發은 온조왕 41년조(二月 發漢水東北諸部落人年十五歲以上 修營慰禮城), 지배집단의 이데올로기적 정통성 확보 기반의 예로 볼 수 있는 것으로는 온조왕 원년조(夏五月 立東明廟) 및 17년조(夏四月 立廟 以祀國母), 왕권 세습은 온조왕 28년조(立元子多婁 爲太子) 기사 등에서 잘 나타나고 있다.

이러한 사항은 국가단계의 정치체가 갖추고 있는 보편적 요소들이므로(李鮮馥 1988) 적어도 『삼국사기』기사를 근거로 하면 이 무렵 백제는 이미 완연한 국가 단계에 있다 할 것이다.

하지만 『삼국사기』의 이러한 기사는 『三國志』 魏書 東夷傳 등 중국측 사료와는 적지 않은 불일치 점을 내포하고 있어 일찍이 일제강점기부터 그 사료적 가치에 대한 논란이 있어 끊이지 않았다. 그리하여, 대체로 古爾王代 이전 기사내용은 후대의 사실이 소급 부회된 것이며, 실제로 백제가 건국된 시점은 고이왕 무렵이었던 것으로 보아야 한다는 견해(李丙燾 1936)가 지배적이었다. 이는 『삼국사기』 백제본기에 전하는 왕위계승과정에 대한 분석을 통하여 백제의 내적인 발전과정을 구명한 연구(李基白 1959) 등을 통하여 더욱 보강됨으로써 적어도 『삼국사기』 초기 기사의 기년을 文面대로 받아들일 수만은 없다는 것이 지금도 문헌사학계의 주류이다.

그런데 1967년 風納土城에 대한 포함층조사 결과가 학계에 공표되면서 『삼국사기』 초기 기사 및 그 기년 불신론에 대한 반론이 고고학계로부터 먼저 제기되었다. 유적을 직접 발굴조사한 김원룡은 그 때까지의 고고학적 연구결과를 바탕으로 풍납토성을 『삼국사기』 백제본기 온조왕 14(기원후 5)년조 축성기사와 관련시켜 그 축조시기를 기원후 1세기로 비정한 것이다(金元龍 1967a). 나아가 이를 근거로 "삼국사기가 전하는 삼국의 건국연대를 전적으로 거부할 이유가 없으며, 삼한시대의 역사상을 전하는 위지 동이전의 기사내용은 고고학적으로 초기철기시대에 해당되는 기원전 3세기경부터 기원전후까지로 보아야 한다"는 견해를 제시함과 아울러 "삼국사기에 대한 맹목적인 불신 태도를 버리고 사료로서 다시 한 번 과학적인 검토를 하여야 한다"고 주장하였다(金元龍 1967b). 그리고 이 시기에 대한 시기구분명칭과 관련하여 새로이 "原三國時代"를 설정하기에 이른다. 『삼국사기』 기사로는 엄연히 삼국시대이면서 당시의 문헌사학계에서는 三韓時代로 부르고 있어 불합리하므로 原初的인 삼국시대, 즉 原史時代의 삼국시대라는 의미로 "원삼국시대"라는 명칭을 써야 한다는 주장이다(金元龍 1973).

이러한 고고학계의 새로운 주장에 힘입어 백제의 국가형성과 관련한 『삼국사기』 백제본기 온조왕대 기사로부터 고이왕대에 이르는 기사내용을 당시의 역사적 사실로 그대로 받아들여야 한다는 긍정론(千寬宇 1976 ; 李鍾旭 1976)이 대두되었던 것이다.

그러나 이후 살펴볼 것이지만 현재의 한강유역 고고학 편년체계로 보면 풍납토성 연대관 자체가 문제를 안고 있어 그에 근거한 『삼국사기』 초기 기사 긍정론은 성립되기 어렵다. 김원룡은 풍납동에서 출토된 토기 가운데 이른바 粗質有文土器, 즉 표면에 繩文이 시문된 赤褐色軟質土器를 明刀錢 등과 공반되는 戰國系 打捺文土器와 동일시하던 藤田亮策의 견해를 수용하고 나아가 중국 華南地方 印文陶와의 연계 가능성도 제시하였다. 구체적인 연대 제시는 없으나 이 토기를 늦어도 기원전후일 것이라 본 것은 그러한 당시의 연대관을 따른 것(金元龍 1967a)일 뿐이다. 당시에 비해 많은 새로운 자료와 연구가 진전된 지금, 이 토기는 빨라야 3세기 중반 이전으로는 소급될 수 없는 漢城樣式 백제토기이므로(朴淳發 1992 ; 李康承 外 1996 : 97), 풍납토성 1세기 축조설은 그 근거가 없어진 셈이며, 나아가 이를 토대로 한 『삼국사기』 초기 기사 긍정론 역시 적어도 그 고고학적 기반은 상실된 것이다.

한편, 풍납토성 포함층조사 결과 공표 이후 새로이 제기된 『삼국사기』 초기 기사 긍정론은 구체적인 연구 성과의 사실성 여부를 떠나 그러한 기사들을 통해 백제의 국가형성과정을 보다 구체적으로 복원하려는 이후의 연구경향을 촉발하는 중요한 계기적 역할을 하였음은 부인할 수는 없다. 적어도 문헌사료만으로 백제의 국가형성을 구명하려 할 때 『삼국사기』 백제본기의 초기 기사를 완전히 배제하고서는 접근조차 불가능하기 때문이다. 이러한 분위기는『삼국사기』초기 기사들에 대한 절충론으로 이어진다. 기년을 문면 그대로 받아들이기는 어렵지만 일련의 기사가 전하는 사건들에는 역사성이 내포되어 있다는 것이다. 이로써『삼국사기』백제본기에 보이는 일련의 기사들은 백제의 건국 및 성장과정의 추이를 반영하고 있는 것으로 볼 수 있다는 견해들(金哲埈 1982 ; 盧重國 1988)이 학계의 지배적인 위치를 점하게 되었다. 초기 기록들에 대한 신뢰할 수 있는 기년만 조정된다면 백제의 국가형성 과정에 대해 보다 구체적인 접근이 가능하리라는 점이 확인된 셈이다.

이는 한편으로 백제 국가형성을 구명함에 있어 고고학의 역할이 더한층 증대되는 계기이기도 하다. 고고학 자료의 특성상 보다 확고한 시간축의 설정은 비교적 용이한 반면, 특정 시점에 드러난 물질문화에 나타나는 정형성에 대한 구체적 해석은 쉽지 않다. 그러므로 비록 기년은 불확실하더라도 그러한 일정한 역사성을 반영하고 있는 문헌사료와 합리적으로 결합될 수 있다면 고고학 자료해석의 맥락이 쉽게 확보될 수 있기 때문이다.

실제로 고고학 자료의 증가와 더불어 이러한 절충론적인 접근은 현재 더욱 구체화되어가고 있는 추세이며(李道學 1991a), 최근의 연구경향은 거의 대부분 고고학 자료와 문헌사료를 종합한 연구라 하여도 과언이 아니다. 그러나 한편으로는 피상적이고 자의적인 고고학 자료의 해석과 같은 부작용도 적지 않아 보다 신중한 검토가 요구되는 시점에 와 있기도 하다. 이는 근본적으로 백제 국가형성의 공간적 토대가 된 한강유역의 고고학적 연구성과가 아직 양적으로 충분히 축적되어 있지 못하기 때문이다. 그러나 보다 직접적으로는 대부분의 문제들이 고고학 자료에 대한 시간축 설정, 즉 편년체계가 확고히 수립되지 않은 상태에서 편의적으로 자료해석이 이루어지는 데에 기인한 것으로 보인다. 최근까지의 주요 연구들을 검토해보면 그러한 문제점들이 잘 드러나고 있다.

『삼국사기』백제본기 초기 기록에 대한 절충론적 수용의 전제 하에 기원후 2~3세기 무렵 南來한 고구려계통의 건국 주도세력이 한강유역에서 성장하여 백제 국가를 형성하였으며, 그 무렵의 영역은 한강유역 및 임진강유역 등에 분포한 이른바 無基段式積石塚의 분포와 동일하다는 견해(崔夢龍·權五榮 1985)가 있다.

이 주장은 한강유역의 이른바 무기단식적석총을 고구려 적석총과 동일한 것으로 이해하고 있으며, 한강유역에서 이들의 편년적 위치를 기원후 2~3세기로 설정한 뒤 그 공간적인 분포를 『삼국사기』백제본기 온조왕 14년조의 疆域 기사와 연계하여 당시 백제의 영역으로 해석하였던 것이다.

그러나 여기에는 다음과 같은 점들이 문제로 지적될 수 있다. 우선, 한강유역의 이른바 무기단식적석총이 과연 고구려 무기단식적석총과 동일한 것인가에 대한 것부터 재검토되어야 한다. 고구려의 무기단식적석총은 강변 지면에서부터 川石을 쌓아 올려 매장주체부를 만든 뒤 다시 그 위에 계속해서 적석하는 방식을 취하고 있는데 비해, 한강유역의 이른바 무기단식적석총은 모두 자연사구를 이용해 그 위에 몇 겹 정도만 돌을 쌓은 것이어서 비록 외형상으로는 고구려지역의 적석총과 유사하나 그 구조상으로 보면 동일하지 않다. 뿐만 아니라 고구려의 경우에는 單葬을 기본으로 하지만 여기의 것은 多葬이 보편적이다.

최근에는 "무기단식적석총"이라는 용어의 사용에서 오는 고구려 적석총과의 혼란을 피하기 위해 "葺石式積石墓"로 부를 것을 제안하는 견해(朴淳發 1994 ; 崔秉鉉 1994)가 제기되고 있으며, 나아가 그 축조세력을 『삼국사기』백제본기 초기 기록에 자주 등장하는 靺鞨, 즉 濊系

의 주민(金元龍 1967b ; 박진욱 1978)으로 보아야 한다는 주장들(朴淳發 1994 ; 林永珍 1995)이 제기되고 있다. 이러한 즙석식적석묘는 한성기 백제의 王墓域으로 인정되는 석촌동일대에서는 확인되지 않을 뿐만 아니라 이곳에 분포하고 있는 기단식적석총과는 형태적, 시간적으로도 연결되고 있지 않아(朴淳發 1994) 이들을 백제의 건국주체로 보는 것은 더욱 문제이다. 따라서 이러한 고고학자료 인식에 바탕을 두고 있는 해석의 결과는 그 타당성이 인정될 수 없음은 두말할 나위 없다.

『삼국사기』 백제본기 초기 기록을 선별·비판적으로 수용하는 입장에서 4세기 중엽경 부여계 고구려집단의 남래를 백제 집권국가 성립의 계기로 보아야 한다는 견해(李道學 1991a)가 있다. 이 주장의 근거는 고구려식 기단식적석총이 백제 왕묘역인 석촌동 고분군에서 기원후 4세기 후반 경에 처음으로 나타나고 있다는 점과 아울러 마치 백제의 상징처럼 여겨질 정도로 백제에만 고유한 특징적인 三足器가 부여지역에서 유래하였으므로 4세기 후반 경 백제가 집권국가단계로 진입하게 된 이면에는 삼족기와 기단식적석총으로 유추되는 부여계 고구려세력의 새로운 진출이 있었다는 것이다.

석촌동 고분군에 있는 기단식적석총은 그 구조상으로만 보면 고구려의 기단식적석총과 동일한 것은 분명하다. 그리고 출현시기를 4세기 후반 무렵으로 본 것은 최근 한강유역의 백제고분 편년(朴淳發 1994)을 반영하고 있다.

그러나 한강유역의 백제와 부여를 관련시키는 중요 연결고리가 되는 백제 삼족기 부여지역 유래설은 재검토의 여지가 있다. 우선, 지금까지 알려진 고고학 자료로 보는 한 부여지역에서는 백제의 것과 유사한 삼족기가 실물로 확인된 바 없다. 이에 대하여 前漢代 중국에 삼족기가 존재하고 있음을 들면서 당시 중국과의 밀접한 교류관계를 가졌던 부여에도 그 무렵의 전한 삼족기가 유입되었을 것으로 추정한 뒤 그것이 4세기 후반 부여계 주민의 백제로의 남래에 수반되어 백제지역에 등장하는 것으로 해석하고 있다. 그러나 자세히 검토해보면 전한대의 삼족기라는 것은 지금까지 알려진 자료에 근거하는 한 廣東지방(廣州市文物管理委員會 外 1981)에만 분포하고 있는 것으로서 당시 서남변방에 지나지 않는 이곳과 동북지역 부여를 연결시키고 있는 논지 전개는 그것을 뒷받침하는 적극적인 문헌기록이 존재하지 않는 한 설득력을 얻기 어렵다. 또한 백제 삼족기의 출현 시점은 3세기 후반~말경이므로(朴淳發 1992) 부여계 고구려집단의 남하시기로 상정하고 있는 4세기 후반과는 시차가 있어 적어도 백제 삼족기의 부여지역 기원설은 현재로서는 고고학적 뒷받침을 받기 어렵다.

이상의 두 연구들과 달리 한강유역 백제고분의 변천이라는 고고학 자료상의 변화를 먼저 파악한 뒤 이를 문헌사료의 내용과 연관하여 해석하는 연구가 있다. 이러한 연구는 전술하였듯이 확고한 고고학 편년체계가 전제된다면 문헌사료와 효율적으로 상호보완 관계를 유지할 수 있는 접근법이라 할 수 있다. 석촌동 고분군에 기단식적석총이 출현하는 시점을 3세기 중반으로 비정하고 이를 선행 土壙墓의 피장자와 대비하여 그 무렵 남하해온 백제건국 주체, 즉 고구려계 온조집단으로 파악하는 견해(林永珍 1987 ; 1995)가 그것이다. 그러나 이 견해의 경우 고고학적 편년 그 자체가 재검토의 여지를 안고 있다(朴淳發 1994).

석촌동 기단식적석총에 대한 이 연대관의 중요 근거는 石槨墓로 지칭된 유구와 石村洞 1號 積石塚 北墳의 중첩관계에 대한 이해(金元龍 外 1989)에 있다. 林永珍은 문제의 석곽묘를 석촌동 1호 북분이 파괴된 후 그 기단 일부를 床面으로 하여 축조된 것으로 파악하고, 석곽묘 출토 토기 연대가 4세기 이후로는 더 내려오지 않으므로 적석총의 연대는 이보다 수십년 더 올려 잡아 3세기 중반경으로 비정하고 있다(金元龍 外 1989). 석촌동 고분군은 후대의 교란이 극심하여 유구간의 중복

관계를 자세히 파악할 수 있는 예가 적으며 심지어 유구의 성격조차도 파악하기 어려운 경우도 없지 않다.

그러므로 이 연대관이 성립될 수 있으려면 다음과 같은 극히 상식적인 의문부터 해소되어야 한다. 즉 과연 이 무렵 왕묘역인 석촌동 고분군의 관리상태가 기단식적석총이 허물어져 그 기단을 상면으로 하여 보다 하위 계층 묘제인 석곽묘가 축조될 수 있는 정도였을까 하는 점이다. 이에 대한 대답은 지극히 회의적일 수밖에 없다. 따라서 이러한 취약한 근거에 바탕을 둔 기단식적석총의 연대관 및 그에 따른 해석은 받아들이기 어렵다.

한편, 『삼국사기』 백제본기 초기 기사를 받아들이기 어려운 것으로 보는 입장을 견지하고 있는 연구자도 있다. 백제가 4세기 중엽이후 그 이전과는 달리 현저한 비약적 발전을 이루었다는 점에 주목하고 이러한 도약 이면에는 그 무렵 남하해온 새로운 계통의 지배집단, 즉 騎馬民族에 의한 征服國家 성립이 있었던 것으로 보는 견해(李基東 1982)가 그것이다. 한강유역 백제고분에 대한 최근의 편년체계로 볼 때 4세기 후반 무렵의 고구려식 기단식적석총 출현과 함께 近肖古王에 의한 일련의 정복활동으로 대표되는 비약적 국력 신장 및 급속한 중앙집권화 진전 등은 분명 이전 시기에는 보이지 않던 획기적 현상임에는 틀림없다. 그러나 그럴만한 보다 명확한 근거 또는 역사적 정황이 없는 한 이것을 반드시 새로운 집단 도래의 결과로만 보아야 할 논리적 필연성은 없다(제6장 참조).

2. 연구방법의 모색

1) 한강유역 고고학 편년수립

백제 국가형성과 관련한 기존 주요 연구들에 대해 연구사적으로 검토해보고 이들이 안고 있는 문제점을 파악하여 보았다. 그 결과 지적될 수 있는 중요한 문제점 가운데 하나는 결국 고고학 자료에 대한 해석상의 문제로 생각되며 그 대부분은 특히 고고학 자료의 가장 기본적 요소인 시간성에 대한 의견 불일치에 기인한다 할 수 있다. 그러므로 백제 국가형성에 대한 본 연구가 소기의 목적을 달성하기 위해서는 우선 백제 국가형성의 공간적 토대인 한강유역에 대한 고고학적 기초연구, 즉 편년수립이 선결되어야 함을 알 수 있다. 이에 대한 연구가 불완전한 상태에서 고고학 자료 해석이 행해진다면 그 결과는 마치 기년에 대한 검토 없이 사료 내용만을 가지고 백제 국가형성을 논의하는 것과 다를 바 없다. 따라서 본 연구를 진행하기 위해서는 우선 백제 국가형성의 공간적 기반인 한강유역 여러 고고학적 문화에 대한 보다 확고한 편년체계 수립이 전제되어야 한다.

1980년대 후반 이후 夢村土城, 石村洞 古墳群 등 일련의 백제유적에 대한 정비·복원 조치와 더불어 여러 차례의 발굴조사가 이루어짐에 따라 백제사의 冒頭를 구명할 수 있는 얼마간의 소중한 자료를 얻을 수 있었으며 현재 활발한 연구가 진행되고 있다(朴淳發 1989 ; 1992 ; 1994).

그런데 백제가 국가로 성장하였던 한강유역의 고고학적 편년체계를 수립하는 일은 결코 간단치가 않다. 한강유역은 한반도 여타지역에 비해 비교적 다양한 고고학적 문화가 교차되는 곳이기도 하거니와 대도시 서울의 급속한 도시팽창으로 인해 양호한 고고학 자료가 미처 체계적인 조사 손길이 닿기도 전에 원상을 잃어 버린 것이 대부분이기 때문이다. 그러나 1980년대 중반 이후 백제관련 유적에 대한 고고학적 조사가 어느 정도 축적되어 있기 때문에 현 단계에서 요구되는 정도의 고고학적 편년 수립이 전혀 불가능한 것은 아니다.

이에 우선 백제가 국가단계로 진입하기 이전 한강유역의 여러 先行

文化들에 대해 주로 편년적 관점에서 그 전개과정을 살펴 보려 한다. 그 구체적인 대상은 본격적인 정착농경단계에 진입한 것으로 볼 수 있는 支石墓社會 이후의 여러 문화들로 하였다.

백제의 국가형성과 관련한 선행문화를 지석묘사회 이후로 한정한 까닭은 인류역사상 아직 정착농경단계 이전의 생계경제를 그 기반으로 하고 있는 사회가 국가단계의 사회를 형성하고 있었던 예가 없으므로 적어도 지석묘사회에 앞선 여러 사회는 백제의 국가형성과는 직접적 관련이 없는 것으로 생각되기 때문이다.

지석묘사회 이래 여러 선행문화들은 백제가 국가형성을 이룩하는 데에 있어 문화적 기층이 되었음은 두 말할 필요가 없다. 그러한 의미에서 국가단계 백제의 기층문화라 하여도 좋을 것이다. 특히 현존 여러 문헌사료에 따르는 한 백제의 건국 주체세력은 한강유역의 토착집단이 아니라 북으로부터 내려와 정착한 것이라 할 수 있으므로 앞선 여러 선행문화를 기층문화로 부르는 것이 부적합하지는 않을 것이다. 한편, 백제 국가형성 이전의 여러 기층문화의 전개과정을 살펴봄으로써 長期史(History of the long term ; Ian Hodder 1986)로서의 고고학의 장점을 최대한 이용할 수 있을 것이다. 한강유역 고고학적 편년체계 수립과 관련한 이러한 기층문화들의 전개과정에 대한 구체적인 논의는 다음 제 2장에서 후술된다.

2) 국가의 개념과 한국사에서의 국가형성에 대한 이해

백제 국가형성을 구명하기 위해서는 우선 국가의 개념을 분명히 할 필요가 있다. 무엇을 국가로 볼 것인가에 대한 기준이 없는 상태에서 국가가 언제 성립되었느냐를 논의하는 것은 무의미하기 때문이다.

국가에 대한 구체적인 정의는 논자에 따라서 매우 다양하지만 대체로 국가란 그 권력이나 권위의 원천이 친족체계보다 우월한 상위에 기반을 두고 있는 일련의 機構複合體(complex of institutions)로서, 그 기본적인 성격으로는 基本資源(basic resources)에 대한 차별적이고 위계적인 접근, 公共執行에의 복종 그리고 영역의 방어 등을 들 수 있다 (Morton H. Fried 1967). 그리고 국가는 내적·외적으로 그 자신을 유지할 수 있어야 하는데, 이는 군대의 유지와 正體性 확립이라는 물리적·관념적 양자의 수단에 의해 이루어진다. 이들 여러 요소 가운데 국가단계 사회의 가장 특징적인 지표가 무엇인가를 생각해 보면 엥겔스의 지적처럼(F. 엥겔스 : 김대웅 역 1991) 국가의 지배권력을 구체화함에 있어 가장 긴요한 조세, 군대, 관리 등의 존재라 할 수 있을 것이다. 그러나 이러한 요소들도 국가단계 사회에 들어 갑자기 나타난 것이라기보다는 앞선 사회에 뿌리를 두고 지속적으로 발전되어 온 것으로 보아야 하므로 국가에 대한 개념 정의에 집착하기보다는 그러한 요소들이 어떻게 발달되어 왔는가에 대한 관심이 필요하다. 群集社會 (Band)로부터 국가(State)에 이르는 일련의 진화단계 설정을 골간으로 하는 新進化論이 국가형성에 대한 접근법으로서 가지는 의미도 여기에 있다고 생각한다.

그러나 구체적인 사회진화 정도와 양상은 사회마다 서로 달라 일률적인 도식으로 이해될 수는 없다. 그런 만큼 백제 국가형성에 대한 고고학적 접근을 의도하고 있는 본 연구에 있어서는 그러한 보편적 정치사회 발전 단계보다 한국사라는 구체적 역사환경에 대한 고려가 무엇보다 중요하다. 따라서 여기서는 현재 한국사에서 이해되고 있는 정치체 발달과정을 일반적 국가 개념과 대비 검토해 보고, 본 연구에 적용할 수 있는 적절한 국가 개념을 모색해 보기로 한다.

한국사에 있어 국가형성과정은 대체로 "城邑國家 → 聯盟王國 → 集權的 貴族國家"라는 발전단계로 이해되고 있다(李基白·李基東 1982).

성읍국가는 성곽을 정치적인 중심으로 하는 사회로서 아직 제도화된 지배기구는 없는 상태에서 주로 族長과 같은 정치적 首長의 전통적 권위에 의해 통솔되는 국가로 이해되고 있어(李基白·李基東 1982 : 41), 위에서 본 일반적 의미의 국가 개념과는 차이가 있다. 따라서 여기의 "성읍국가"라는 정치체는 보편적 국가 개념의 범주에 들어가기는 어려운 것으로 생각된다. 뿐만 아니라 "성읍국가"의 존재를 인지하는 물적 증거가 되는 城의 개념을 어떻게 볼 것인가에 따라 "성읍국가"의 범위는 매우 유동적일 수밖에 없다는 문제도 있다. 예를 들면, 일정한 공간을 외부와 격리하는 차단시설이 있는 경우를 城이라 보는 광의의 성 개념으로 보면 최근에 조사된 蔚山 檢丹里(釜山大學校博物館 1996)와 같은 초기농경단계 環濠 취락유적이나 木柵시설이 확인된 扶餘 松菊里 유적(金吉植 1993) 등으로부터 정치 사회적 단계상 훨씬 발달된 慶州 月城이나 서울 夢村土城 등까지도 모두 동일한 범주에 포함되기 때문이다. 또 하나의 문제는 "성읍국가"라는 용어의 개념이 다음 단계인 "연맹왕국" 이나 "집권적 귀족국가"에 적용되는 정치사회구조적 개념과 달리 城의 존재라는 외형적 현상만을 표지로 삼고 있다는 점이다. 전술한 것처럼 광의의 성 개념에 포함되는 환호, 목책, 성곽 등은 특정 정치 사회단계와 대응되는 것은 아니다. 민족지 예를 보면 최상위 사회단위가 아직 家族段階(family level)에 머물고 있는 남미 베네수엘라 고원지대의 야노마모(Yanomamo) 종족사회에서도 自己完結的 생산·소비 단위인 가족들이 일시적 공동 필요에 따라 城柵과 같은 방어시설을 만들고 있음(A. Johnson and T. Earle 1987 : 103~130)이 확인된다.

"성읍국가"론이 가지고 있는 이러한 문제점을 해결하기 위해서는 성의 존재라는 외형적 현상을 대신할 수 있는 새로운 기준 마련이 필요한데, 이에 적합한 것으로 聚落類型(settlement pattern)을 들 수 있다. "성읍국가"를 주장하는 연구자들이 이해하고 있는 취락유형을 살펴보면, "성읍국가" 지배자는 원래 농민과 마찬가지로 씨족의 한 구성원이었으나 점차 성장하면서 촌락에 사는 일반 농민들을 그들의 지배하에 두고 그들은 촌락과는 구별되는 성읍에 살게 되었으며, 이때 "성읍국가"의 중심이 되는 읍락이 바로 "國邑"(李賢惠 1976)이 된다는 것(李基白·李基東 1982 : 99)으로 요약할 수 있다.

한편, 이도학은 백제 집권국가 형성과정과 관련하여 정치 사회 발달 단계를 "邑落段階 – 國邑段階"로 이해하고 있으며(李道學 1991a), 권오영도 이와 거의 같은 입장으로 "성읍국가" 단계를 중국측 사료상에 보이는 「國」단계로 보아 그 구조를 "個別聚落 – 邑落 – 「國」"이라는 3단계의 위계적 취락유형으로 이해하고 있다(權五榮 1996).

이러한 논의들을 통해보면 "성읍국가" 단계란 결국 복수의 읍락들이 중심읍락 지배자를 중심으로 통합된 읍락통합단계임이 드러난다. 읍락통합단계의 정치 사회적 성격은 "성읍국가"론자들이 이해하고 있는 바와 같이 전통적 권위에 의존할 뿐 공적 지배기구는 미비되어 있는 상태이므로 아직 국가단계에는 도달하지 못하였다. 이에 대하여 권오영은 「국」가운데는 이미 국가단계에 진입한 것과 그렇지 못한 것이 섞여있다고 하였다(權五榮 1996 : 227). 그러나 국가사회로의 발달단계 설정에 주안을 둔다면 굳이 국가단계와 그 이전 단계가 혼재하는 「국」이라는 모호한 단계를 설정하기보다는 국가이전 단계를 "邑落統合段階"로 분리하고 그 다음 단계만을 "국가단계"로 범주화하는 것이 개념상의 명료성을 높이는 데 도움이 될 것이다.

연맹왕국은 "성읍국가", 즉 읍락통합단계에 이른 복수의 정치 사회 단위들이 연맹을 이루면서 나타나는 것으로 연맹왕을 정치적인 정점으로 하는 初期國家(early state)단계[3]로 이해된다. 정치체를 대외적으로

---

3) 초기국가에 대한 개념 정의는 논자에 따라 얼마간 차이가 있다. 국가 형성에 대한 광범위한 자료를 집성한 Henri J.M. Claessen과 Peter Skalnik는 정치적 지배를 담당하는 계층과 貢納의 의무를 가진 피지배 계층 등 최소 2개 이상의 사회계층(혹은 형성단계의 계급)으로 구분될 수 있는 계층화된 사회관계를 규제

대표하는 왕권은 아직 강력하지 않아 연맹에 참여하는 각 읍락통합체 수장들의 자치권이 어느 정도 인정되는 단계로서 본질적으로 집권적 귀족국가와 읍락통합단계 사이의 불안한 과도기적 성격을 가지는 정치 사회 발전단계이다. 이 단계의 특징으로는 대외교역 또는 교섭의 중요성 증가, 활발한 대외정복전쟁을 통한 영역의 확장 등을 들 수 있는데 이는 국가체가 나타내는 중요한 속성 가운데 하나이기도 하다(A. Johnson and T. Earle 1987 : 324).

對外征服戰爭을 통한 영역의 확장이라는 국가체의 특징을 염두에 두고 이 단계 정치체를 "領域國家"로 부를 것을 제안한 견해도 있다(千寬宇 1989 : 274). 문헌사료상으로 이 단계를 비교적 쉽게 파악할 수 있다는 현실적 장점(千寬宇 1989 : 274)이 있을 뿐만 아니라 고고학 자료상으로도 토기양식이나 고분군 등의 공간분포정형을 통해 비교적 용이하게 접근(李熙濬 1995)할 수 있는 개념이다.

최근에는 이 단계를 보다 세분하여 "小國聯盟段階-部體制段階"(盧重國 1988) 또는 "國邑聯盟段階-部體制段階"(李道學 1991a) 등으로 이해하는 견해들이 제시되고 있다. 부체제 성립은 연맹의 결속력과 더불어 연맹 盟主의 지위가 더욱 증대된 것을 반영하며 이후 지방 유력자의 중앙귀족화와 대외교역권의 중앙귀속화 등 집권력이 한 단계 진전 강화된 것으로 이해된다(盧重國 1988 : 107).

사실 부체제란 단계는 한국의 국가형성 전개과정에서 보이는 하나의 특수성일 수도 있으나 그 내용에 있어서는 국가(state)단계 정치체가

하기 위한 중앙집권화된 사회·정치적 조직으로 정의하고 있다(한경구·임봉길 역 1995 : 99-100). 이러한 보편적인 정의와 달리 都出比呂志는 보다 구체적으로 영역내 토지와 인민에 대한 국가권력의 공적 지배 또는 소유가 아직 완전하게는 실현되지 않은 것으로서 중앙집권적인 관료제가 완비되기 전단계라고 정의하면서 일본의 경우 前方後圓墳體制의 국가단계를 지칭하는 개념으로 쓰고 있다(都出比呂志 1989 : 48-52).

보이는 보편적 양상과 크게 다르지 않은 것으로 여겨 진다. 따라서 본 연구에서 추구하고자 하는 백제 국가형성 구명에서는 이 단계를 국가단계로 이해하고자 한다. 이는 또한 이 단계를 특징짓는 정치엘리트 집단의 중앙집중 현상이나 대외교역권의 중앙집중과 같은 정치 사회적 현상의 측면에서 볼 때 보다 느슨한 연맹상태를 유지하고 있는 그 직전단계의 양상에 비해 고고학 자료상으로 인지하기 쉽다는 현실적인 이유도 있다.

3) 국가형성에 대한 고고학적 접근

지금까지 국가(state)의 보편적 개념과 아울러 구체적인 역사 맥락 속에서의 전개양상으로서 한국사에 있어서 국가형성에 대한 이해를 살펴 보았다. 그 결과 연맹왕국을 국가단계 정치체로 상정하는 것이 적합함을 알았다. 여기서는 이러한 국가단계 정치체를 고고학적으로 어떻게 인지할 것인지에 대한 보다 구체적인 방법을 모색해 보고자 한다.

국가단계 정치체 출현 등과 관련한 고고학적 증거들이 어떠한 것들인가에 대해서는 아직 뚜렷하게 일치된 견해가 없는 실정이다. 그러나 아래에서 보게 될 근거들을 토대로 특정 토기양식의 형성 및 그에 의한 공간적 통일성의 출현, 大形封墳을 가진 분묘의 등장 및 특정 지역에의 집중화, 그리고 성곽의 출현과 같은 현상은 연맹왕국단계 정치체 형성을 반영하고 있는 고고학적 지표로 이해할 수 있다.

우선, 특정 토기양식 형성 및 그 공간적 분포 현상과 국가체 성립과의 관련성에 대해 검토해 보기로 한다.

원론적으로 보면 물질문화상에서 인지되는 樣式(style)이 반드시 어떤 정치체의 형성 또는 성립을 그대로 반영한다고 보기는 어려우며, 더욱이 양식의 개념 역시 연구자에 따라 서로 다르다. 여기서는 고고학 자료의 형태적 다양성의 총량 가운데 기능적 속성을 제외한 나머지 전부를 양식으로 간주하는 관점(James R. Sackett 1990)을 취하고자 하는데, 이러한 의미의 양식은 유물제작 사용자들 간의 시·공간적 상호관련성의 정도에 대체로 비례하여 그 유사도가 증가하는 것으로 보는 이른바 交互作用設(interaction theory)이 통설이었다.

그러나 최근 물질문화는 인간 행위의 단순한 반영물이 아니라 그 자체가 상징적 의미를 顯示하는 매개체로 보아야 한다는 狀況學派(contextual archaeology) 고고학자들을 중심으로 이에 대한 회의적 문제제기가 있은 후, 물질문화 양식상의 유사도를 반드시 교호작용의 정도로써만 해석할 수 없으며 교호작용설이 비교적 잘 적용되는 상황은 사회 집단간의 관계에 있어 집단내적으로는 긴장이 상대적으로 높은 한편, 집단간에는 경쟁이 심한 경우(within group tension between group competition)라고 하는 견해가 지배적이다. 즉 집단간 경쟁이 치열하면 집단내 물질문화는 양식적 통일성이 증가하는 반면, 집단간 물질문화 사이에는 차별성이 더욱 뚜렷해 진다는 것이다(Ian Hodder 1982).

이와 같은 물질문화 양식의 의미를 염두에 두고 구체적으로 한반도 지역에서의 토기양식과 정치체간 관련성을 검토해 보면, 본 연구 대상인 백제를 비롯한 한반도 삼국시대의 경우 정치체 영역과 특정 토기양식의 공간분포가 거의 일치되고 있음이 드러나고 있다. 이는 한편으로 당시 삼국시대의 상황이 집단내 물질문화 양식의 통일성과 함께 집단간 차별성을 증가하게 하는 긴장이 감도는 사회 분위기였음을 반증하는 셈이기도 하다.

백제에 비해 상대적으로 고고학 자료 축적이 많은 신라, 가야의 경우 각 정치체의 형성과 더불어 특징적인 토기양식이 출현하고 있을 뿐 아니라 그 분포 역시 정치체 영역과 거의 일치하고 있다(申敬澈 1986 : 48~71 ; 李熙濬 1998 : 38~47).

고구려의 경우도 고구려 토기의 초현 양식인 魯南里型土器 형성과 고구려 국가 출현이 시기적으로 거의 일치되고 있으며, 그 공간적 분포 또한 고구려 성장과정과 더불어 共變하고 있다. 노남리형토기 출현 시기에 대해서는 아직 자세한 연구는 없지만, 대체로 기원전 2세기 말 에서 기원전 1세기 초 무렵의 戰國 末~西漢 初(佟達・張正岩 1989)로 드러나고 있다. 그리고 그 분포양상은 고구려 初都地인 集安을 중심으로 로 撫順, 新濱, 淸源 등 遼河중류의 渾河유역으로부터 淸川江 이북지역 에 국한되어 있어 고구려 초기 영역과 거의 일치되고 있을 뿐 아니라 그 시기 역시 고구려의 국가형성 시기로 비정되는 기원전 1세기초 (Song Nai Rhee 1992) 무렵과 거의 합치하고 있다.

이러한 관찰로 보면, 적어도 한반도 삼국시대의 경우 특정 토기양 식 형성 및 그 공간적 분포양상은 국가체 형성과 밀접한 관련이 있음 을 알 수 있다. 따라서 백제의 경우에도 백제양식이라 할 수 있는 토 기 양식 형성 및 그 공간적 분포양상에 대한 검토를 통해 백제 국가형 성 문제에 접근할 수 있을 것이다.

둘째로, 대형봉분을 가진 분묘 출현과 국가형성과의 관련성4)을 검 토해 보기로 한다. 일반적으로 말하면, 특정 분묘의 봉분 규모나 부장 품에는 그 피장자의 社會的 人性(social personality)5), 즉 그 사람의 性,

---

4) 동북아시아에서 封土墳이 최초로 등장하는 시점은 문헌기록상으로는 중국의 夏代로 알려져 있으며 고고학 자료상으로 실제 확인된 경우는 商代라고 한다 (胡方平 1993). 이 무렵은 중국 역사상 국가가 처음으로 출현하는 시기이기도 하다.

5) 사회적 인성이란 어떤 개인이 사회생활 과정에서 타인들에게 또는 타인의 그 사람에 대한 감정에 미치는 영향의 총합적인 특징들을 지칭하는데, 그 구체적 인 내용은 사회에 따라 서로 다를 수 있으나 흔히 어떤 개인의 성별, 연령, 그 리고 사회적인 신분 또는 계층 등이 관련되어 있다. 이러한 사회적 인성은 그 개인이 죽음으로써 소멸되지 않고 장례나 무덤 등의 葬儀 행위로써 상징화되 어 나타난다는 것이다(Lewis R. Binford 1971).

연령, 사회적 신분 등이 반영되어 있다. 따라서 특정 시점에 축조된 여러 분묘 사이에 나타나는 봉분 규모나 부장품 질·량 등의 차이, 즉 분묘축조에 들어간 勞動費用(labor cost)의 차이는 결국 그 사회구성원들 사이의 사회적 인성의 차이를 나타내며, 이는 한편 基本資源에 대한 차별적 접근의 총합으로서의 계층 분화정도를 반영(Joseph A. Tainter 1978)한다.

이러한 관점에서 보면, 어느 시점의 특정 피장자 분묘가 이전보다 현저하게 대형화되어 나타나는 것은 그 사회 안에서 대형분묘 피장자의 위상이 이전보다 현저하게 높아졌음을 보여주는 지표가 되는 것이다. 즉 특정 피장자의 분묘축조에 소요되는 노동력을 이전보다 훨씬 많이 동원할 수 있게 되었음을 의미하므로 그 사회 다른 구성원들의 무덤과의 차이가 크면 클수록 대형분 주인공을 정점으로 하는 사회조직 피라밋 구조의 저변이 그 만큼 커졌음을 나타낸다고 할 수 있다.

그렇다면 어느 정도의 대형분이 출현하여야 그 사회가 국가단계에 진입된 것으로 볼 수 있는가에 대한 문제가 남아 있는데, 이 문제는 단순하게 계량적으로 접근될 수 있는 성질의 것은 아니다. 사회에 따라 그 절대규모는 얼마든지 다를 수 있기 때문이다. 그러나 한반도라는 구체적인 역사 맥락에서는 어느 정도 현실적 접근이 불가능한 것은 아니다. 신라·가야 지역의 예를 보면, 현 지표상으로는 거의 봉분을 알 수 없을 정도의 규모였던 앞선 시기 분묘들에 비해 봉분의 존재를 누구나 쉽게 인식할 수 있는 정도의 高塚墳이 출현하는 단계는 분명히 진전된 정치 사회적 발전과 관련되어 있는데, 고총분의 출현을 국가단계 정치체 수장의 등장을 시사하는 것으로 보는 데에는 대체로 의견 일치를 보이고 있다.

또한 이러한 대형분들은 특정 지역에 집중되어 群集양상을 보이고 있는 것이 특징인데, 이는 해당 정치체내에서 이들 대형분묘의 피장자들이 지속적으로 정치·사회적 우위를 유지하고 있음을 나타내는 것으로 볼 수 있다. 즉 대형분들로만 구성된 묘역 형성은 곧 그 묘역을 사용하는 집단들이 해당 정치체 내에서 지속적이고 독점적으로 頂点을 점유하고 있었던 사실을 반영하는 것으로 보아야 할 것이다. 따라서 그러한 대형분묘들이 밀집된 곳은 정치엘리트들이 집중된 특정 정치체의 중심지임을 나타내 주는 고고학적 증거인 셈이다.

한반도 삼국시대의 경우 이러한 양상을 보이는 대형분묘군들의 공간분포 정형은 국가단계 정치체의 출현지, 즉 각 國 중심지와 잘 일치되고 있음은 주지하는 바와 같다.

이로써 대형분묘의 출현 및 그 집중화는 국가체, 즉 연맹왕국 단계의 정치체 성립을 반영하는 고고학적 근거의 하나로 볼 수 있다.

마지막으로, 城의 출현과 국가단계 정치체 등장과의 관련성에 대해 살펴 보자. 특정집단이 외부로부터의 침해에 대비해 그 거주지 주위를 방비하는 예는 일찍부터 나타나는데 이는 아마도 지상에 존재하는 자원의 유한성으로부터 야기된 집단간 또는 개인간 경쟁관계 성립에서 오는 필연적 귀결인지도 모른다.

우리나라의 경우, 정착농경이 어느 정도 실현되면서 이전의 단순한 활용대상으로서의 토지가 소유의 대상으로 그 개념이 전환되기 시작하고 그에 따라 생산물을 사유하게 된 무렵으로 추정되는 청동기시대 중기 무렵의 松菊里形文化 단계에 이르러 취락지 주변에 목책이나 환호 등의 방어시설이 나타나고 있다.

그 후 이러한 경쟁적 관계에 있는 다수의 집단들이 유력한 중심집단을 핵으로 하여 정치적으로 통합되기에 이르면 적어도 통합된 집단 사이의 그러한 횡적 알력관계는 이제 상하계층 편제를 통해 내적으로 흡수될 수 있게 된다. 정착농경단계 이후 나타난 지석묘사회의 個別村落(hamlet)들이 邑落(village)으로 통합되고 나아가 그러한 개별 읍락들이 다시 邑落統合體로 통합되는 등의 일련의 정치 사회적 발전과정이 이에 해당된다(제 2장 참조). 한편, 그에 따라 새롭게 통합을 달성한 유력집단의 수장은 그만큼 더 규모가 커진 정치체의 정점에 서게 됨으로써 피통합된 집단들의 수장층보다 우위의 정치 사회적 지위를 확보하게 된다.

이러한 과정을 단적으로 잘 보여주는 것이 바로 『삼국지』 위서 동이전 한조에 보이는 바와 같은 70여개 "國"으로 구성된 삼한사회 모습이라 할 수 있다. 그러나 이러한 비슷한 규모를 가진 정치체간의 균형적 공존은 매우 불안정할 수밖에 없다. 정치체들 사이의 본질적 관계는 앞서 말한 바와 같이 경쟁적인 것이기에 그 성장을 위해서는 다른 정치체들을 통합하지 않을 수 없기 때문이다. 정치인류학에서는 이를 "경쟁적 제거의 원리(principle of competitive exclusion)"라 한다(한경구·임봉길 1995 : 84).

아무튼, 경쟁 "국"을 제거하고 통합을 주도한 "국"의 수장층은 더욱 더 규모가 커진 정치체의 정점에 설 수 있게 되며, 앞서 살펴본 대형 분묘군은 바로 다름 아닌 이들의 묘역일 것이다.

정치체의 규모가 확대된 만큼 그에 수반되는 수장층의 정치적 기능 역시 질·양 양면에서 더욱 커지게 된다. 그리고 이처럼 확대된 정치체의 정치적 기능을 효율적으로 수행하기 위해서는 이제 수장의 정치행위를 보좌하고 집행할 수 있는 관료조직이 등장하고 그에 따라 수장을 포함한 정치엘리트 집단을 수용할 居官的 성격의 거주단지가 필요하게 된다. 이때 등장하는 것이 바로 성곽인 것이다. 그러므로 여기의 성은 단순한 집단 방비시설로서가 아니라 보다 광역화된 정치체 운영에 필수적인 지배집단의 정치중심지로서의 성격이 더욱 강한 것으로 보아야 한다.

이와 관련해 주목되는 것이 『삼국사기』 백제본기 온조왕조의 일련의 기사이다. 전술한 것처럼, 기년을 그대로 따를 수는 없지만 백제 국가의 성립 과정을 반영하고 있는 것으로 볼 수 있는 그러한 기사들에 나타나는 都城을 비롯한 일련의 성곽 축조 내용은 국가 성립과 성곽 출현 사이의 밀접한 관련성을 잘 말해 주는 근거가 될 수 있기 때문이다. 이러한 『삼국사기』의 기사내용은 "성곽이 없다"고 기록하고 있는 『삼국지』 동이전 한조의 기사에 반영된 앞선 단계의 모습과는 대조적이어서 성곽의 출현을 국가 성립의 고고학적 지표로 설정할 수 있는 문헌사료상의 근거가 될 수 있다.

이처럼 성곽의 출현은 국가단계 정치체의 성립과 밀접한 관련이 있음을 알았는데, 이 무렵에 등장한 것으로 보이는 성으로는 한강유역의 몽촌토성과 경주의 月城土城 등을 들 수 있을 것이다. 여기의 몽촌토성은 제 5장에서 상술하겠지만 국가단계의 백제 왕성이며, 월성 역시 신라의 왕성임은 잘 아는 바와 같다.

그리고 중국에 있어서도 城墻의 출현을 原初國家(prestine state) 형성의 근거로 이해하고 있다. 취락주위를 환호로 둘러싸는 방어시설은 仰韶文化 단계에 이미 보이고 있으나 이것이 성벽으로 나타나는 시점은 원초국가가 형성되기 시작하는 龍山文化 이후이다. 이러한 고고학적 현상은 대규모 인력동원6)이 수반되는 축성이 그에 따른 자원 집중, 인

---

6) 唐代까지의 중국 고대의 각종 제도를 기록하고 있는 『通典』의 拒守法에는 토성을 쌓을 경우 성벽의 규모와 功役 소요인원에 대해 다음과 같이 자세히 적고 있다. "凡築城 下關與高倍 上關與下倍 城高五丈 下關二丈五尺 上關一丈二尺五寸 高下關狹 以此爲準 料功 上關可下關 得三丈七尺五寸 半之 得一丈八尺七寸五分 以高五丈乘之 一尺之城 積數 得九十三丈七尺五寸 每一功日築土二尺 計功約四十七人 一步五尺之城 計役二百三十五人 一百步 計功二萬三千五百人 三百步 計功七萬五百人 率一里 則十里可知 其出土負算幷計之大功之內" 이를 통해 당시 축성에 소요되는 공역을 지금의 미터법으로 환산해보면 한 사람이 하루에 쌓을 수 있는 작업량은 약 0.6㎥ 가량 된다.
이러한 공역 기준을 풍납토성(성벽 총길이 약 3,500m, 城基部 폭 약 30m, 현존 성벽의 높이 약 8m, 그리고 성벽의 윗폭을 성기부의 절반인 약 15m로 가정)에

력 장악 등을 효율적으로 관리할 수 있는 행정조직의 발전이 뒷받침
되지 않으면 안됨을 말해주는 것(張寅成 1998)이며, 이러한 행정조직은
곧 국가단계 정치체의 가장 중요한 특징 가운데 하나임은 두 말할 나
위 없다.

  이상의 논의를 통해 특정 토기양식의 형성 및 그 공간적 분포양상,
대형분묘의 출현과 특정지역 집중현상, 그리고 성곽의 출현 등의 3가
지 현상이 국가단계 정치체 성립을 나타내는 고고학적 근거가 될 수
있음을 확인하였다. 그리고 여기 국가단계 정치체는 한국사의 역사맥
락으로는 연맹왕국 또는 영역국가에 해당된다.

  적용해보면 이 성의 축조에 소요되는 작업량은 약 630,000㎥로 산출되므로 약
1,050,000명의 공역에 해당된다. 하루 1,000명을 동원한다고 가정하여도 약 2년
8개월의 기간이 소요되는 막대한 노동력이 투입되어야 가능한 役事임을 알 수
있다.

제 2 장
한강유역 백제 기층문화의 전개과정

1. 지석묘사회
2. 세형동검기사회
3. 한·예계사회

백제가 한강유역에서 국가로 성장하였다는 점에 대해서는 대체로 이론의 여지가 없다7). 이러한 관점에서 한강유역 백제 이전의 여러 문화들은 시간적으로는 백제에 앞선 선행문화로서 백제라는 국가체의 형성에 이르는 과정을 생각함에 있어서 백제의 基層文化라 불러도 좋

---

7) 문헌사료에 따르면 처음 백제는 河北, 즉 한강이북에 있다가 河南, 즉 한강이남으로 천도한 것으로 나타난다. 여기의 하북과 관련하여 지금의 예성강 이동지역의 경기북부지역이 백제의 初都地였을 것이며, 한강이남지역으로의 천도는 경기북부 세력과 중국군현 사이에 무력 충돌이 있었던 正始年間(240~257년)의 사건(李賢惠 1997)이나 魏의 군현 재편 시기(文安植 1995)인 古爾王代로 보는 견해들도 있다. 이와 관련하여 한강이남 지역에서 보이는 고분이나 성곽과 같은 고고학자료들이 3세기 중엽 또는 후반을 더 올라가지 않는 다는 점을 방증으로 들기도 한다. 본서 3장 이하에서 보는 것처럼 대형봉분을 가진 木棺封土墳이나 성곽의 등장 시점은 3세기 중~후엽 경인 것은 사실이나 그렇다고 하여 그 이전의 한강이남 지역이 무인지경이었던 것은 아니다. 1997년도 이후 풍납토성 내부 발굴조사에서 드러난 바와 같이 성곽 축조 이전에 3중의 환호를 두른 취락유적이 선행하고 있었음이 확인된다. 물론, 한강이북 지역은 현재의 정치·군사적 상황으로 인해 자세한 고고학자료의 확보가 용이하지 않고 그에 따라 금후 새로운 자료의 출현 가능성이 없지 않은 형편이므로 현시점에서 확언하기는 어려우나, 지금의 자료 사정이 곧 3세기 중~후엽 이전에는 백제 건국세력이 한강유역에 존재하지 않았다는 해석으로 직결되지는 않는다.

을 것이다.

그러나 백제 이전 여러 선행문화들 가운데 定着農耕 이전 단계의 문화들은 국가단계의 백제와는 직접적인 관련을 맺고 있다고 보기 어려우므로, 여기서는 본격적인 정착농경문화로 진입한 支石墓社會 이후의 여러 선행문화들에 대해서 그 시간적인 위치와 아울러 사회 성격의 일단을 살펴봄으로써 백제 국가의 형성 과정을 이해하는 데에 도움이 되고자 한다.

1. 지석묘사회

한강유역 지석묘사회에 대한 검토에 앞서 먼저 지석묘의 출현과 관련하여 지석묘의 성격에 대해 알아보기로 하자.

지석묘에 대한 관심은 일찍이 19세기 말 서양 선교사들로부터 시작되어 일제시대의 日人 학자들에 의한 부분적인 발굴조사 및 연구를 거쳐 1960년대 이래의 본격적인 조사에 이르기까지 그 역사는 결코 짧지 않다(李榮文 1993). 그러나 아직까지 그 출현과정 및 성격에 대한 논의는 많지 않은 실정이다. 여기서 지석묘에 대한 자세한 언급을 할 수 있는 여유가 없으므로 본격적인 논의는 별도의 기회로 미루고 우선 지석묘의 출현과정 및 그 기능에 대해 부언해둠으로써 당면한 한강유역 지석묘사회에 대한 이해의 방향을 설정해 보기로 한다.

주지하듯 한반도의 지석묘는 함경북도 일부를 제외한 거의 한반도 전역에 분포되어 있고, 한반도 주변으로는 요녕지방에 특히 분포가 조밀하다. 한편, 전세계적으로는 유럽의 대서양연안, 지중해연안, 인도, 인도네시아 등에 걸쳐 광범위하게 분포되어 있어 한때 이들을 모두 연계하여 보는 超傳播主義적인 설명도 시도된 적이 있었다.

그러나 근래 유럽지역 巨石物에 대한 연구결과는 그러한 입장이 더 이상 타당하지 않음을 보여 준다. 즉 어패류와 같은 해양수산자원에 의존하여 생계를 유지하던 유럽 대서양연안 지대에 새로 농경이나 목축과 같은 식량생산경제가 도입되고, 그에 따라 인구부양력의 증대와 더불어 지역인구밀도가 높아지게 됨으로써, 토지자원에 대한 희소성이 증가하게 되었다. 이에 토지자원을 둘러싼 경쟁이 심화되고, 이는 지역 공동체간의 영역설정의 필요성으로 나타난다. 그 결과로서 거대한 기념물 또는 분묘가 축조된다는 것이다(Renfrew 1973). 최근에는 중요 생계자원에 대한 집단간의 경쟁의 심화가 공식적인 死者處理 方式으로서의 墓域(formal disposal area)의 조성이나 巨石墳墓(megalithic tomb)의 출현으로 나타난다는 견해(Chapman 1981)가 널리 받아들여지고 있다.

이러한 유럽 거석분묘에 대한 연구결과는 우리 지석묘의 출현과 관련하여 중요한 관점을 제시하고 있다. 그간 한반도 지석묘의 기원과 관련하여 농경과의 관련성이 종종 지적되어 왔다. 이 가운데는 쌀 농사와의 관계를 특히 중시하여 도작의 남방전래설과 아울러 지석묘 남방기원설(金秉模 1992)까지 있다. 그러나 한반도 남부지방 지석묘가 다른 지역의 것들 보다 그 축조연대가 이르지도 않을 뿐만 아니라 남방기원설을 따를 경우 축조시기가 앞설 것으로 예상되던 제주도의 지석묘가 실은 육지지역 보다 더 늦은 초기철기시대에 들어 와서야 비로소 나타나고 있어(李淸圭 1995), 이제 남방기원설은 더 이상 설득력을 얻기 어렵게 되었다. 그러나 유럽의 경우에서 보듯이 적어도 고인돌과 농경과의 밀접한 관계는 의심의 여지가 없는 것으로 생각된다.

최근 요녕지역 지석묘에 대한 연구결과를 보면, 한반도지역보다 농경의 시작이 빠른 만큼 지석묘의 출현 역시 기원전 1500∼1100년경에 이미 시작되고 있어(遼寧省文物考古硏究所 1994), 농경과 지석묘와의 관계가 밀접함을 보여주고 있다.

이러한 국내외 연구성과들을 염두에 두면서 필자는 지석묘의 출현과정을 다음과 같이 생각하게 되었다(朴淳發 1995a).

수렵채집을 기반으로 하는 신석기 사회가 요녕지방을 경유한 중국 華北지방 농경문화인 大汶口文化와 접촉하면서 신석기중기(기원전 3000년경) 무렵 원시적 농경이 수용되기 시작하였다[8]. 이러한 원시농경 수용 이면에는 일시적인 기후의 한랭화(최기룡 1992)에서 비롯된 것으로 추정되는 인구압이 작용하였을 가능성이 있다.

기원전 1000년경 요녕지방 청동기문화의 영향으로 무문토기문화가 한반도 북부지방으로부터 파급되기 시작하였다(朴淳發 1993a). 이로 인해 신석기이래 지속된 인구증가와 아울러 인구압이 가중되었을 것이다. 인구압의 지속적인 증가는 생계경제상에 농경의 비중을 급속히 증대시키는 결과로 나타났을 것이다.

생계경제상에서 농경이 차지하는 비중의 증대는 농경지에 대한 경쟁적인 점유현상을 야기하였고, 그 결과 나타난 것이 지석묘나 입석과 같은 거석기념물 축조 및 각 지역 집단의 공동묘역 출현이다.

이상의 내용을 도식적으로 나타내면 다음의〈도면 1〉과 같다.

이는 아직 많은 부분이 실증적으로 검토되어야 할 사변적인 모델에 지나지 않으나, 한강유역 지석묘가 무문토기문화 출현과 동시에 나타나지 않고 초기의 孔列土器를 표지로 하는 驛三洞類型 단계를 지난 시기에 와서야 비로소 축조되고 있는 현상[9]은 지석묘의 등장이 요녕지

---

8) 신석기 중기 농경의 시작과 관련하여 김원용은 화북지방의 彩色土器文化가 요녕지방을 거쳐 한반도지역의 신석기 문화에 수용되면서부터라고 한 바(金元龍 1986 : 48) 있다. 그런데 여기서 밀한 채색토기문화는 山東지역의 대문구문화로 이해된다. 대문구문화의 농경문화는 그 특유의 채색토기와 더불어 요동반도의 小珠山 中層文化로 파급되고, 다시 西北韓 및 漢江流域의 물결무늬 빗살문토기, 그리고 東北지방의 西浦項 3期의 雷文土器 등의 출현에 영향을 미친 것으로 판단된다.

9) 파주 玉石里와 交河里의 경우 지석묘는 공렬토기 주거지가 폐기된 이후에 축조된 것(金載元·尹武炳 1967)으로서 이는 공렬토기를 표지로 하는 역삼동유형

방 등 외부로부터의 단순한 전파의 결과만은 아님을 보여 주고 있다.

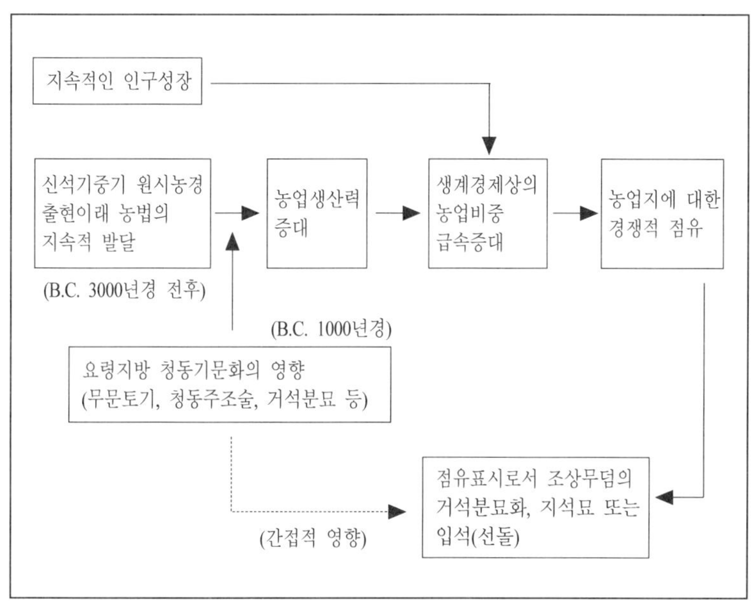

〈도면 1〉 한반도에서의 지석묘 출현과정에 대한 모식도

문화 단계 이후에 지석묘가 출현하였음을 보여 주는 것이다. 이와 거의 동일한
단계인 여주의 欣岩里에서 쌀, 보리, 조, 수수 등의 곡물이 출토되고 있을 뿐만
아니라 최근 조사된 울산의 茶雲洞유적에서의 다량의 콩 출토예 등으로 보아
역삼동유형문화는 농경을 기반으로 하고 있었음은 분명한데도 불구하고 이 보
다 다음 단계에 와서야 지석묘가 축조되는 것은 아마도 이들 역삼동유형단계
에는 아직도 집약성이 비교적 낮으면서 정착성이 떨어지는 粗放的인 火田農耕
이 주가 되었을 가능성이 높다. 이와 관련하여 역삼동유형의 주거지들에 2개
이상의 복수의 화덕을 가지고 있는 경우가 많은 점이 주목된다. 이러한 복수의
화덕은 복수의 世帶가 동거하는 일종의 擴大家族的 성격의 世帶共同體의 주거
지로 볼 수 있다(李康承·朴淳發 1996 : 294 ; 安在皓 1997). 이러한 확대가족적
인 同居集團은 경작지 확보를 위해 일시에 많은 노동력이 투입되어야 하는 화
전과 같은 조방적이고 地力掠奪的이어서 상대적으로 이동성이 강한 농경방식
과 관련된다는 민족지 사례(Netting 1977)가 있어 역삼동유형의 농경방식이 이
후의 송국리유형의 문화단계와 같은 본격적인 정착집약농경 단계와는 다를 것
이라는 추정을 뒷받침해 주고 있기 때문이다.

이로써, 지석묘는 농경이 생계경제상에서 차지하는 비중이 증대되면서 농경지에 대한 중요성이 증가하고 그에 따라 그 점유를 놓고 집단간에 경쟁적인 관계가 발생하는 정착농경단계에 나타나는 것으로 볼 수 있다. 막대한 노동력을 투여하여 조상 무덤을 거대한 바윗돌로 축조하는 것은 결코 토지와의 연고가 확립되지 않은 사회에서는 나타나지 않을 것임은 미루어 짐작하기 어렵지 않다.

이와 같은 지석묘의 출현배경을 염두에 두고 이제 한강유역 지석묘사회에 대해 살펴보기로 하자.

한강유역 지석묘는 모두 120개 지점에 걸쳐 분포하고 있으며, 추정되는 지석묘 총수는 최소 487기 이상이다[10]. 지석묘의 입지는 여타지역과 마찬가지로 대체로 넓지 않은 평야가 형성되어 있는 1~3차 하천유역이지만 한강 본류에 의해 형성된 충적지에 분포한 경우도 있다. 4~5차 하천과 같은 본류의 강안에 입지한 지석묘들은 대부분 春川지방이나 楊平 등지에 집중되어 있는데, 이 지역은 밭농사의 비중이 높은 후술할 원삼국시대 '中島類型文化' 분포권에 해당되어 흥미롭다(표 1).

한편 한강유역 지석묘 분포양상을 보면 하나의 자연부락에 3기 이상이 분포하고 있는 밀집군을 확인할 수 있다. 이들 밀집군 주변에는 1~2개의 지석묘들로 구성된 派生 小群이 있는 경우가 거의 대부분이어서, 아마도 이들이 당시 지석묘사회의 지역중심이었을 가능성이 매우 높다(李榮文 1993). 지표조사가 비교적 잘 이루어진 금강 중상류지역의 경우를 보면 이러한 밀집군들은 대략 7km의 간격으로 분포하고 있음이 확인되고 있어 당시 이들의 常用資源領域(site explotation territory)은 반경 약 3.5km 정도로 볼 수 있다(李康承・朴淳發 1995). 이와 같은

---

10) 京畿道 利川郡 馬場面 일대에 대한 조사결과 蟹越里 1기, 道岩里 1기, 印後里 8기, 道峰里 13기 등이 새로이 확인되므로(崔毅光 2000), 지금까지 알려진 한강유역 지석묘는 이를 포함하면 최소 515기이상이 된다.

상용자원영역을 한강유역의 지석묘사회에도 적용할 수 있을 것으로 생각되는데, 실제로 3기 이상의 밀집군을 중심으로 반경 3.5km를 劃定해 보면 주변 소군들이 거의 대부분 포함되고 있어 그러한 가능성을 높여 주고 있다.

　한강유역 지석묘 분포를 3기 이상의 밀집군을 중심으로 반경 3.5km 범위에 들어가는 지역군 단위로 간추려 보면 〈표 2〉와 같이 모두 32개의 지역군이 확인된다11). 이들의 입지를 『大東輿地圖』에 나타난 고대 교통로와 비교해보면 매우 흥미로운 결과를 얻을 수 있다.

〈표 1〉 한강유역 지석묘 일람표

번호	위　　치	水流 차수	규 모	출　　　　전	비 고
1	서울　城北區 貞陵洞	1차	1기	金基雄1968,韓國支石墓小考, 『友石史學』1.	
2	中浪區 忘憂洞	1차		金元龍1965,『韓國史前遺蹟·遺物地名表』	
3	九老區 高尺洞	3차		金元龍1965.	
4	江南區 盤浦洞	1차		金元龍1965.	
5	京畿 議政府市 新谷洞	2차		金元龍1965.	
6	本芚野	2차		金元龍1965.	
7	塔石	2차		金元龍1965.	
8	金梧洞	2차	1기	金元龍1965.	石棺 1基附
9	議政府市　近郊	2차	小群	金元龍1965.	
10	南楊州市 退溪院里	2차		金元龍1965.	
11	眞乾面　眞官里	3차		金元龍1965.	
12	松陵里	2차		金元龍1965.	
13	芝錦洞	3차	6기	金元龍1965.	

---

11) 최근 알려진 경기도 이천군 마장면 일대의 도암리군(6기), 인후리군(8기), 도봉리군(13기) 등(崔毅光 2000)을 추가하면 한강유역 지석묘 밀집군은 모두 35개군이 된다.

번호	위　치	水流 차수	규　모	출　　전	비고
14	加雲洞	3차	2기	金元龍1965.	
15	三牌洞	2차		金元龍1965.	
16	鳥安面　鎭中里	5차	3기	林炳泰1974,楊州郡　鎭中里　先史遺蹟　發掘報告,『八堂・昭陽댐水沒地區　遺蹟發掘　綜合調査報告書』,文化財管理局.	
17	和道邑　琴南里	5차	5기	金貞培1974,楊州郡　琴南里　고인돌　發掘略報,文化財管理局 위책.	
18	九里市　四老洞	3차		金元龍1965.	
19	仁倉洞	3차	3 - 4기	金元龍1965　및　한신大學校博物館1994,『九里市　仁倉地區　文化遺蹟　및　民俗調査報告書』.	
20	校門洞	3차		金元龍1965.	
21	坡州郡　汶山邑　汶山里	3차		金元龍1965.	
22	月籠面　陵山里	3차		金元龍1965.	
23	玉石里	3차	20여기	金載元・尹武炳1967,『韓國支石墓研究』	
24	金村邑　金村里	3차		文化財管理局1977,　　『文化遺蹟總覽』	石劍出土地
25	炭峴面　金蠅里	2차		金元龍1965.	
26	條里面　弩造里	1차	1기	金武龍1961a,坡州　交河面의　支石墓,『考古美術』2 - 1.	
27	交河面　交河里	3차	106기	金秉模・高才元1994,　　『多栗里,堂下里　支石墓　및　住居址』	多栗里,堂下里接境
28	上支石里	2차	1기	金載元・尹武炳1967.	
29	多栗里	1차	1기	金武龍1961a.	
30	木洞里	1차	1기	金武龍1961a.	
31	高陽市　城石洞	2차		金元龍1965.	
32	京畿　高陽市　文峰洞	3차	3기	文化財管理局1977.	
33	元新洞	3차		金元龍1965.(舊　元堂面　新院里)	
34	花井洞	1차	2기	서울大學校博物館1991,『高陽郡花井地區　文化遺蹟　地表調査　報告書』	
35	漣川郡　全谷邑　兩遠里	1차	群集	金元龍1965.	

번호	위　　치	水流 차수	규　모	출　　　　　전	비　고
36	꽃봉말	2차		金元龍1965.	
37	漣川邑 通峴里	1차	5기	金武龍1961b, 漣川郡漣川面支石墓群, 『考古美術』2 - 5.	
38	抱川郡 蒼水面 秋洞里	1차	3기	文化財管理局1977.	
39	抱川邑 自作里	1차	數基	金元龍1965.	
40	蘇屹面 松隅里	2차		金元龍1965.	
41	加山面 坊築里	2차		金元龍1965.	
42	金峴里	1차		文化財管理局1977.	
43	一東面 機山里	1차	1기	金元龍1965.	
44	水入里	2차	2기	金元龍1965.	
45	社稷里	1차		金元龍1965.	
46	加平郡 北 面 梨谷里	4차		金元龍1965.	石劍 出土地
47	楊坪郡 西宗面 汶湖里	5차	4기	황용훈1974, 양평군문호리지구유적발굴보고, 文化財管理局1974 위책.	
48	楊西面 兩水里	5차	10기	李浩官・趙由典1974, 楊坪郡兩水里支石墓發掘報告,　文化財管理局1974 위책.	
49	介軍面 仰德里	5차	7기	손보기・이융조1974, 양평군양근리지역, 앙덕리지역유적발굴보고, 文化財管理局1974위책	
50	上紫浦里	5차	16기	韓炳三・金鍾徹1974, 楊坪郡上紫浦里支石墓(石棺墓)發掘報告,　秦弘燮・崔淑卿1974, 楊坪郡上紫浦里支石墓發掘報告,　鄭永鎬1974, 楊坪郡上紫浦里支石墓群發掘報告, 文化財管理局1974 위책.	石棺墓 2基 附
51	龍門面 曹峴里	2차		有光教一1959,　『朝鮮磨製石劍の研究』	支石墓 下部構 造?
52	廣州郡 五浦面 陽筏里	4차		有光教一1959.	石劍 出土地
53	草月面 雙東里	3차		金元龍1965.	
54	山二里	3차	1기	孫寶基1986, 廣州宮坪里遺蹟發掘報告,　『中部高速道路文化遺蹟發掘調査報告書』忠北大學校博物館.	

번호	위　　치	水流 차수	규 모	출　　　　전	비 고
55	三里	3차	1기	孫寶基1986.	
56	道尺面 宮坪里	2차	3기	孫寶基1986.	
57	龍仁郡 慕賢面 梅山里 (모현초등학교)	3차	1기	金武龍1961c,龍仁慕賢面支石墓, 『考古美術』2‑9	
58	旺山里	4차	3기	金武龍1961c.	
59	京畿 龍仁郡 駒城面 上下里	2차	2기	全吉姬1959, 龍仁駒城面所在Dolmen 調査報告 『史苑』1, 梨花女子大學 校.	
60	器興邑 書川里	2차		金元龍1965.	
61	龍仁邑 金良場里	2차		金元龍1965.	
62	內四面 朱北里	1차	2기	文化財管理局1977.	
63	二東面 華山里	1차		文化財管理局1977.	石劍出土地
64	德城里	3차		文化財管理局1977.	石劍出土地
65	南四面　倉里	2차		文化財管理局1977.	石劍出土地
66	利川郡 戶法面 東山里	1차		文化財管理局1977.	石劍出土地
67	新屯面 支石里	1차	2기	權五榮외1989, 여주·이천지역지 표조사보고, 『신암리Ⅱ』, 국립중앙 박물관.	
68	水下里	1차	1기	權五榮외1989.	
69	栢沙面 玄方里	1차	20기	權五榮외1989.	
70	驪州郡 興川面 外絲里	1차	3기	金元龍1965. 및 權五榮외1989.	
71	北內面 石隅里	2차	3기	權五榮외1989.	
72	龍仁郡 外四面 近三里	1차	3기(당 초7기)	權五榮·韓鳳奎1988, 용인군지표 조사,『新岩里Ⅰ』	
73	遠三面　孟里	1차	1기	權五榮·韓鳳奎1988.	
74	慕賢面 草夫里	2차	2기	權五榮·韓鳳奎1988.	
75	서울 瑞草區 良才洞	2차	7기	金武龍1961d,京畿始興郡內支石墓, 『考古美術』2‑11.	
76	牛眠洞	2차	1기	金武龍1961d.	
77	京畿 光明市 鐵山洞	3차	3기	金秉模·崔虎林1985, 『光明鐵山 洞支石墓』	
78	所下洞	3차	1기	文化財管理局1977.	
79	安養市 坪村洞	2차	12기	明知大學校博物館1990, 『安養坪 村의 歷史와 文化遺蹟』.	

번호	위　　치	水流 차수	규 모	출　　　　　전	비 고
80	軍浦市 山本洞	2차	10여 기	申千湜・嚴翼成1990,支石墓遺蹟, 『山本地區文化遺蹟發掘調査報告 書』.	
81	富谷洞	1차	1기	李隆助1988,始興富谷里支石墓發 掘調査報告,　『板橋〜九里・新 葛〜半月間高速道路文化遺蹟發 掘調査報告』,忠北大學校博物館.	
82	義旺市　三洞	1차	1기	任孝宰외1988,始興三里支石墓發 掘調査報告,忠北大學校博物館 위책.	
83	安山市 月陂洞	1차	3기	황용훈1978,楊上里・月陂里遺蹟 調査報告,『半月地區遺蹟發掘調 査報告』半月地區遺蹟發掘調査團 .	
84	楊上洞	1차	4기	황용훈1978 및 崔茂藏1978,楊上 里支石墓發掘調査報告,　半月地 區遺蹟發掘調査團 위책	
85	仁川 南區　鶴翼洞	1차	7기	金元龍1965　및　文化財管理局 1977.	
86	仁川 南區 朱安洞	1차	1기	金元龍1965.	
87	延壽區 靑鶴洞	1차	1기	金元龍1965.	
88	中區 永宗島 雲南洞	1차	1기	文化財管理局1977.	
89	西區　大谷里	1차	10기	文化財管理局1977.	
90	京畿 金浦郡 金浦邑 雲陽里 재촌	2차	5기	文化財管理局1977.	
91	雲陽里 泉峴	1차	10기	文化財管理局1977.	
92	月串面 高亭里	1차	3기	考古美術編輯室1963,金浦郡內支 石墓,『考古美術』4‐8.	
93	江華郡 江華邑 大山里	1차	1기	文化財管理局1977.	
94	松海面 下道里	1차	數基	金元龍1965.	
95	楊五里	1차	1기	文化財管理局1977.	
96	河岾面 黃村里	1차	5기	金元龍1965 및 金載元・尹武炳 1967.	
97	三巨里	1차	10여 기	金載元・尹武炳1967.	
98	富近里	1차	3기	文化財管理局1977.	
99	新三里	1차	1기	文化財管理局1977.	

번호	위　　　치	水流 차수	규 모	출　　　전	비 고
100	新鳳里	1차	1기	金元龍1965.	
101	內可面 鰲上里	2차	1기	文化財管理局1977.	
102	外浦里	海岸	1기	金元龍1965.	
103	華道面 東幕里	海岸	1기	金元龍1965.	
104	江原 原州市 文幕邑 宮村里	3차		翰林大學校아시아文化研究所1986, 『江原道의 先史文化』	
105	春川市 東內面 鶴谷里	3차	7기	翰林大學校아시아文化研究所1986.	
106	碩士洞	3차	3기	翰林大學校아시아文化研究所1986.	
107	西面 玄岩里	5차	1기	翰林大學校아시아文化研究所1986.	
108	錦山里	2차	4기	翰林大學校아시아文化研究所1986.	
109	中島洞	5차	12기	翰林大學校아시아文化研究所1986.	
110	西面 新梅里	5차	10기	翰林大學校아시아文化研究所1986.	
111	牛頭洞	5차		翰林大學校아시아文化研究所1986.	
112	新北邑 池內里	1차	13기	翰林大學校아시아文化研究所1986.	
113	山泉里	2차	7기	翰林大學校아시아文化研究所1986.	
114	鉢山里	2차	10기	翰林大學校아시아文化研究所1986.	
115	泉田里	5차	11기	翰林大學校아시아文化研究所1986.	
116	栗文里	3차		翰林大學校아시아文化研究所1986.	
117	東面 枝內里	2차	1기	翰林大學校아시아文化研究所1986.	
118	北山面 內坪里	4차	3기	翰林大學校아시아文化研究所1986.	
119	楸田里	4차	1기	翰林大學校아시아文化研究所1986.	
120	華川郡 看東面 楡村里	3차		翰林大學校아시아文化研究所1986.	

〈표 2〉 한강유역 지석묘 밀집군 분포

번호	밀집군명	水流 차수	규 모	고대 교통로 와의 관계	群內의 후속시대 유적
1	漣川 通峴里	1차	5기	漣川縣 治所	
2	兩遠里	2차	群集	1枝 交通路	
3	抱川 楸洞里	1차	3기	永坪郡 治所	
4	水入里	1,2차	3기	3枝 交通路	
5	自作里	2차	群集	抱川縣 治所	
6	議政府	2,3차	群集	楊州牧 治所	

번호	밀집군명	水流 차수	규　모	고대 교통로 와의 관계	群內의 후속시대 유적
7	南楊州 芝錦洞	2,3차	9기 以上	4枝 交通路	四老洞遺蹟(細形銅劍,銅사)
8	九里　仁倉洞	2,3차	9기 以上	4枝 交通路	水石洞,陶谷洞 遺蹟(以上 粘土帶 土器). 三牌洞 遺蹟(劍把頭飾).
9	坡州 玉石里	2,3차	24기 以上	坡州牧 治所	
10	交河里	1,2,3차	109기 以上	交河郡 治所	
11	高陽 文峰洞	2,3차	5기 以上	高陽郡 治所	元堂洞(銅모)
12	金浦 大谷里	1,2차	25기	金浦郡 治所	
13	高亭里	1차	3기	通津都護府治所	
14	江華 三巨里	1차	23기 以上	江華府 治所	
15	光明 鐵山洞	3차	5기 以上	4枝 交通路	九老洞(細形銅劍,銅사)
16	仁川 鶴翼洞	1차	9기	仁川都護府治所	鶴翼洞(細形銅劍)
17	安山 楊上洞	1차	7기	安山郡 治所	別望貝塚(粘土帶土器)
18	安養 坪村洞	2차	22기	1枝 交通路	
19	서울 良才洞	2차	8기	1枝 交通路	
20	龍仁 旺山里	2,3,4차	6기	1枝 交通路	草夫里 遺蹟(細形銅劍 鎔范)
21	廣州 宮坪里	2,3차	6기 以上	1枝 交通路	
22	龍仁 近三里	1차	7기	2枝 交通路	
23	利川 玄方里	1차	26기	2枝 交通路	
24	驪州 石隅里	2차	3기	1枝 交通路	
25	楊坪 上紫浦里	5차	23기	1枝 交通路	上紫浦里 遺蹟(初期 細形銅劍)
26	兩水里	5차	13기	1枝 交通路	
27	汶湖里	5차	9기	1枝 交通路	
28	春川 鶴谷里	3차	10기	2枝 交通路	
29	中島	5차	18기 以上	春川都護府治所	溫依洞 遺蹟(粘土帶土器)
30	新梅里	1,2,3,5 차	31기 以上	1枝 交通路	
31	泉田里	4차	12기	1枝 交通路	
32	內坪里	4차	4기		

(※ 지석묘 밀집군의 기준은 단일 자연부락 범위내에 3기 이상이 밀집된 것으로 하였음.
　“고대교통로와의 관계”에서의 고대 교통로는 『대동여지도』의 교통로를 기준으로 하였음)

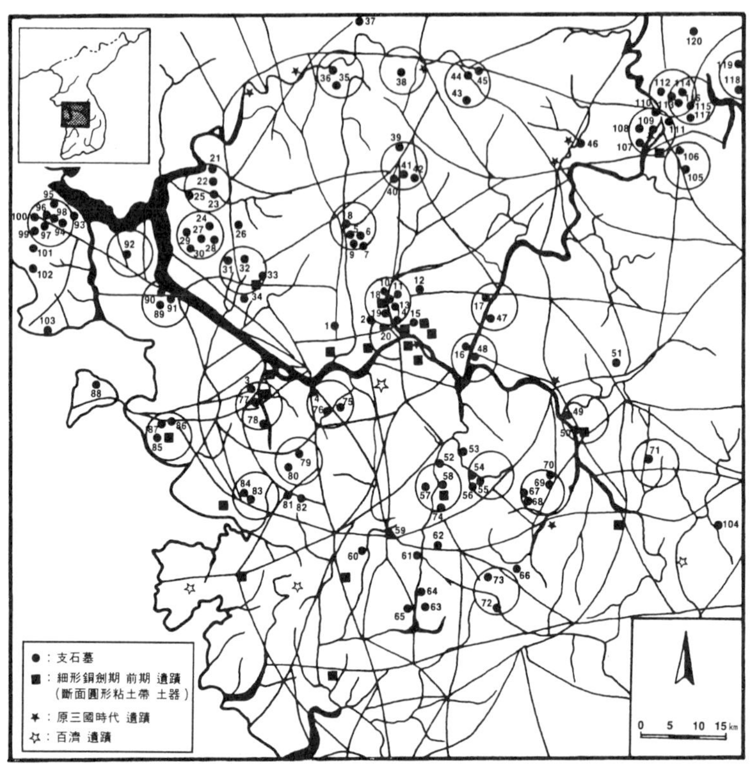

〈도면 2〉 한강유역 지석묘 분포와 고대 교통로 (고대 교통로는 『대동여지도』
에 의함. 번호는 표 1의 지석묘유적 번호와 동일함)

지석묘 밀집군은 모두 대동여지도상의 교통로에 위치하고 있기 때문이다〈도면 2〉. 전통적인 교통로는 산업사회 이전의 정치·경제·사회 등의 인문 지리적 요인뿐만 아니라 지형 등의 자연지리적 요인도 포함된 것으로서 다방면의 요인이 복합·절충되어 확립된 지역간 인적·물적교류 및 정보의 통로이다(Karl W. Butzer 1987 ; 258). 이러한 관점에서 보면 지석묘 밀집군이 모두 古來의 전통 교통로 상에 위치하고 있는 점은 당시 지석묘사회를 이해함에 있어 시사하는 바가 매우 크다.

우선, 지석묘사회는 대동여지도가 작성되었던 19세기까지 이어져 온 전통적인 농경사회와 본질적으로 다르지 않았던 정착농경사회였음을 말해 주는 것이다. 이는 전술한 바 있는 지석묘의 출현과정에 대한 가설을 반증해 줄 수 있는 자료로 볼 수 있겠다.

둘째, 당시 지석묘사회인들은 취락 입지를 결정함에 있어 가용 농경지 등 자원분포만을 고려하는 데에 머물지 않고 인접한 집단과의 관계 등 사회적 환경도 고려하고 있었을 가능성이 매우 높다는 것이다. 이는 결국 지석묘사회가 초기 농경사회단계를 이미 지난 본격적인 정착농경 사회였음을 말해주는 것으로 볼 수 있는데, 앞서 보았듯이 지석묘사회는 공렬토기를 표식으로 하는 역삼동유형의 초기 농경사회에 이어 나타나고 있는 점과 관련되는 것이다.

셋째, 지석묘사회인들이 처한 인접집단과의 사회적 환경과 관련하여 지석묘의 분포가 이처럼 고대 교통로와 일치되는 현상은 지석묘 출현 배경이 정착농경에 필수적인 토지자원에 대한 집단간 경쟁적 관계였을 것으로 파악한 필자의 전술한 가설의 타당성을 더욱 높여 주고 있는 것이다. 정밀한 토양조사를 전제로 한 것은 아니지만 최적의 농경지가 지석묘 분포지 이외에도 있었을 개연성은 지극히 높으므로 농경에 유리한 비옥한 토지자원의 분포지와 같은 자연 환경적 요인보다는 토지에 대한 경쟁적 관계의 발생과 같은 사회적 요인이 있는 곳에서 일종의 점유표시 기능으로서 지석묘가 출현한 것으로 보는 것이 더욱 타당한 것으로 생각된다.

그러면 이러한 지석묘사회의 성격은 어떠하였는지에 대해 생각해 보기로 하자. 지석묘사회의 성격과 관련하여 일찍이 손진태는 공동체적 평등사회로 파악한 적이 있다(孫晉泰 1948). 그러나 최근에는 족장사회로 보는 견해가 지배적이나(崔夢龍 1981) 여전히 평등사회로 보아야 한다는 반론(姜奉遠 1991)도 제기되고 있다. 한편 이영문은 "지석묘

사회는 평등을 기본으로 하는 사회이기보다는 공동체적인 협동사회이면서 어떤 질서에 의한 계층과 계급이 발생한 사회”로 표현하고 있어 (李榮文 1993) 위의 두 견해를 절충한 입장을 취하고 있는 듯하다.

평등사회로 인식하는 주장은 주로 지석묘군간의 공간분포 양상을 근거로 하고 있는데, 아직 지석묘군 사이에 두드러진 우열의 차가 보이지 않는다는 것이다. 반면 족장사회 또는 계급사회로 인식하는 입장은 지석묘 축조에 투입되었을 것으로 추정되는 노동력의 규모가 단순한 씨족집단의 범위를 넘고 있으며 그러한 인력 동원을 뒷받침하였을 잉여생산의 축적과 조직력의 수준으로 보아 평등사회는 아니었을 것이라는 주장이다.

필자가 참여한 昌原 德川里 지석묘군 발굴조사에서 드러난 것처럼 30톤이 넘는 거대한 지석묘가 群內 여타 지석묘와 구분되는 별도 묘역 내에 축조되어 있을 뿐만 아니라 매장주체부의 크기 및 매장양상으로 보아 소아임에 분명한 피장자가 거대한 지석묘에 묻혀 있는 등의 일련의 사실들은 지석묘사회가 계급사회였음을 보여 주는 유력한 근거가 될 수 있을 것이다. 그러나 이러한 현상이 모든 지석묘군에서 확인되는 것은 아니므로 지석묘사회를 일률적으로 계급사회로 규정하기는 어려울 것으로 생각된다.

지석묘군의 분포를 관찰해 보면 대략 다음과 같은 3가지의 유형으로 구분할 수 있다(朴淳發 1995).

첫째 유형은 규모상으로 거의 차이가 없는 여러 기의 지석묘가 群을 형성하고 있는 것이고, 둘째 유형은 1~3기 가량의 지석묘가 3㎞ 내외의 거리를 두고 분산되어 있는 경우이며, 셋째 유형은 수십톤에 달하는 거대한 지석묘가 밀집군내에 있거나 독립되어 있는 경우이다.

이와 같은 지석묘 분포양상의 차이는 각각 그 사회적인 성격이 상이함을 시사하고 있는 것으로 생각된다. 첫째 유형은 대체로 父系氏族

이 세대공동체로 분화되는 과도단계 혈연집단들의 공동묘역으로서 나머지 두 유형보다 시기적으로 선행하고 있는 지석묘로 보인다. 대체로 정착농경이 시작되는 기원전 800년경(李康承·朴淳發 1995)을 전후한 시점에 출현한 초기 지석묘사회의 산물로 생각된다. 둘째 유형은 정착농경 심화에 따라 새로운 경작지를 찾아 母集團에서 분기된 子集團들의 묘역으로 생각되는 것으로서 그 피장자들은 부계씨족에서 분화된 각 세대공동체 長들로 추정된다. 셋째 유형은 세대공동체간에 우열이 생기면서 유력한 세대공동체 家長의 주도로 일정한 지역을 통합한 농경공동체 長이 부상할 무렵의 지석묘로 볼 수 있는데, 창원 덕천리 지석묘군이 이 유형에 해당된다. 이 무렵은 지석묘 사회의 마지막 단계로서 대략 기원전 400~300년경에 비정된다.

이렇게 본다면 지석묘사회는 초기의 부계씨족~세대공동체의 분화단계로부터 핵심 세대공동체를 중심으로 일정한 지역적인 통합이 진행되고 있던 농경공동체의 족장이 등장하는 단계에 이르기까지 그 사회적인 성격은 단일하지 않았던 것이라 할 것이다.

한강유역 지석묘사회는 위에서 본 것처럼 모두 32개의 지역집단으로 구성되어 있다. 이들간에는 아직 뚜렷한 우열이 보이지 않으나 반경 3.5km 범위내에 분포한 지역군에 포함된 지석묘 小群들 사이에는 母－子의 분기에서 비롯된 혈연적 질서상의 우열은 있었을 것으로 보인다. 이들간의 우열 관계가 혈연적인 질서에 기인된 것이 중심이라고 한다면 이 단계의 사회를 본격적인 복합사회로 규정하기는 어려울 것이다.

2. 세형동검기사회

기원전 300년경을 분기점으로 하여 한반도의 농경공동체사회는 한 차례의 사회변동을 맞이하게 된다.

지속적인 농업생산력 증대로 인해 사회분화가 촉진된 바탕 위에 선진 中原靑銅器文明과의 접촉은 요녕지방 일대와 한반도 서북지방에 古朝鮮이라는 국가단계 사회를 출현케 하는 계기가 되었다. 한편 그 이남의 지석묘사회는 유력한 세대공동체 장을 중심으로 농경공동체로 통합되는 과정에 있었던 것으로 보인다. 이 무렵 북으로부터 밀려온 일련의 파동이 미치면서 지석묘사회는 급속한 사회변동을 맞이하게 되는데, 그 역사적인 계기 가운데 하나는 고조선과 戰國 燕의 무력충돌이었던 것으로 볼 수 있다.

『史記』 朝鮮列傳 및 『三國志』 魏書 東夷傳 韓條 所引 魏略에 보이는 일련의 기사로 미루어 이때 고조선은 그 서쪽 2천여리를 연에게 빼앗기고 지금의 요녕동부 千山山脈을 경계로 연과 대치하게 되었던 것으로 보인다(徐榮洙 1988). 이는 初期細形銅劍의 분포를 통해 고고학적으로도 어느 정도 관찰된다(朴淳發 1993b).

이러한 과정에서 요녕지방 고조선 유이민 다수가 한반도지역으로 유입되었을 것으로 추정되는데, 이 무렵 粘土帶土器의 출현은 그러한 사실과 관련되고 있었을 것이다. 한반도 점토대토기는 요녕지방으로부터 들어온 것으로 확인되며, 그 유입 경로는 해로와 육로 모두에 걸친 것으로 보인다. 한강유역 및 충청지방은 해로를 통하여, 대동강유역은 육로로 통해 유입되었을 가능성이 높다(朴淳發 1993b).

처음 이들은 토착 지석묘사회와 긴장된 대립관계를 유지할 수밖에 없었을 것이다[12]. 초기 점토대토기 유적의 입지가 거의 예외 없이 산

---

12) 여기에서 언급한 점토대토기인들과 기존 지석묘사회인들과의 갈등 관계에 대해 양호한 조건의 可耕地가 이미 지석묘사회인들에 의해 모두 점유됨에 따라 新來 점토대토기인들의 유입은 인구압을 가중하였을 것이며, 그러한 인구압의 해결 과정에서 나타난 것으로 해석될 수 있다는 견해(李熙濬 2000)가 제시되었다. 지석묘의 성립은 본질적으로 유리한 토지자원 점유를 둘러싼 경쟁관계의 산물임은 앞서 이미 설명한 바와 같으므로 절대치를 논외로 한다면 인구압은

정상부와 같은 고지대에 입지하고 있는 데에서 그러한 사정을 엿볼 수 있다. 뿐만 아니라 뒤에서 보는 것처럼 점토대토기 또는 세형동검과 관련된 유적의 분포가 거의 대부분 지석묘밀집지역과는 중복되지 않고 있는 데서도 드러나고 있다. 그러나 머지 않아 그들은 우월한 기술과 선진 정치 사회적인 경험을 토대로 토착 지석묘사회를 장악함과 아울러 새로운 사회로 재편하였던 것으로 보인다.

이 시대를 필자는 "細形銅劍期"로 부를 것을 제안한 바 있는데(朴淳發 1993a), 이는 다시 철기와의 공반 여부에 따라 순수 청동기시대인 전기와 철기를 수반한 후기로 세분 가능하다. 따라서 세형동검기를 모두 초기철기시대로 할 수는 없고, 세형동검기의 후기만이 진정한 의미의 초기철기시대가 된다. 그러나 비록 철기는 공반하지 않았으나 단면 원형의 점토대토기와 세형동검을 표지로 하는 新來의 이 문화가 지석묘 사회에 미친 영향이 深大함을 생각할 때 결코 철기 등장 못지 않은 시대 구분상 분기점으로서의 의의를 지니고 있다고 할 것이다. 이러한 의미에서 필자는 초기철기시대라는 고고학적인 시기명과는 별도로 세형동검기라는 용어를 사용하고 있다.

한편, 문헌사료에 의하면 이 시점은 "韓"이라 지칭되는 사회의 序幕이 오르는 단계에 해당된다. 『삼국지』 동이전 한조에 의하면 고조선의

지석묘사회 전기간에 걸쳐 작용하고 있었을 것으로 결코 특정 시점에 한정된 것은 아니다. 금강 중상류유역을 대상으로 신석기 중후기~청동기시대 지석묘 사회에 이르기까지의 유적간 거리를 근거로 한 常用資源領域 半徑 변천 경향으로 보면, 신석기 중후기 약 4km, 청동기시대 초기 지석묘사회 4~3.5km, 중기 지석묘사회 2.5km, 후기 지석묘사회 2km로 점차 줄어들고 있음을 알 수 있어(李康承·朴淳發 1995 : 84~86) 인구증가에 따른 새로운 취락의 부단한 형성 양상을 읽을 수 있기 때문이다. 이런 점에서 지석묘사회 늦은 단계에 점토대토기인들이 新來할 경우 인구압의 강도는 그 전보다 더욱 클 것임은 두 말할 필요가 없다. 그러나 이들이 처음 선택한 高地性 聚落은 상시적으로 농경을 영위할 수 있는 입지가 되기는 어려우므로 적어도 최초단계의 긴장과 갈등 관계의 성립 가능성은 배제할 수 없을 것이다.

準王이 衛滿에 의해 찬탈된 뒤 좌우 宮人을 거느리고 해로를 통해 “韓地”에 이르러 한의 왕이 되었다는 기사가 보이므로 적어도 위만조선 성립시점인 기원전 195년 무렵에는 이미 그 남쪽에 “한”으로 지칭되던 실체가 있었음이 확인된다. 이와 관련되는 고고학적인 자료로는 최근 충남 및 전북 등지에서 잇따라 발견되는 주조철부를 공반하는 세형동검관련 분묘유적들로 추정된다(朴淳發 1993b). 이 무렵 한 사회의 성격에 대해서는 자세하지 않으나, 위만조선 남쪽 사회에 대하여 『사기』 조선열전에 “衆國” 또는 “辰國”의 표현이 있는 것으로 보아 당시의 “한”의 사회가 지석묘사회와는 분명히 다른 면모임을 엿볼 수 있다. 그런데 이러한 사회변동의 계기는 위에서 본 것처럼 다름 아닌 고조선과 燕의 군사적 충돌 결과로 야기된 점토대토기문화의 파급이었으므로 토착 지석묘사회가 재편된 결과로 보이는 “한” 사회는 결국 고고학적으로 보면 점토대토기를 표지로 하는 사회라 할 수 있다(朴淳發 1997). 이러한 관점에서 필자는 이 시대를 “韓社會”로 보고자 하는데, 이때의 한이 이후 분화되면서 『삼국지』 동이전의 삼한과 연결됨은 두 말할 나위가 없다.

이제 한강유역에 분포하고 있는 세형동검기 사회의 유적에 대해 살펴 보기로 하자.

한강유역의 세형동검기 전기의 유적은 모두 20개소에 이르는데, 그 분포양상을 보면 주로 서울의 王宿川 및 中浪川 하류유역에 집중되어 있다(표 3). 이 가운데 가장 대표적인 유적은 水石洞유적인데, 이 유적은 전술한 것처럼 요녕지방의 점토대토기 문화가 처음 한강유역에 내려와 정착하기 시작하는 단계의 유적이다. 수석동유적은 인접한 陶谷洞, 三牌洞유적과 더불어 앞선 지석묘사회에서는 九里 仁倉洞 지석묘 밀집군의 상용자원영역에 속하는 곳이다. 인창동 지석묘 밀집군의 규모는 지석묘 9기 정도가 밀집하고 있는 비교적 소규모군에 해당된다[13).

〈표 3〉 한강유역 세형동검기 유적 일람표

번호	유 적 위 치	유구 및 유물	출 전	비 고
1	京畿 九里市 四老洞	石棺墓,細形銅劍, 銅鉈,土器	榧本杜人1958,朝鮮先史墳墓の變化過程とその編年, 『考古學雜誌』43-2. (榧本杜人1977, 『朝鮮の考古學』,同朋舍)	南楊州 芝錦洞 支石墓 密集群
2	南楊州市 水石洞	住居址,粘土帶土器	金元龍1966,水石里先史時代聚落住居址調査報告, 『美術資料』11.	九里 仁倉洞 支石墓 密集群
3	陶谷洞	粘土帶土器	金廷鶴1967,韓國無文土器文化의 硏究,『白山學報』3.	〃
4	三牌洞	劍把頭飾	金元龍1965.	〃
5	서울 城東區 鷹峰	粘土帶土器	横山將三郎1930,京城府外鷹峰遺蹟報告, 『史前學雜誌』2-5.	
6	廣津區 峨嵯山	粘土帶土器	林炳泰1969,漢江流域無文土器年代, 『李弘稙博士回甲記念韓國史學論叢』(林炳泰1996, 『韓國 靑銅器文化의 硏究』,學硏文化社)	
7	京畿 高陽市 元堂洞	銅鉾鎔範	金元龍1965.	高陽 文峰洞支石墓 密集群
8	서울 永登浦區 堂山洞 (영등포공고)	細形銅劍, 銅鑿	梅原末治·藤田亮策1947, 『朝鮮古文化綜鑑』1,朝鮮總督府.	
9	九老區 九老洞	細形銅劍,銅鉈	横山將三郎1953,ソウル近郊の史前遺蹟, 『愛知大學文學論叢』56. (全榮來,地名表-靑銅器Ⅲ, 『韓國考古學地圖』,韓國考古學硏究會,1984.再引用)	光明 鐵山洞支石墓 密集群
10	江東區 上一洞	細形銅劍, 劍把頭飾	韓炳三1968,새로 발견된 細形銅劍, 『考古學』1.	
11	仁川 延壽區 鶴翼洞	細形銅劍	金元龍1965.	仁川 鶴翼洞支石墓 密集群

---

13) 한강유역의 3기 이상의 지석묘밀집군 32개소의 각 군별 지석묘의 분포양상을 보면, 3~5기:4군, 6~8기:5군, 9~11기:5군, 12~14기:2군, 18~20기:1군, 21~23기:3군, 24~26기:3군, 30~32기:1군, 그리고 33기 이상:1군으로 분포의 정형으로 보면 9기는 비교적 작은 규모의 밀집군에 해당된다.

번호	유 적 위 치	유구 및 유물	출　　전	비 고
12	京畿 安山市 草芝洞	粘土帶土器	金元龍1978,草芝里別望貝塚發掘報告,半月地區遺蹟發掘調査團 위책.	安山 楊上洞 支石墓 密集群
13	河南市 望月洞	粘土帶土器	金廷鶴1967.	
14	龍仁郡 慕賢面草夫里	細形銅劍 鎔範	國立中央博物館1968,『靑銅遺物圖錄』	龍仁 旺山里 支石墓 密集群
15	楊坪郡 介軍面 上紫浦里	細形銅劍	秦弘燮·崔淑卿1974,文化財管理局 위책	楊坪 上紫浦里 支石墓 密集群
16	江原 春川市 溫依洞	粘土帶土器	任世權1977,春川溫依洞無文土器遺蹟,『史叢』21·22.	春川 中島 支石墓 密集群
17	京畿 驪州郡 驪州邑 校里	劍把頭飾	權五榮외1989.	
18	平澤郡 古德面	銅戈	國立中央博物館1968,『靑銅遺物圖錄』	
19	華城郡 南陽面	銅戈	金元龍1965.	
20	台安邑 餠店	細形銅劍	朝鮮總督府1925,『大正十一年度古蹟調査報告』	

　　따라서, 南下해온 초기의 점토대토기문화인들은 지석묘사회인들과의 마찰을 피해 비교적 그 세력이 강하지 않은 소규모 지석묘 밀집군 또는 공백지역을 중심으로 정착하였던 것으로 볼 수 있다. 이러한 점은 한강유역 세형동검기 전기 유적 20개 가운데 5개소(25%)가 지석묘가 전혀 분포하지 않은 곳에 입지하고 있는 양상(서울 상일동 麗州 校洞, 平澤 古德, 華城 南陽, 華城 餠店 등이 그 예임)에서 잘 알 수 있을 뿐만 아니라, 18기 이상 지석묘가 밀집된 중규모 이상의 9개 밀집군의 경우 세형동검 전기 유적이 지석묘군의 상용자원영역내에 분포한 것은 2예(春川 溫依洞, 楊坪 上紫浦里)에 불과한 사실에서도 뒷받침될 수 있다(표 2 참조). 더구나 이 경우에도 자세히 살펴보면 온의동은 中島, 錦山里 등의 지석묘 밀집지역과는 5차하천 규모의 강을 사이에 두고

떨어져 있어 직접적인 상용자원영역 밖이었을 가능성이 높다. 상자포리의 경우 출토된 동검은 지석묘와 관련된 부장품으로 볼 수 있을 뿐만 아니라 그 형태가 琵琶形銅劍과 細形銅劍사이의 과도적인 특징을 가지고 있는 점으로 미루어 이 무렵 새로 내려와 형성되기 시작하는 점토대토기와 관련된 세형동검이라기 보다는 재래의 비파형동검 말기형으로 볼 수 있다. 이렇게 본다면, 실제 중규모 이상 지석묘 밀집군에는 세형동검기 전기 유적이 분포하지 않는 것으로 보아도 좋을 것이다.

한강유역 지석묘사회 최대 지석묘 밀집군인 파주 교하리일대(109기)에서 지금까지 세형동검 전기 유적이 확인되지 않고 있는 것은 결코 우연이 아니라 당시 지석묘 사회와 新來 세형동검 전기 점토대토기인 사이의 사회적 긴장 갈등과 관련된 것으로 보아야 할 것이다. 그러한 모습은 이 무렵 점토대토기인들이 점유한 유적의 입지가 모두 산의 정상부에 가까운 高地인 점에서도 잘 드러나고 있으니, 한강북안의 鷹峰, 峨嵯山, 수석동, 도곡동 등이 그러한 예일 것이다.

한편, 이들의 분포를 자세히 관찰해 보면 龍仁 草夫里와 화성의 병점을 제외하면 모두가 한강본류로부터 10㎞ 이내의 가까운 거리에 있거나 서해안지역에 위치하고 있음이 확인된다. 이는 전술하였듯이 점토대토기인들이 해로를 통해 한강유역에 정착하였을 가능성을 뒷받침해주는 것으로 보아도 좋을 것이다.

이처럼 요녕지방으로부터 주로 해로를 이용해 한강유역 및 남한지방에 정착한 점토대토기인들은 처음에는 토착 지석묘사회와의 마찰을 피해 고지성 취락을 형성하였으나 얼마간의 시간이 경과하면서부터는 지석묘사회의 재편을 주도하였던 것으로 보인다. 이러한 사회재편의 원천은 아마도 점토대토기인들이 이전에 속하였던 고조선이라는 보다 발달된 정치체 내에서의 경험이었을 것으로 보아야 할 것이다.

 이러한 과정을 보여주는 고고학 자료로는 최근 忠南 保寧 寬倉里 주거지 및 大田 槐亭洞 청동기 출토 분묘유적(李殷昌 1967) 등을 들 수 있다. 관창리 유적은 松菊里型住居址들로 이루어진 취락인데, 이 가운데 늦은 단계 송국리 주거지에서 점토대토기와 松菊里式土器가 공반되고 있다(忠南大學校博物館 1995). 이러한 양상은 점토대토기가 처음 이 지역에 출현하는 단계의 고지성 유적인 보령 校城里(李康承 外 1987) 주거지와 대비해보면 시사하는 바가 많다. 이는 결국 처음 지석묘사회와의 마찰을 피해 고지에 입지하였던 점토대토기인들이 점차 토착 지석묘 사회인들과 융합하는 모습을 보여 주는 것으로 볼 수 있을 것이다.

 그러나 이러한 융합은 점토대토기인들이 토착 지석묘 사회에 흡수 동화되는 방향으로 진행된 것이 아니라 전자의 주도로 후자를 융합하여 사회를 재편하는 방향으로 진전되었던 듯하다. 이러한 점은 괴정동 유적을 통해 어느 정도 짐작할 수 있다. 대전지역 역시 보령지역과 마찬가지로 처음 점토대토기인들은 寶文山城과 같은 높은 고지에 입지하였지만 얼마간의 시간이 경과한 후 토착 지석묘 사회인들과 융합하면서 低平地로 내려와 마침내 괴정동 유적으로 대표되는 새로운 사회의 首長層으로 등장14)하게 되었다.

---

14) 대전지역에서 확인된 저평지 입지 점토대토기 유적으로는 老隱洞 유적이 있다. 이 유적은 최근 월드컵축구 경기장 건설 예정 부지에 대한 지표조사 과정에서 확인된 것이다(忠南大學校 博物館 1997). 이처럼 저지대로 내려온 점토대토기인들은 기존의 지석묘사회를 재편 통합하는 데에 주도적인 역할을 하였던 것으로 보이는 바, 이는 점토대토기 세력에 의해 토착 지석묘사회가 재편된 이후의 대전지역 수장층의 분묘로 추정되는 괴정동 유적의 입지를 통해서도 어느 정도 추정 가능하다. 점토대토기단계 이전의 대전 분지 일원에는 대략 2개의 지석묘군 집단이 공존하고 있었던 것으로 보이는데, 동쪽의 比來洞, 宋村洞 일대에 분포하고 있는 지석묘군과 서쪽의 內洞, 校村洞 일대의 지석묘군이 그것이다. 이들 두 집단간의 구체적인 관계는 지금 자세히 추정키는 어려우나 두 지석묘군 사이의 거리나 각 군 내에서의 최대급 지석묘의 규모가 서로 비슷한 점으로 미루어 서로간의 우열의 차이가 거의 없이 공존하고 있었던 것으로 보

그러면 토착 지석묘사회를 재편하면서 등장한 한강유역 세형동검기 사회의 성격은 어떠하였는지에 대해 잠시 생각해 보기로 하자.

우선 유적의 분포양상에서 이전의 지석묘사회에 비해 그 수가 적다는 점이 눈에 띈다. 이는 조사 강도 등의 차이에 기인한 통계 오차의 결과로도 볼 수 있으나, 분포자료의 대부분이 오랜기간 동안 축적된 지표조사들인 점으로 미루어 오히려 지역간 조사 강도의 차이에서 오는 분포의 왜곡은 상대적으로 적을 수도 있을 것으로 생각된다. 따라서 현재까지의 유적분포는 대체로 당시의 사정을 반영하고 있는 것으로 보아도 좋을 것이다. 그렇다면 지석묘 밀집군 보다 세형동검기 유적수가 적다는 것은 전술한 것처럼 그 만큼 지역간의 통합이 진행된 결과로 해석될 수도 있을 것이다. 특히 왕숙천, 중랑천유역의 유적을 제외하면 거의 대부분의 세형동검기 유적이 細形銅劍, 銅鉾, 銅戈 등이 나오는 곳이어서 이러한 유적의 분포는 당시 지역통합을 주도한 유력 집단들의 분포를 반영하는 것으로 볼 수 있기 때문이다. 왕숙천, 중랑천 일대에는 모두 7개의 유적이 반경 7.5km 범위 내에 밀집분포하고 있는데, 이는 또한 이전 지석묘 밀집군 2개(구리 인창동군, 남양주 지금동군)를 포함한 범위이기도 하다. 이러한 분포양상으로 보아 이들 유적군은 단일한 하나의 지역군으로 보아야 할 것으로 생각된다. 반경

───────────────

인다. 그러나 새로운 점토대토기인들의 도래와 함께 대전 지역의 지석묘사회는 하나로 통합되는 듯 한데, 그것은 지석묘의 분포로 보아 지석묘사회에서는 결코 중심지역이 아니었던 곳을 배경으로 하는 괴정동 무덤의 주인공과 같은 점토대토기 집단에 의해 이루어진 것으로 보인다. 그러한 추정의 근거는 우선, 괴정동 일원에는 지석묘가 분포하고 있지 않아 지석묘사회의 중심지 가운데 하나일 가능성은 거의 없다. 그런 반면 지금까지 대전지역에서 확인된 細形銅劍 출토유적들인 文化洞, 炭坊洞 등은 청동기의 질과 양으로 보아 이 지역 최대급인 괴정동 유적과 매우 가까운 곳이라는 점이다. 이는 결국 새로운 세형동검문화를 주도한 세력이 이전 지석묘사회의 중심세력이 아니라 괴정동으로 대표되는 新來 점토대토기 집단이었음을 보여 주는 것으로 이해되어야 할 것이기 때문이다(이에 대해서는 朴淳發 1995a 참조).

7.5㎞의 범위는 이들 유적군 이외의 여타 한강유역 세형동검기 유적간의 분포간격과도 부합되고 있다(도면 2 참조). 이는 대체로 당시 세형동검기사회가 반경 7.5㎞ 안팎 범위의 지역을 토대로 통합되고 있었을 가능성을 시사하고 있는 것이다.

이렇게 보면 한강유역에는 모두 10여개의 세형동검기사회가 분포하고 있는 것으로 되며, 이는 앞선 지석묘사회보다는 훨씬 광역한 지역통합이 진행된 결과로 보인다. 그러나 이들간의 우열 관계는 현재 자료상으로는 찾아보기 어렵다. 그리고 한강유역에는 準王 南來 시기 무렵 이후로 볼 수 있는 철기를 수반한 세형동검 후기 유적이 발견되지 않고 있다. 이러한 양상은 금강유역 세형동검기사회에 비해 발전의 정도가 뒤떨어지고 있음을 나타내는 것으로 볼 수 있을 뿐만 아니라 철기가 들어오는 단계에는 한강유역 세형동검기사회가 중심의 외곽에 위치하였을 것으로 추정하는 근거가 된다(朴淳發 1993a). 한강유역이 오늘날 황해도 일원에 위치하고 있었던 것으로 보이는 당시 眞番이라는 지역중심세력의 외곽에 해당되는 점과 관련이 있을지도 모르겠다.

한편 한강유역 및 그 이남의 당시 세형동검기사회는 전술한 것처럼 문헌사료상으로는 衆國 또는 辰國으로 지칭되는 韓 사회이다. 여기의 "國"이란 어느 정도의 지역통합을 유지하고 있으면서 통합을 주도하는 대표가 존재하는 사회를 지칭하는 것으로서 국가단계를 의미하는 용어는 아니다(權五榮 1996).

이로써 한강유역의 세형동검기사회는 이전의 지석묘사회를 2~3개 가량 통합한 반경 7~8㎞ 공간규모를 가진 정치체들로 구성된 사회로 볼 수 있다.

3. 한·예계사회

전술하였듯이 한강유역에서는 아직까지 초기철기를 수반한 세형동검 후기 문화는 확인되지 않고 있다. 그러나 위만조선이 멸망된 후 기원전 100년을 전후한 시기에 들어 발달된 漢의 철기문화와 더불어 새로이 硬質無文土器가 등장하고 있다. 따라서 지금까지 자료상으로는 한강유역 철기문화는 그 이남 금강유역이나 낙동강유역에 비해 한 두 단계가 늦은 셈이다(朴淳發 1993b).

한강유역의 새로운 철기문화는 시기적으로나 철기의 발달단계상으로 그 이남 지방의 원삼국시대 문화에 대응되는 것이어서 필자는 이를 한강유역의 원삼국문화로 파악한 바(朴淳發 1989b) 있다. 그리고 토기상의 변천을 근거로 하여 전기(기원전후~기원후 200년경)는 경질무문토기, 打捺文土器, 灰(黑)色無文樣土器 등이 공존하는 시기로, 후기(기원후 200~300년경)는 경질무문토기가 소멸되고 타날문토기 및 회(흑)색무문양토기만이 존속하는 시기로 파악하였다. 그러나 최근 이 지역에서 새롭게 축적된 발굴조사자료로 인해 종래 필자의 견해를 약간 수정할 필요를 느꼈다. 이에 대해서는 이미 별고를 통해 발표한 바(李康承 外 1996) 있지만 그 요지는 이러하다.

安仁里(白弘基 1991), 抱川 永松里(漢陽大學校博物館 1995), 渼沙里(尹世英·李弘鍾 1994), 荷川里(尹容鎭 1984) 등지에서 경질무문토기 단순기 유적들이 확인됨에 따라 종래의 전기에 앞서는 새로운 단계(phase)의 설정이 가능하게 되었으며, 경질무문토기 출현시기는 각 유적의 C14연대로 보아 기원전 100년경까지 소급 가능하다. 그리고 경질무문토기 출현은 대동강유역의 明沙里型土器와 밀접한 관련이 있다(朴淳發 1994). 한편 타날문토기의 출현 시점은 경질무문토기보다 얼마간 늦어 기원전후 무렵으로 보아야 한다는 것이다. 이러한 필자의 수정 편년관은

〈표 4〉와 같이 요약된다. 그리고 최근 중서부지방에서 원삼국시대의 유적조사자료가 축적되면서 한강유역과의 비교 검토도 가능하게 되었다. 특히 天安 長山里(李康承 外 1996)와 같은 취락유적이 조사됨에 따라 종래 한강유역 취락유적과의 자세한 비교연구도 가능하게 되었다.

필자는 한강유역 특히 중상류지역 고고학적 문화를 "中島類型文化"로 부를 것을 제안하고 그 특징을 다음과 같이 파악한 바 있다(朴淳發 1996a).

- 토기상 : 경질무문토기, 타날문토기, 회(흑)색무문토기의 공존.
- 주거지 : 출입시설이 있는 '몸'자형 또는 '凸'자형의 존재.
- 분　묘 : 葺石式積石墓.

〈표 4〉 한강유역 및 중서부지역 원삼국시대 유적 편년표

구분 절대연대	분기	토 기 상	유 적	비 고
B.C. 100 A.D. 0	I期	硬質無文土器 單純期	포천 永松里 3·4호 주거지 荷川里 2호 주거지 渼沙里 KC003 호 주거지	安仁里 21호주거지 : 2080±50B.P .(1δcal.130 - 90 B.C.)
  200	II期	打捺文土器 출현 硬質無文土器 빈도감소 灰黑色無文樣土器	屯內 長山里 7호 渼沙里 漢陽大 A-1호 주거지	長山里 7호 : 80 - 160 A.D(1δcal.)
  250	III期	打捺文土器 深鉢形土器·長卵形土器·直口壺 출현 灰黑色無文樣土器 盌 출현	中島 주거지 長山里 2호 주거지 陽坪里 葺石式 積石墓 淸堂洞 18호 周溝墓 石村洞 3호 東쪽 大形土壙墓	長山里 2호 : 210 - 350 A.D. (1δcal.)
	漢城百濟 I期	壺 還元燒成硬質化 百濟土器器種(高杯,三足器,直口 短頸壺 등 출현)	夢村土城 可樂洞 2호분	

그리고 이 문화의 역사적 성격과 관련하여『삼국사기』백제본기에 나타나는 이른바 靺鞨과 百濟의 전투기사에 대한 분석을 토대로 이 문화의 분포가 "말갈", 즉 濊(박진욱 1978)系15)집단의 역사 · 지리적인 분포와 일치되고 있음을 확인함으로써 중도유형문화를 예계집단의 문화로 비정할 수 있었다(朴淳發 1996a).

그러면 최근 새로이 확인되고 있는 중서부지방 원삼국문화를 예계의 문화로 비정되는 중도유형문화와 비교해봄으로써 중도유형문화의 특징을 부각해봄과 아울러 이와 비교되는 중서부지방 문화의 역사적인 성격을 살펴 보기로 한다.

우선 토기상을 보면, 중서부지방 역시 경질무문토기가 존재하는 점에서는 동일하나 낙랑의 영향이 짙은 회(흑)색무문양토기 平底 直口壺(朴淳發 1989b)는 보이지 않는다. 향후 자료 증가에 따라 달라질 수도 있으나 현재까지의 자료상으로는 양자간의 차이점으로 볼 수 있다. 한편 타날문토기는 문양16) 구성상에서 얼마간의 차이가 확인된다. 중서부지방은 한강유역 중도유형문화에 비해, 격자문을 타날한 후 횡선을 두른 '格子+橫線' 및 동체상부에는 유사승석문을 하부에는 교차승문을 타날한 '類似繩蓆+交叉繩文'의 비율이 많은 반면, 동체상부 유사승석 · 동체하부 격자문을 한 '유사승석+격자'는 중도유형에서 높은 빈도를

---

15) "예계"라는 용어는 어의상으로는 濊와 관련된다는 뜻이지만, 예의 실체 및 그 공간적 무대는 시기적 변화를 보이는 것으로서 매우 복잡하다. 한편, 한강유역의 원삼국시대와 병행하는 이 무렵 예의 중심지는 강원 북부지역을 포함한 원산만 일원의 東濊지역으로 보는데에 문제가 없을 것이다. 그러나 여기의 "예계"라는 표현이 반드시 한강유역의 중도유형문화가 동예와 직접 관련이 있다는 것은 아니다. 다만 지리적으로 동예의 변경에 분포하고 있어 어떤 형태로든 관련이 있을 것(이에 대해서는 후술하는 제4장 참조)이라는 포괄적인 의미를 가지고 있다. 이와 관련한 자세한 검토는 금후의 과제로 돌리고 여기서는 다만 중서부지방 마한과의 차이점을 강조하기 위한 용어로 사용하고자 한다.

16) 타날문토기 문양의 구체적인 양상 및 명칭에 대해서는 아직 완전히 일치된 용어는 없으나 본고에서 사용하고 있는 문양 명칭은 李康承 외 1996에 따랐다.

보이고 있다. 그 내용은 〈표 5〉와 같이 요약된다.

그 밖에 중도식 경질무문토기 深鉢의 후행기종인 打捺文 深鉢形土器의 문양등 표면처리방식이나 기종 구성 등에서 일정한 차이가 나타나고 있음이 확인되고 있다. 서울지역을 포함한 한강유역의 경우 심발형토기의 표면문양은 승문을 타날한 후 음각 횡선을 두른 것이 初現形인데 비해 중서부 지방은 격자문이 타날된 것이 초출한다. 중서부지방의 격자계 심발형토기는 이후 한강유역의 승문계 심발형토기의 영향으로 표면처리가 승문 타날후 횡침선이나 승문으로 점차 변화되고 있다(朴淳發 2001).

〈표 5〉 한강유역 중도유형문화유적과 중서부지방유적 출토 타날문토기의 문양별 백분율비교 결과

구분 \ 문양	격자문 (b)	격자+횡선 (c)	승문 (e)	유사승문(a) +격자(b)	유사승문(a) +교차승문(f)
Fs값	2.21	6.66	1.85	9.20	6.75
有意差	★	★★		★★	★★

(★: 유의수준 5%에서 유의차 있음. ★★: 유의수준 1%에서 高度의 유의차 있음)

다음, 주거지의 형태를 보면 천안 장산리(李康承 外 1996) 경우는 모두 장방형 평면으로 되어 있어 중도유형에 보편적인 출입구가 달린 것과는 일견 다른 모습이다. 중서부지방에서의 예[17]는 많지 않으나 이러한 주거지의 모습은 이와 인접한 南原 細田里 유적(全北大學校博物館 1989)에서도 찾아 볼 수 있어 중서부지방 원삼국시대 주거지의 보편적인 형태로 볼 수 있다. 한편 집자리의 형태뿐만 아니라 중도유형에 비

---

17) 최근 대전 九城洞에서도 원삼국 주거지가 확인되었다(崔秉鉉·柳基正 1998). 여기 집자리의 평면형은 타원형으로 되어 있어 천안 장산리와는 다르나 중도유형문화 주거지의 특징인 출입구 시설이 없는 점에서는 중서부지방 여타 원삼국주거지와 동일하다.

해 주거지의 평면적이 작은 점도 주목된다. 금후의 자료축적을 기다려야 하겠으나 일단 이러한 주거지 규모 차이는 兩者간의 농경형태상 차이와도 관련이 있는 것으로 생각된다. 다시 말하면, 자연환경으로 보아 중도유형문화는 주로 밭농사가 중심이 되는데 비해 중서부지방은 보다 집약도가 높은 논농사가 중심이 되었던 사정과 관련 있을 것으로 볼 수 있다(李康承 外 1996). 양자간의 농경방식 차이는 각기 이들의 취락 입지 차이에서도 어느 정도 추정 가능하다. 중도유형문화의 경우는 주로 대하천 충적지상에 입지하고 있어 밭농사에 비교적 적합한 입지인데 비해 중서부지방의 경우 주로 논농사에 적합한 곡간평야를 면한 구릉위나 사면에 취락이 형성된 경우가 많기 때문이다.

묘제에서도 두 지역 문화는 뚜렷하게 차이를 보이고 있다. 제 4장에서 상술하듯이 중도유형문화 지역인 한강 중상류 유역에서는 아직까지 葺石式積石墓 이외 이 지역 고유의 묘제는 확인된 것이 거의 없어18) 이 지역 주류 묘제가 즙석식적석묘임은 거의 확실한데 비해 중서부지방 묘제는 최근 淸堂洞, 松節洞 등지에서 보는 바와 같이 모두 周溝를 두른 土壙木棺 또는 木槨墓임이 확인되고 있다(朴淳發 1994).

이러한 점들로 보아 한강유역 중도유형문화와 중서부지방 원삼국문화 사이에는 적지 않은 차이가 있음을 확인할 수 있다. 그렇다면 이제 이러한 문화적 차이에 따른 두 문화의 역사적 성격에 대해 알아 보아야 할 차례이다. 전술하였듯이 중도유형문화는 예계로 이해되므로, 이

---

18) 濊系지역으로 분류될 수 있는 原州 法泉里 고분군 발굴조사 결과 토광목곽묘가 확인된 바 있는데, 여기서는 中島式의 硬質無文土器 深鉢 또는 打捺文 壺가 부장되어 있었다(國立中央博物館 2000). 토기상으로 이 지역의 원삼국단계로 추정되어 이 지역 묘제의 양상을 살피는 데에 있어 중요한 자료가 되고 있다. 예계지역에서도 즙석식적석묘 이외에 이러한 토광목곽묘가 존재하고 있었음을 알 수 있어 금후 이 두 묘제 사이의 구체적인 관계 파악이 이루어져야 할 것이다. 부장유물의 질과 양으로 보는 한 역시 즙석식적석묘가 상위의 묘제였을 것으로 판단된다.

와 병행하는 중서부지방 원삼국문화의 종족적 실체는 마한으로 보아야 할 것이다. 지금의 경기 서해안 및 남부지역, 충청지역이 원삼국시대의 마한지역임은 주지의 사실이기 때문이다.

이로써 한강유역의 원삼국시대는 고고학적 문화상으로 중도유형문화와 경기 서해안 및 중서부지방에 걸쳐 분포하는 문화로 구분될 수 있음을 확인하였다. 그리고 각각의 역사적 성격은 예계 종족과 마한으로 비정될 수 있다. 이 두 문화집단 또는 종족집단의 상대적인 위치는 예계집단이 대체로 한강중상류지역으로, 마한은 한강하류 및 경기, 충청지역으로 비정 가능하다. 그러나 두 문화집단 사이의 구체적인 경계는 아직 소상하지 않은데 여기서는 이와 관련하여 잠시 살펴보기로 한다.

우선, 북쪽지역에서의 종족간 경계에 대해 검토해 보기로 하자. 이와 관련해서는 廣開土王碑文이 참고가 된다. 광개토왕비의 제 1, 2면에는 광개토왕의 南征時인 '丙申年(396년)'에 백제로부터 攻取한 58城 700村의 이름이 열거되어 있고 이어서 제 3, 4면에 걸쳐서는 각각 공취된 城村들로부터 差定된 守墓烟戶의 출신지가 앞의 공취된 성촌의 순서와 대략 일치되게 열거되어 있는데, 출신지의 城村名 뒤에 "韓", "穢(즉 濊)" 등 당시의 종족적 구분이 連稱되어 있기 때문이다.

성촌의 구체적인 위치는 아직 확실하게 비정되어 있지 않으나, 이들은 대체로 지금의 예성강 이동의 황해도 남부지역, 한강 이북의 경기도 북부, 그리고 인천지역을 중심으로 하는 경기 서해안지역으로 추정될 수 있다(金崙禹 1989). 이 가운데 마한과 예계집단의 경계 파악에 주요한 것으로 "舍蔦城韓穢"를 들 수 있는데, 한과 예가 倂記된 것으로 보아 이 지역은 두 종족이 혼재된 交습지점에 해당될 가능성이 높기 때문이다. 이제 사조성의 구체적인 위치만 비정하면 한과 예의 교합지점, 즉 그 경계지점을 어느 정도 짐작할 수 있을 것이다.

이와 관련하여 碑文 제 1, 2면에 기록된 병신년 공취 성촌들의 열거 순서가 주목된다. 성촌명의 열거 순서는 공취된 순서 또는 상호간의 지리적인 遠近에 따른 것으로 볼 수 있기 때문이다. 여기에는 "사조성"이 지금의 坡州郡 炭峴面 城東里로 비정되는 "關(閣)彌城"(金崙禹 1989)과 지금의 阿且山城으로 보고 있는 "阿旦城"사이에 위치하고 있어 그 지리적인 위치가 대략 위 두 지점 사이인 경기도 북부 어느 지역에 해당됨을 알 수 있다. 굳이 억측하자면 坡州, 赤城, 漣川, 東豆川 등이 이에 해당될 가능성이 높고, 이는 적어도 경기북부 어딘가에 한과 예의 交合處가 있음을 의미한다.

중도유형문화의 즙석식적석묘 분포가 연천일대에서도 확인되고 있는 점에 비추어 이 일대의 남방이 마한과 예계문화의 경계지점일 가능성이 매우 높은데, 이는 광개토왕비문 검토를 통해 유추되는 결과와도 부합된다.

다음, 남쪽에서의 종족집단간 경계지점에 대해서 살펴보아야 하는데, 이 경우 위에서 이미 본 것처럼 한강하류 이남 지역은 마한지역으로 추정되므로, 이 무렵 문제가 되는 것은 결국 국가단계로 성장하고 있던 백제 국가의 형성 세력으로 상정할 수 있는 집단과 마한과의 경계일 것이다. 이에 대해서는 아직까지 뚜렷한 근거는 없으나 후술할 제 3장에서 제 5장에 걸쳐 보듯이 지금의 서울 강동구, 송파구 일원이 한성백제 중심지인 점은 분명하다.

이와 관련하여 『삼국사기』 백제본기 온조왕 24년조에 보이는 마한 왕이 遣使하여 백제측 "熊川柵"설치에 항의하는 내용의 기사가 참고된다. "(온조가)처음 (한강을) 도하하여 왔을 때에는 발을 들일 땅조차 없던 것을 내(마한)가 동북의 일백리 땅을 할애하여 ....."라고 하는 기사의 내용으로 미루어 당시 백제 국가형성 세력의 중심으로 비정되는 지금의 서울 송파구, 강동구 일대가 마한의 동북 모서리에 해당됨을 알 수 있다.

한편, 동쪽에서의 종족간 경계와 관련하여 汶湖里, 陽坪里, 桃花里, 荷川里, 屯內 등 일련의 중도유형문화 유적들의 분포가 모두 남한강을 따라 나타나는 점과 아울러 『삼국사기』 백제본기 對 "靺鞨" 전투기사에 등장하는 "述川城"이 지금의 여주 능서면 일대로 비정되는 점 등으로 미루어 대략 남한강을 경계로 그 동쪽지역, 즉 지금의 강원 산악지대 일원은 예계 종족의 근거지로 추정할 수 있다.

이상의 검토를 통해 한강유역의 원삼국문화는 예계의 중도유형문화와 마한의 중서부지방 문화로 구분될 수 있으며, 그 경계는 대략 경기북부의 연천 – 양평 – 남한강을 연결하는 선임을 알 수 있었다. 그리고 이러한 마한과 예계문화의 차이는 이들이 서로 다른 환경에 적응하여 살아온 결과로 이해할 수 있다. 예계지역은 대략 지금의 강원도 영서지방을 중심으로 하고 있는데, 이 지역은 그 이서의 경기지방에 비하면 평야지대의 농경지는 적은 반면 산지가 많아 밭농사가 중심이 되는 곳이다. 그리고 지금까지도 이 지역의 전통적인 살림집 형태나 방언은 그 이서의 경기지역과는 차이가 있어 이와 같은 한강유역 기층문화 이해에 시사하는 바가 크다.

다음은 한 · 예사회의 성격에 대해 살펴보기로 하자. 이와 관련하여 일차적으로 참고가 되는 것은 『삼국지』 위서 동이전이다. 당시 마한은 50여 국들로 구성되어 있는데, 백제의 전신으로서 오늘날 서울일원에 비정되는 "伯濟國"을 포함한 14개국 정도가 한강유역 마한을 구성하고 있던 小國들로 보고 있다(千寬宇 1976). 그러나 각 소국의 구체적인 위치에 대해서는 자세하게 비정되어 있지 않은 실정이지만 위에서 살펴본 연천 – 양평 – 남한강의 이남 및 이서 지방이 이들 소국이 위치한 지역임은 알 수 있다. 『삼국지』 동이전 기사에 따르면, 마한 각 소국에는 "長帥"가 있으나 아직 성곽이 없으며, 이들 "主帥"는 邑落에 뒤섞여 살고있어 제대로 다스리지 못한다고 하고 있다.

이와 같은 당시의 모습을 뒷받침할 수 있는 고고학 자료는 많지 않으나 최근 河南市 渼沙里(林炳泰 外 1994) 및 風納土城 내부에서 드러난 環濠들을 통해 어느 정도 짐작이 가능하다. 미사리의 환호는 방형으로 추정되는 2변의 일부만이 확인되었는데, 추정 복원 규모는 대략 일변 약 53m 가량이다. 환호 내부에는 掘立柱 건물 2채와 더불어 원삼국시대 주거지, 대형 저장유구 등이 배치되어 있다. 환호내부에서 출토된 토기들은 중도식 경질무문토기와 약간의 타날문토기 파편들인데, 이로 미루어 그 시기는 한강유역 원삼국 제 Ⅱ기(1~2세기)에 해당된다. 이러한 방형 환호는 일본의 경우 彌生時代 중기 후반경에 처음으로 출현하는 것으로서 취락민들 사이에 계층분화가 진전되면서 수장층이 일반민으로부터 분리되는 시점에 나타나는 수장 居館으로 보고 있다(武末純一 1997). 그러나 미사리 방형 환호의 규모로 보면 수장층의 거관이 일반민들과 완전히 분리된 단계에는 아직 이르지 않은 것으로 볼 수 있어 전술한『삼국지』동이전의 기사내용과 다르지 않음을 알 수 있다. 풍납동의 경우는 3중으로 된 환호의 일부분만이 확인되어 평면형태를 추정할 만한 구체적인 단서가 없으나 환호 내부에서 출토된 토기들로 보아 미사리와 동일한 원삼국시대 유구인 점은 분명하며 이러한 환호가 폐기된 이후 다음 단계의 성곽으로 발전되고 있었음을 보여주는 자료로서 중요하다.

이러한 것들로 미루어 당시의 사회상은 아마도 조선시대 縣단위의 지역규모를 유지하고 있는 각 소국들이 뚜렷한 우열의 차이가 없는 상태로 공존하고 있었던 것으로 짐작된다. 이러한 대등한 상태의 균형은 본질적으로 매우 유지되기 어려운 상태이지만, 이처럼 균형을 유지하고 있던 이면에는 郡縣을 통한 중국의 분열책이 작용하고 있었기 때문으로도 생각된다. 그러나 머지 않아 군현의 통제력이 약화되면서

"桓靈之末"의 後漢 末(150~200년)에 이르러 "韓과 濊가 강성하여 군현이 제대로 통제하지 못하는" 사정이 되었으며, "正始"年間(244, 245년)에는 魏의 幽州刺史 毌丘儉이 고구려를 공략하고 이어 樂浪과 帶方 太守가 고구려에 항복한 沃沮와 東濊를 치는 틈을 타 대방군의 "崎離營"을 공격할 정도로 성장하고 있다. 이때의 대방군 습격의 주체는 『삼국사기』 백제본기 古爾王13년(246)條의 "襲取樂浪邊民"하였다는 기사로 보아 3세기 중엽경의 백제로 보는 견해가 있다(李賢惠 1996).

이상 살펴본 『삼국지』 동이전이 전하는 마한사회상은 대략 2세기 말경까지는 각 소국간 세력 우열이 뚜렷하지는 않았으며, 중국 군현의 분열책이 유효하였던 것으로 보인다. "目支國"으로 대표되는 마한의 맹주가 있었으나 군현의 통제가 약화되기 전까지는 마한 사회의 결집력은 그다지 강하지 못하였을 것이다. 이러한 점은 『삼국지』 동이전에 "韓人들이 印綬 衣幘을 좋아하여 이를 차고 착용하는 자가 천여명이나 된다"고 한 기사를 통해 잘 알 수 있다. 이는 곧 군현과의 관계에서 단일화된 대외교섭의 창구가 없었음을 말해주는 것이기 때문이다. 그러나 3세기 중엽경에는 군현과 군사적으로 대적하는 단계로까지 마한 사회의 응집력이 제고되었는데, 그 주도는 위에서 본 것처럼 한강유역의 백제로 볼 수 있어 백제의 국가형성과 관련하여 주목되는 부분이기도 하다. 이에 대해서는 백제 국가형성 시기와 관련하여 후술할 것이다.

濊에 대해서는 『삼국지』 동이전 東濊條가 참고 된다. 이 기사는 지금의 함남 및 강원도 동해안일대에 위치한 종족에 대한 것이지만, 한강유역 非마한문화인 예계문화를 이해하는 데에도 유익한 단서가 된다.

濊에는 "大君長"은 없고 "侯·邑君·三老"와 같은 漢 이래의 관직이 있어 "下戶"를 다스린다하여 마한사회 보다 군현의 지배 및 통제 정도가 심하였음을 알 수 있다. 한편, "노인들이 스스로 일컬어 고구려와 같은 종족이다라고 한다"고 하고 있을 뿐만 아니라 "언어, 예절, 풍속은 고구려와 같다"고 하고 있어 주목되는데, 예계지역에서 특징적으로 나타나는 즙석식적석묘가 외형적으로나 그 재료를 냇돌로 하고 있는 점에서 고구려의 적석총과 흡사한 것은 이러한 문화적인 배경과 관련이 있음이 분명하다. 동해안지역 동예는 3세기경에는 고구려에 복속이 되었지만 그 서쪽지역, 즉 낙랑군에 가까운 지역의 예는 고구려와 군현세력 사이에서 비교적 자유로운 상태로 존속한 것으로 보인다. 그러나 이들은 선진문물에 이끌리어 낙랑에 보다 밀착되었음을 알 수 있는데, 『삼국사기』 백제본기 온조왕 11년조에 보듯이 낙랑의 사주를 받아 백제를 공격하고 있는 점 등에서 그러한 사정을 짐작할 수 있다. 중도유형문화 토기상에서 확인되는 낙랑 요소는 이러한 배경과 무관하지 않을 것이다.

지금까지 살펴본 한·예계사회의 성격은 내부적으로는 "거수", "하호" 등의 사회적 분화가 진전되어 있으면서도 중국군현의 통제로 인해 국가로의 진입이 잠시 중단된 상태였던 것으로 요약된다. 마한 50여 국이 뚜렷한 우열이 없는 채로 존속하고 있는 점도 그러한 군현세력에 의한 분열책의 결과로 보아야 할 것이다. 그러나 이러한 외부적인 통제가 약화되자마자 이러한 비정상적인 균형상태는 급속히 깨어지고 백제로 대표되는 국가단계 정치체가 부상하게 된 것이다.

군현의 통제로부터 일찍 벗어난 고구려의 국가형성 시기와 그렇지 못한 삼한사회의 백제, 신라, 가야 등의 국가형성 시기가 약 3~4세기 가량의 차이를 보이는 것이 이를 반증하고 있는 것은 아닐까 한다. 이러한 관점에서 삼한사회에서의 국가형성 시기가 낙랑 및 대방의 무력화 시기와 일치되고 있는 점은 매우 시사적이다.

제 3 장
백제토기의 형성과 백제의 국가형성

제 3 장
백제토기의 형성과 백제의 국가형성

    본장에서는 백제토기의 형성, 즉 백제토기라 지칭되는 일련의 토기 양식의 출현을 통하여 그 배경이 되는 것으로 생각되는 백제의 국가형성 문제에 접근해 보고자 한다. 사실 "百濟土器"라는 말은 백제의 토기, 다시말하면 국가단계로서의 백제에서 제작·사용되었던 토기를 의미하므로, 일정한 양식적인 정형성을 가지고 있는 것으로서의 백제토기의 형성은 곧 국가단계 백제성립과 동일한 문제이다. 이러한 특정 樣式[19]을 공유하고 있는 토기군이 국가단계 정치체로서 백제의 등장과 밀접한 관련이 있음은 제 1장에서 검토된 바와 같다.

    그러나 그간 한강유역에서의 백제 국가형성과 더불어 출현하는 백제양식 토기를 인지해 내는 일은 결코 용이하지 않았다. 기본적으로 한강유역 고고학적 편년체계가 확립되어 있지 못하였기 때문이다. 九

---

19) 고고학에서 양식(style)의 개념은 연구시각에 따라 서로 다를 수 있는데, 여기서는 이른바 "isocretism", 즉 고고학적 자료가 나타내고 있는 형태적 다양성의 총양은 기능(function)과 양식 두 부분으로 소인수분해 가능하다는 관점이다. 따라서 기능에 의해 결정되지 않는 나머지 모든 형태적 변이성을 양식으로 간주하는 입장이다(James R. Sackett 1990).

宜洞유적 출토 高句麗土器가 몽촌토성 발굴조사 결과에 의해 고구려토기로 제대로 인식(朴淳發 1989a)되기까지 그 출토지가 서울지역이라는 점 이외에 구체적인 검토없이 백제토기로 간주되고(百濟文化開發硏究院 1984 : 218~219 ; 223) 있었던 저간의 사정이 단적인 예이다. 이러한 혼란은 단순한 고고학 자료 인식 차원의 문제로만 머물지 않고 나아가 백제사 전반에 대한 이해에 혼란을 야기하였다는 점에서 매우 중대한 문제라 하지 않을 수 없다.

1. 백제토기의 형성

한강유역에서 백제양식 토기를 식별함에 있어 두 가지의 접근법이 요구된다. 우선 하나는 한강유역이라는 공간적 범위 속에서 통시적인 토기변천과정에 대한 이해를 전제로 이전과는 다른 새로운 양식의 일련의 토기군을 실제로 식별하는 것이다. 다음은 이렇게 식별된 일련의 토기군이 한강유역에서의 국가단계 정치체, 즉 백제 국가의 형성과 관련되는 지의 여부를 확인하는 것이다. 후자의 경우 그 판단 근거는 토기 이외의 고고학적 근거에 의존하여야 한다. 그렇지 않으면 순환논리에 흐르기 쉽기 때문이다.

그러면 먼저 한강유역의 통시적 토기변천상을 토대로 이전 시기와 다른 새로운 토기의 출현을 찾아보기로 하자. 여기서의 검토대상은 원삼국시대 이후로 한정하였다. 그 이전 시기는 한반도의 역사적 전개과정상으로 보아 백제 국가형성과는 직접 관련될 가능성이 거의 없기 때문이다.

1) 한강유역 원삼국토기의 변천

한강유역 原三國土器의 양상과 그 대략적인 변천상은 필자에 의해 정리된 바(朴淳發 1989b) 있으며, 그 이후 이 지역에서의 새로운 고고학 자료의 축적에 따라 얼마간의 세부적 수정안도 제시한 바(李康承 外 1996 : 55~105) 있다. 그 내용 가운데 한강유역 원삼국문화를 대표하는 중도유형문화의 성격과 관련된 사항에 대해서는 이미 앞의 제 2장에서 논의하였다. 여기서는 토기상의 변천을 중심으로 좀더 자세히 살펴 보기로 한다.

한강유역 원삼국시대 토기는 그 제작기술상 차이에 의해 硬質無文土器, 打捺文土器, 灰黑色無文樣土器 등 3가지 기술적 유형으로 구분할 수 있다. 이들은 시간의 경과와 함께 그 상대빈도상의 차이를 보이고 있는데, 이른 시기에는 경질무문토기만이 존재하다가 이어서 타날문토기와 함께 회흑색무문양토기가 등장하고 있다. 이들 각 기술적유형에 대해 특히 그 출현시점과 관련하여 구체적으로 검토해보기로 한다.

먼저, 경질무문토기는 최초 風納土城 포함층에서 그 존재가 확인되어 "風納洞式粗質無文土器"라는 이름으로 불리워진 바(金元龍 1967a) 있으나, 그 후 中島유적에서 다량으로 출토됨으로써 "中島式土器"(李健茂 外 1980)로 통칭되고 있다. 중도유적의 성격을 대표하는 토기는 이 토기 이외에도 타날문토기, 회흑색무문양토기 등이 포함되므로 이 명칭은 적절하지 않다. 그래서 필자는 경질무문토기(金暘玉 1987)라는 기술적유형을 나타내는 명칭을 쓰고 있다. 종래의 무문토기 제작 전통에 새로운 고화도 소성이 가해진 것(金暘玉 1987 : 712)으로 생각되었으나 실제로는 무문토기와 거의 동일한 토기질이어서 "경질"이라는 용어의 의미가 문제로 지적될 수 있다. 그러나 器面을 나무주걱과 같은 도구로 문질러 보다 단단하게 정면한 점 등은 이전의 무문토기에서는 보이지 않는 특징이므로 이를 강조하는 의미에서 경질무문토기라는 용어를 그대로 사용하여도 좋을 것으로 생각한다.

필자는 경질무문토기의 출현을 종래 기원전후 무렵으로 비정한 바(朴淳發 1989b) 있다. 그러나 최근 이보다 더욱 소급되는 절대연대 자료[20]가 확인되고 있어 이에 대한 조정의 필요를 인식하게 되었다. 그리고 종전에는 경질무문토기만이 제작·사용되던 단계(phase)를 설정하지 않았으나, 荷川里 2호 주거지(尹容鎭 1984) 이래 渼沙里 고려대 조사 8·3·10·20·22·88-1호 주거지(尹世英·李弘鍾 1994), 抱川 永松里 유적(漢陽大學校 博物館1 995) 등에서 잇달아 경질무문토기 단순기의 존재가 드러나고 있다. 따라서 경질무문토기의 출현과정에 대한 구명이 곧 中島類型文化(朴淳發 1996a)로 대표되는 한강유역의 원삼국문화의 등장과정을 이해할 수 있는 관건이 되기에 이르렀다.

여기서 경질무문토기의 형성과정에 대한 필자의 견해를 제시하여 두고자 한다. 앞서 제 2장에서 한강유역에 점토대토기가 출현하는 과정에 대해서 살펴 보았듯이 斷面圓形粘土帶土器는 처음 요녕지방에 근원을 두고 있다가 古朝鮮과 戰國 燕과의 무력충돌 과정에서 대동강유역 및 한강유역의 남한지역으로 파급되어 온다(朴淳發 1993b). 그리고 대동강유역 고조선지역에서 단면원형점토대토기는 斷面三角形粘土帶土器를 거쳐 점토대가 사라진 外反口緣土器인 明沙里型土器(都宥浩 1962)로 기형변화가 진행되었다. 이러한 기형변화 양상은 해남 郡谷里 貝塚 조사에서도 확인된 바(崔盛洛 1993 : 137~142) 있다. 단면삼각형점토대토기가 남한지역에 등장하는 계기적 배경은 대략 衛滿朝鮮 성립 및 그에 따른 準王勢力의 南奔으로 이해될 수 있다. 그런데 여기서 경질무문토기 출현과 관련하여 주목되는 것이 바로 외반구연토기인 명사리형토기이다. 경질무문토기와 명사리형토기는 기형이 모두 외반된 구연을

---

20) 최근 C14 연대측정 결과가 나온 冥州 安仁里 21호 주거지의 경우 2,080±50B.P.(池賢柄 1995)로서 표준편차 1σ cal.의 결과는 130~90B.C.가 된다.

가지고 있는 점에서 동일할 뿐 아니라 시기적으로도 밀접하기 때문이다.

명사리형토기는 일찍이 光州 新昌洞 甕棺墓에서도 옹관으로 사용되고 있음이 확인된 바(金元龍 1964) 있고, 樂浪土城址 출토 토기(谷豊信 1986 : 90~91), 황해도 雲城里유적 출토 토기(리순진 1974 : 227) 가운데서도 확인되는 점으로 미루어 그 분포는 대동강유역 이남 전역에 걸쳐 있음을 알 수 있다. 명사리형토기의 제작·사용 절대연대는 대략 위만조선 성립을 전후한 기원전 3세기 말에서 2세기 초경으로 생각되는데, 이 무렵 위만조선 성립과 함께 등장하는 花盆形土器와 한때 공존하고 있었던 것으로 보인다.

경질무문토기가 한강유역에 출현하는 과정은 결국 위에서 보듯이 명사리형토기가 이 지역에 파급되는 과정으로 볼 수 있다. 명사리형토기가 한강유역에 나타날 수 있는 가능성은 그것이 대동강유역에 출현한 시점으로 추정되는 기원전 2세기 초 이후부터 존재한다. 그러나 한강유역에서 지금까지 경질무문토기와 공반되는 철기는 모두 발달된 漢代의 철기와 관련(李南珪 1982)되므로 그것이 한강유역에 등장하는 시점은 철기로 보아 대략 낙랑군 설치 이후일 것으로 보인다. 우리나라의 초기철기문화 전개과정(朴淳發 1993b)으로 보면 그것은 위만조선 멸망과 그에 따른 일련의 유이민 남하와 관련된다. 이는 또한 위에서 본 안인리 유적의 C14 연대와도 부합된다. 이러한 검토를 토대로 필자는 한강유역 경질무문토기의 출현을 잠정적으로 기원전 100년경으로 비정하고자 한다.

그런데 경질무문토기를 松菊里式土器의 후신으로 상정하여 그 출현 시기를 기원전 300년경으로 올려 보는 견해가 있다(李弘鍾 1991). 주지하는 것처럼 松菊里型文化의 주 분포권은 충남지역을 北限界로 하고 있어[21] 경질무문토기 중심분포권인 한강유역과는 공간적으로 일치되지 않을 뿐 아니라, 위에서 보았듯이 그 절대연대가 송국리식토기와는 연결될 수 없으므로 고려하기 어렵다.

다음은 한강유역의 원삼국토기 가운데 타날문토기의 출현에 대해 살펴보기로 한다. 타날문토기가 요녕지방에 처음 나타나는 시점은 尹家村 위층문화(사회과학원출판사 1966 : 119~128)의 형성시기인 기원전 3세기 초 무렵이다(박진욱 1987 : 80). 이 문화는 고조선과 전국 燕과의 충돌과정에서 중국의 戰國文化가 이 지역에 파급되면서 등장하고 있다. 이 새로운 문화의 공간적 분포는 요녕지방 및 청천강 이북의 한반도에 걸쳐 있어 그 대표적 유적명을 따라 "細竹里－蓮花堡類型文化"로 부르고 있음은 잘 아는 바와 같다.

그런데 세죽리－연화보유형문화의 내용을 검토해보면 대체적인 성격은 동질적이라 할 수 있어도 그 형성과정상으로는 단일한 역사적 계기와 관련되지 않았음이 드러난다. 지금까지 이 문화의 출현배경으로 지목되어온 전국 연과 고조선과의 군사적인 충돌 결과 고조선과 연이 접경하게된 지점인 "滿潘汗"이 淸川江이 아니라 千山山脈일대로 보아야 하기 때문이다(朴淳發 1993b). 그렇다면 천산산맥 이동부터 청천강 이북에 이르는 지역에 걸쳐 분포하고 있는 철기를 공반한 타날문토기문화는 그 이서 요녕지방의 그것과는 출현계기를 달리 하는 것으로 보아야 할 것이다.

이에 대하여 필자는 천산산맥 以東의 철기문화를 기원전 2세기초 위만세력의 고조선 서변지역으로의 이동과 연관하여 볼 수 있다는 견

---

21) 송국리형문화 분포권은 충남 瑞山이남의 전남북지방 및 경남 등지의 한반도 중서부 이남으로 생각(李健茂 1992)되고 있으나, 최근의 조사예를 보면 그 분포권은 충남 천안지역까지 확대되고 있다. 天安 豐世面 南館里의 예(李南奭 1995)가 그것이다. 그러나 아직 중도식 경질무문토기의 중심 분포권과는 무관함을 알 수 있다. 그리고 송국리유형은 한강유역 공렬토기에 이어 형성된 것이 아니라 서남부지역에서 형성되었음을 밝힌 연구(宋滿榮 1997)도 있다.

해를 밝힌 바 있다(朴淳發 1993b). 이러한 필자의 견해는 세죽리유적 출토 철기에 대한 분석에 의해서도 뒷받침된다. 세죽리 출토 주조철부 가운데는 저온 환원연철에 加炭한 塊鍊鋼이 아닌 고온 熔融 상태에서 脫炭하여 얻은 鑄鋼제품이 포함되어 있기(황기덕·김섭연 1983 : 166) 때문이다. 銑鐵을 원료로 하는 대량생산이 가능한 제강기술은 漢代이후에 본격화되는 기술이므로(李南珪 1982 : 40) 세죽리의 철기문화는 전국 연이 아니라 漢代의 철기문화와 관련되기 때문이다.

이로써 한반도 서북부지역에 처음으로 타날문토기와 철기가 출현한 시점은 위만세력이 이 지역에 정착하기 시작한 기원전 2세기 초무렵의 한대였음을 알 수 있다. 그 후 이러한 철기문화가 대동강유역에 본격적으로 등장하는 것은 위만조선 성립 이후임은 두 말할 필요 없다.

그렇다면 한강유역에 타날문토기가 등장하는 시점은 구체적으로 언제인가에 대해 살펴볼 차례이다. 서북지방에서의 타날문토기 출현시점을 염두에 두고 그 시기를 기원전 100년 이전으로 비정하고, 그 기술적 계통을 한-낙랑이 아니라 전국계로 보아야 한다는 견해가 제시된 바(崔秉鉉 1992 : 570) 있다. 당시의 역사적 상황으로 보면 충분히 성립 가능한 견해로 보이나, 경질무문토기 출현과정에서 이미 보았듯이 공반된 철기가 전국계가 아닌 낙랑군 설치 이후의 한대 제철기술과 관련된 것으로 드러나므로, 적어도 지금의 고고학 자료상으로는 받아들이기 어렵다. 더구나 한강유역에는 타날문토기가 공반되지 않는 경질무문토기 단순기가 확인되고 있어 타날문토기의 출현은 이보다도 한 단계 늦은 것으로 보아야 할 것이다. 하지만 한강유역에서 타날문토기의 초현이 언제인가를 밝혀줄 수 있는 직접적인 자료는 아직 없다.

한편 한강이남의 남한지방에서 지금까지 확인된 이른 시기 타날문토기 예22)로는 昌原 茶戶里 32, 35, 36호분(李健茂 外 1993 : 22 ;28 ;30~

---

22) 慶州 朝陽洞 38호분에서도 타날문토기 壺가 출토되었다 하나 아직 보고서 미

31), 해남 군곡리(崔盛洛 1988 : 42~43) 등이 있는데, 이들의 절대연대는 모두 기원후 2세기 무렵이다. 이제 한강유역 또는 중서부지방에서 타날문토기를 내는 유적의 연대를 보면, 渼沙里 한양대학교 박물관 92년도 조사 A-1호 주거지(裵基同·尹又埈 1994 : 358~359)의 C14연대가 기원후 210~430년[23], 天安 長山里 7호 주거지의 경우가 기원후 80~160년(李康承 外 1996 : 102) 등이다.

이 가운데 이른 연대인 장산리의 C14 연대를 근거로 하면, 한강유역 또는 중서부지방에서의 타날문토기 출현 시기는 기원후 1세기 무렵까지 소급[24] 가능할 것으로 보인다. 이러한 연대는 향후 새로운 자료 증가와 더불어 조정될 가능성은 얼마든지 있으나, 전술한 것처럼 경질무문토기 단순기가 확인된 만큼 기원전후 무렵 이전으로 소급될 가능성은 많지 않은 것으로 생각된다. 그러나 樂浪地域의 경우 기원후 1세기 중엽을 넘어 서면서 전면타날된 호의 빈도가 줄어 들고 있는 점을 감안할 때, 한강유역에서의 타날문토기 출현은 이 보다는 늦지 않을 것으로 생각된다.

이러한 사실들을 고려하여 필자는 한강유역을 비롯한 남한지역에서의 타날문토기 출현시점을 잠정적으로 기원전후 무렵으로 비정해 두고자 한다.

회흑색무문양토기는 그 기종이 주로 평저호에 국한되어 나타나는데, 기원후 1세기 중엽이후 낙랑토기의 무문양화 경향과 더불어 등장하고 있는 것으로 보인다. 한강유역에서는 中島 1호 주거지, 중도 葺石

간으로 자세한 내용을 알 수 없다.

23) 신뢰도 95%로 樹輪補正한 연대이다. 이를 신뢰도 68%로 수륜보정하면 기원후 235~335년이 된다.

24) 아직 정식 보고서로 公表된 것이 아니어서 구체적인 검토는 어려우나 C14 연대가 2,080±50(1σ cal. 130-90 B.C.)로 나온 安仁里 21호 주거지에서 타날문토기가 경질무문토기와 공반되고 있다(崔秉鉉 談)고 하므로 타날문토기의 출현 연대가 더욱 소급될 가능성이 있다.

式積石墓, 加平 馬場里, 堤川 陽坪里 즙석식적석묘, 岩寺洞 등의 유적에서 출토되고 있으나 그 빈도는 타날문토기에 비해 훨씬 낮다(朴淳發 1989b). 한편, 石村洞 3號墳 동쪽지역 土壙木棺墓(金元龍·林永珍 1986)에서도 흑회색무문양토기 평저호가 확인된다. 여기 것은 대개 낙랑지역의 2세기 무렵 평저 토기호와 그 형태가 유사하다(朴淳發 1994 : 7~8).

지금까지 한강유역 원삼국시대 토기의 3가지 기술적유형의 출현시점과 관련한 논의를 하였다. 그러면 이제부터 이들의 변천상을 각 기종별로 살펴보기로 한다.

한강유역 원삼국토기는 시간의 경과와 함께 경질무문토기 각 기종이 타날문토기로 변화되는 양상이 보이며 이와 더불어 기종 분화현상도 나타난다. 이러한 전반적 경향성은 필자에 의해 이미 지적된 바(朴淳發 1989b) 있었으나 구체적인 양상은 자료상의 제약으로 자세히 파악하지 못하였다. 그런데 최근 천안 장산리 원삼국시대 취락지를 조사하면서 이와 관련한 좀더 구체적인 검토의 기회를 얻었을 수 있었다. 장산리유적은 한강유역과는 지리적으로 거리가 있으나 전반적인 토기상으로는 동일한 점도 많아 한강유역에서의 그러한 변화를 이해하는 단서가 될 수 있다.

한강유역 원삼국토기 가운데 가장 기종이 다양하고 기형 변화가 많은 기술적유형은 타날문토기이다. 이에 해당되는 기종 가운데는 壺類가 가장 양이 많으나 시기적 변화상에 대한 인지가 비교적 용이한 深鉢形土器類, 長卵形土器類, 시루, 直口壺類 등을 중심으로 그 출현시기 및 제작기술상의 특징을 중심으로 살펴보고자 한다. 그리고 심발형토기와 장란형토기는 이 시기 이후의 유적들에서도 계속 나타나므로 백제양식 토기의 인지 및 그 변천을 살피는 데에도 도움이 된다.

한강유역에서 심발형토기가 출토된 유적으로는 屯內, 中島 1호 주거지, 同 2호 주거지, 中島 즙석식적석묘, 荷川里 2호 주거지 등이 있다

(朴淳發 1989b : 43). 이들 유적 출토 심발형토기는 제작기법상으로 볼 때 모두 산화소성 제품인 점이 특징이다. 이와 달리 호류를 중심으로 하는 일련의 기종들은 주로 환원소성으로 되어 있다. 이러한 소성분위 기상에서 나타나는 기종별 정형성에 대해 필자는 타날문토기의 초기 단계에 나타날 수 있는 기술적 미숙의 결과로 이해하여 이른 시기 타날문토기의 한 특징으로 파악하였으며, 그에 따라 심발형토기의 출현을 원삼국 전기(0~200년)로 생각한 바(朴淳發 1989b ; 1995b) 있었다.

그러나 천안 장산리유적 출토 타날문토기를 대상으로 문양과 소성분위기와의 관계를 검토해본 결과 산화소성은 특정 문양이 시문된 개체들과 일정한 상관관계가 있음이 인지되었다. 즉 장산리의 경우 산화소성 타날문토기의 거의 전부는 격자문, 유사승석문 두 문양에 국한되어 있었다. 이러한 관찰결과는 산화소성 타날문토기가 결코 제작기술의 미숙에서 야기된 단순한 窯變현상으로 이해될 수 없음을 말해 주는 것이다. 실제로 장산리 유적의 경우 산화소성된 격자문과 유사승석문 개체 대부분은 심발형토기나 장란형토기의 파편들로 분류되는 것들이었음(李康承 外 1996 : 91~92)이 이를 증명해주고 있다.

한편 제작기술상으로 산화소성 일색인 경질무문토기의 기종 구성을 보면 뚜껑 혹은 완으로 분류되는 것과 더불어 거의 대부분은 평저 외반구연의 심발형으로 되어 있다. 그리고 경질무문토기와 타날문토기의 심발형토기 및 장란형토기는 제작기술상으로 산화소성이라는 공통점을 가지고 있음을 확인할 수 있다. 또한 이들 타날문토기 두 기종의 태토 역시 경질무문토기 것과 같이 거친 모래입자가 다량으로 함유되어 있다. 태토 속의 석립은 열충격을 완화하는 역할을 하므로(朴淳發 1989a : 77) 산화소성된 거친 태토의 이 토기는 결국 열을 반복적으로 자주 받아야 하는 조리용 토기와 관련이 높음을 알 수 있다. 실제로 여러 유적들에서 출토된 심발형토기 및 장란형토기들에 가열 흔적인 그으름이 많이 묻어 있는 경우를 볼 수 있을 뿐 아니라 장란형토기의 경우 화덕에 걸린 상태로 발견되는 예(崔秉鉉·柳基正 1997)도 있다.

따라서 이러한 산화소성 타날문토기는 경질무문토기 심발과 그 기능이 동일한 것임을 알 수 있다. 그러므로 산화소성 타날문토기 심발형토기와 장란형토기는 종래의 경질무문토기가 새로운 토기제작기술인 타날문토기로 대체되면서 나타나는 기종으로 볼 수 있다.

그러면 경질무문토기의 기능을 대체하면서 나타나는 타날문토기 심발형토기는 언제쯤 출현하는지에 대해 알아보기로 하자. 종전 필자는 경질무문토기의 소멸을 기원후 200년 무렵으로 비정한 바(朴淳發 1989b) 있었다. 이러한 기본적인 생각에는 지금도 변함이 없는데, 최근 한강유역 미사리유적이나 천안 장산리유적 등의 조사에서 얻어진 C14 연대 결과도 대체로 이러한 필자의 연대관과 다르지 않다. 한양대학교 92년도 조사 미사리 A-1호 주거지에서는 아직 타날문 심발형토기는 나오지 않았으나 장산리 2호 주거지에는 타날문토기 심발형토기의 파편이 나왔다. 이 두 유적의 절대년대 측정 결과를 보면 미사리가 210~430년이고 장산리가 210~350년(李康承 外 1996 : 102)이다. 여기의 절대연대는 그 폭이 다소 길지만 이들 양 지역에서 전개되는 이후의 토기상으로 미루어 이 절대연대의 앞부분이 대체로 實年代를 반영하고 있는 것으로 생각되므로 일단 심발형토기의 출현은 3세기 전반경 어느 무렵으로 비정해 두고자 한다. 이 무렵은 또한 산화소성 타날문토기 각 기종들이 등장하면서 종전의 경질무문토기가 점차 소멸되어 가고 있는 시기이기도 하다. 따라서 장란형토기 역시 심발형토기와 거의 같은 무렵에 출현한 것으로 볼 수 있다.

다음은 直口壺에 대해 살펴보기로 한다. 한강유역이나 중서부지방의 경우 지금까지 확인된 원삼국시대 직구호의 수량은 많지 않다. 직구호의 출토예로는 중도 즙석식적석묘(朴漢卨·崔福奎 1982), 淸堂洞 18號

周溝墓(韓永熙·咸舜燮 1993), 제천 양평리 즙석식적석묘(裵基同 1984) 등이 있는데, 현재까지의 자료로 보는 한 이 기종의 출현시기는 3세기 전반 무렵으로 생각된다. 종전 필자는 타날문토기 직구호가 출토된 중도 즙석식적석묘의 연대를 기원후 100년 무렵으로 비정한 바(朴淳發 1989b)있었으나, 최근 청당동 18호 주구묘에서 直口壺가 環頭大刀, 無莖灣入鐵鏃, 柳葉形有莖鐵鏃 등과 공반되고 있어 직구호의 출현이 그처럼 빠르지 않음을 알게 되었다. 청당동 18호분은 청당동 상대편년상으로는 II기 전반에 해당된다(咸舜燮1995 : 161~162). 한편 회흑색무문양토기로 된 직구호는 진천 三龍里 86-1호 窯址에서 나온 것이 있는데, 그 연대는 3세기 후반~말경으로 비정(朴淳發 1989b)된다. 이러한 사실들로 미루어 직구호는 처음 3세기 전반경에 타날문토기 형태로 등장하여 3세기 후반~말경에 이르면서 점차 타날문이 지워지면서 회흑색무문양토기화하는 것으로 잠정해 두고자 한다.

碗은 경질무문토기와 회흑색무문양토기 두 가지 기술적유형에 걸쳐 나타나는데 이들 간에는 시기적인 선후관계가 있다. 당초 경질무문토기로 만들어지다 점차 회흑색무문양토기로 대체되는 것으로 보인다. 이러한 변화의 시점은 대략 襄陽 柯坪里 1호 주거지 단계로부터 진천 삼용리 86-1호 요지 단계에 걸치는 무렵으로서(朴淳發 1989b) 그 절대년대는 3세기 후반~4세기 무렵으로 생각된다.

다음은 원삼국토기의 대부분을 점하는 壺의 변천상에 대해 살펴보기로 한다. 호는 여타 기종에 비해 기형상의 변화가 크지 않지만 대체로 구연부 형태, 특히 입술모양에 시기적인 변화가 감지된다. 이와 관련해 한강유역 원삼국토기 호의 구연형태를 A, B, C, D 4가지 형식으로 구분한 뒤 입술부분이 둥글게 처리된 A형식이 가장 이른 것이고, 입술부분이 직선모양인 B형식, 입술의 가운데가 홈처럼 약간 들어간 C형식, 그리고 입술의 아랫쪽이 약간 쳐지면서 입술의 단면 모양이 Σ

형으로 된 D형식의 순으로 변하고 있음을 지적한 바(朴淳發 1989b) 있다. 이러한 구연부 형태변화와 더불어 토기의 硬度上에도 변화가 나타나는데 대략 B형식의 늦은 단계에서부터 환원소성된 경질토기(stoneware)가 나타나고 있음이 최근 조사된 천안 장산리 유적에서 확인되고 있다(李康承 外 1996 : 99). 장산리 유적의 절대연대 측정자료를 감안할 때 그 시기는 대략 3세기 후반경으로 생각된다. 한편 필자는 한강유역 백제토기를 검토하면서 高杯, 三足器, 直口短頸壺 등의 전형적인 백제토기 기종의 경질화는 4세기 중엽경으로 비정한 바(朴淳發 1989a) 있는데, 이러한 생각은 지금도 변함 없다. 다만, 백제토기 기종 가운데 타날문호와 같은 원삼국이래의 상용 기종의 경질화가 보다 일찍 진행되었을 것으로 보고 있다(朴淳發 1995). 경질화상에 나타나는 기종간의 이러한 시차는 해당 기종의 생산체제, 즉 생산규모나 생산품의 공급범위 등과 관련이 있는 것으로 생각된다. 사용량이 많거나 공급범위가 광역화되어 있어 대량생산의 이점이 큰 기종부터 경질화되었을 것으로 상정해 볼 수 있다. 그러나 이러한 문제는 토기의 양식적 속성에 대한 분석과 아울러 산지분석 등이 실시되어야 본격적으로 검토될 수 있으므로 금후의 과제로 삼고자 한다.

지금까지 논의된 내용을 토대로 한강유역 및 중서부지방 원삼국시대를 시기 구분해보면 앞의 <표 4> 와 같다.

제 I기는 경질무문토기 단순기로서 절대연대는 기원전 100년경부터 기원전후까지 약 100년간에 해당된다.

제 II기는 타날문토기라는 새로운 기술적유형의 출현을 기준으로 그 이전과 구분된다. 이 기간은 종래 필자의 한강유역 원삼국 전기에 해당되는 기원전후 무렵부터 기원후 200년경까지의 약 200년간이다.

제 III기는 경질무문토기의 각 기종이 산화소성된 타날문토기 심발형토기 및 장란형토기 등으로 대체되는 시기이다. 경질무문토기가 소멸되고 타날문토기 직구호가 출현하며 경질무문토기 완이 회흑색무문양토기로 대체되는 등의 변화를 보인다. 제 Ⅲ기의 하한은 다음 절에서 보게될 새로운 백제양식 토기의 출현시기로 비정되는 3세기 중후반경이 된다.

이상의 내용을 각 유적 출토 토기자료로써 구체적으로 나타내어 보면〈도면 3〉과 같다.

2) 백제토기 양식의 출현과 흑색마연토기

위에서 한강유역 원삼국토기의 양상 및 변천에 대해 살펴 보았다. 이제 이러한 원삼국시대 토기의 전개과정을 염두에 두고 이 보다 후행하는 한강유역 유적에서 출토되는 토기들을 이들과 비교해봄으로써 원삼국토기와 면모를 달리 하는 새로운 토기양식의 존재를 찾아 보기로 한다. 그 결과 새로운 토기양식이 확인된다면, 그것은 앞에서 이미 전제한 것처럼 국가단계 정치체의 성립과 관련시켜 생각할 수 있을 것이다.

한강유역 원삼국 이후의 유적 출토 토기들에 대한 종합적인 검토는 이미 필자에 의해 이루어진 바(朴淳發 1989a) 있다. 夢村土城, 石村洞 古墳群 등에서 출토되는 이 토기를 필자는 처음 "夢村類型"이라 명명하였다(金元龍 外 1988).

몽촌유형 토기는 4가지 기술적유형으로 구성되어 있다. 黑色磨研土器, 灰色軟質土器, 灰靑色硬質土器 그리고 赤褐色軟質土器가 그것이다. 각 기술적유형은 다수의 기종으로 구성되어 있다. 그런데 赤褐色軟質土器의 深鉢形土器, 長卵形土器, 시루 등을 제외하고는 대부분 이전 시기에는 존재하지 않았던 새로운 기종들이었다. 高杯, 三足器, 直口短頸壺, 廣口長頸壺, 器臺, 直口廣肩壺, 蓋杯, 각종 把手가 달린 뚜껑류 등이 이에 해당된다(도면 7 참조).

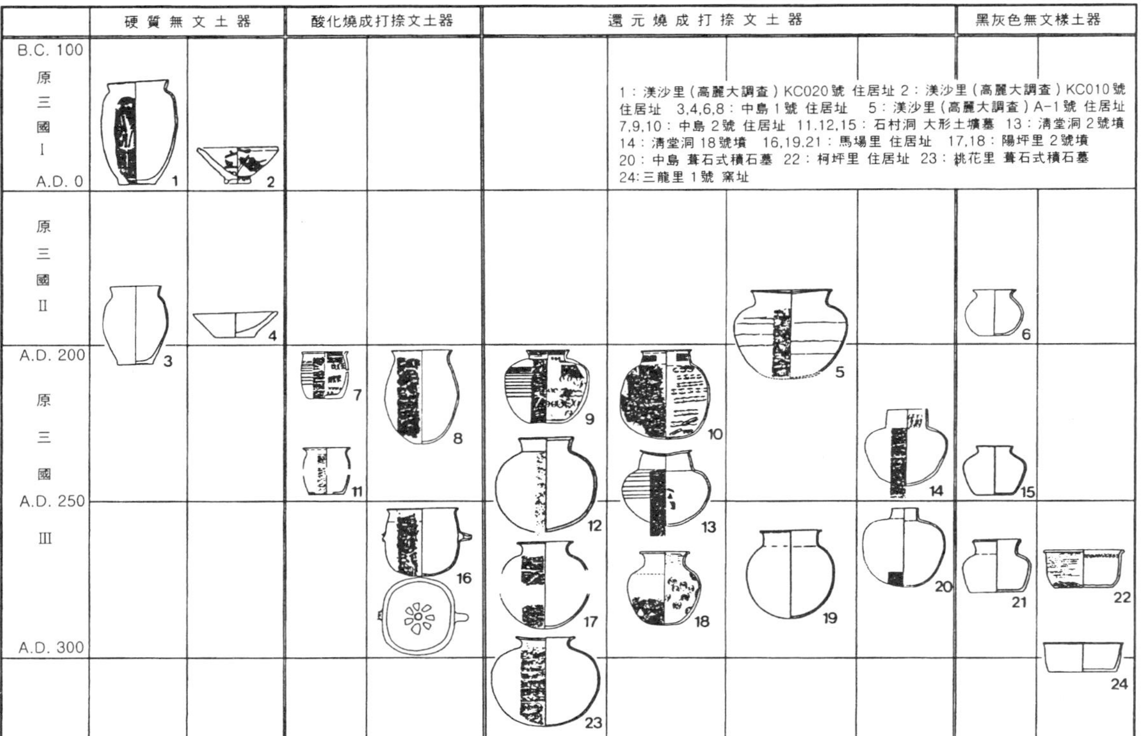

〈도면 3〉 한강유역 및 중서부지역 원삼국토기 편년

새로 나타나는 기종들과 기술적 유형과의 상관성을 살펴보면, 고배, 직구단경호 등은 흑색마연토기, 회색연질토기, 회청색경질토기 등 3가지 기술적유형 모두에 걸쳐 나타나면서 흑색마연토기 → 회색연질토기 → 회청색경질토기의 순으로 기형 변화를 보이고 있고, 직구광견호는 흑색마연토기, 회색연질토기 2가지 기술적 유형으로 나타나면서 역시 기형변화를 보이고 있다(도면 4 참조). 삼족기의 경우는 아직 확실한 흑색마연토기로 된 예는 보이지 않지만, 앞의 고배나 직구단경호와 같은 변천을 보이고 있을 가능성이 높다. 기대, 광구장경호 등의 기종은 흑색마연토기로 된 것은 아직 확인되지 않았으나 회색연질토기 → 회청색경질토기로의 변화가 나타나고 있다.

新出 기종이 다수 포함되어 있는 몽촌유형과 한강유역 원삼국토기를 비교해보면 양자간에는 얼마간의 공통성도 있으나 흑색마연토기와 같은 새로운 기술적 유형으로 초현하는 고배, 직구단경호, 직구광견호 등 신기종의 등장에서 특히 두드러진 차이점을 인식할 수 있다.

우선, 기술적 계통상으로 상호 연관성을 보여 주는 것들로는 원삼국토기의 타날문토기 유형이 몽촌유형 심발형토기류, 시루류, 장란형토기류 등의 적갈색연질토기로 계속 이어지고 있다는 점을 들 수 있다. 그리고 몽촌유형의 회색연질토기유형은 원삼국토기의 회흑색무문양 토기유형과 거의 같은 기술적 유형으로서 원삼국토기 타날문토기유형 가운데 호류를 중심으로 하는 환원소성 기종들도 여기에 포함된다. 즉 원삼국토기 타날문토기유형을 구성하고 있었던 還元燒成 器種群과 酸化燒成 기종군이 몽촌유형에서는 회색연질토기유형과 적갈색연질토기유형으로 이어지고 있다. 몽촌유형 회청색경질토기유형은 회색연질토기유형의 후속유형인데, 후자는 전술하였듯이 원삼국토기 회흑색무문양토기유형 및 환원소성 타날문토기유형과 연관되므로 몽촌유형 회청색경질토기유형은 기본적으로는 원삼국토기의 그러한 기술적유형

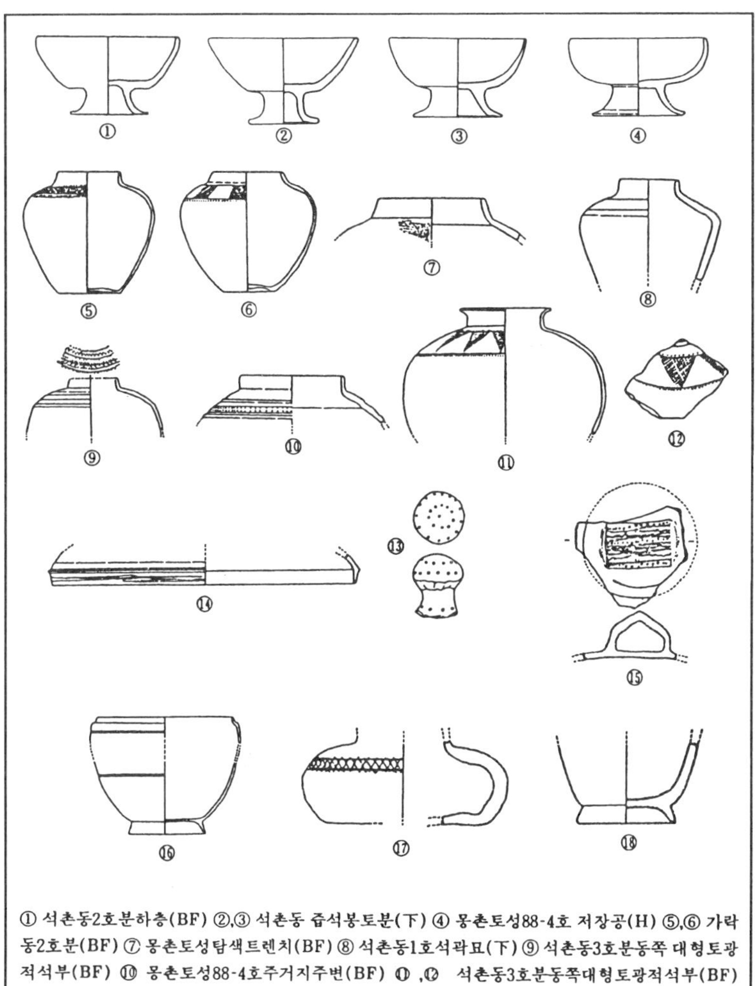

〈도면 4〉 한강유역 출토 흑색마연토기 기종 및 기형

과 계통이 같음을 알 수 있다. 이러한 내용들을 요약해보면 〈 도면 5 〉
와 같다.

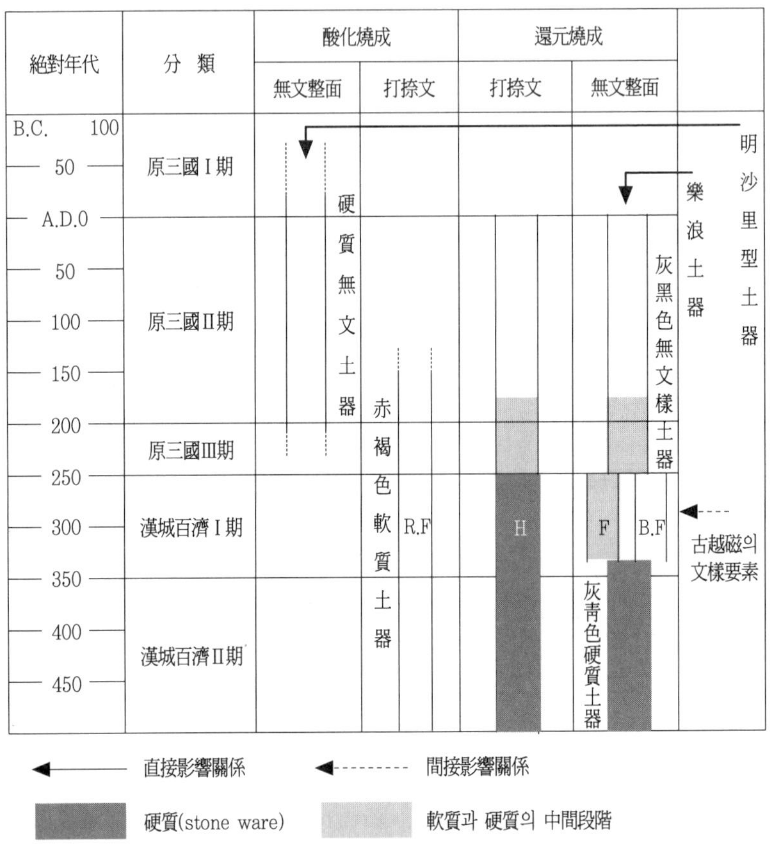

〈도면 5〉 한강유역 원삼국 및 백제토기의 계통

　　그런데 몽촌유형의 흑색마연토기는 원삼국시대 회흑색무문양토기
가운데 일부 토기에 마연수법이 확인(李建茂 外 1980 : 26)되고 있어 원
삼국토기와의 연속성을 생각해 볼 수도 있으나, 몽촌유형의 이 유형

토기 대부분 기종에 斜格子文·陰刻線文·連珠文·波狀文 등 원삼국토기에서는 보이지 않았던 특징적인 문양이 나타나고 있고, 후술하듯이 기종구성 또한 원삼국토기 회흑색무문양토기와는 매우 달라서 양자간의 연관성을 설정하기는 어렵다. 흑색마연토기 각 기종들은 전술하였듯이 기형변화를 수반하면서 회색연질토기, 회청색경질토기 등 후행 기술적유형으로 이어지고 있다. 이러한 점에서 흑색마연토기유형 출현은 이전 원삼국토기와는 다른 면모를 보이는 새로운 토기양식의 시발점으로 보아도 좋을 것이다.

몽촌유형 토기는 후술하겠지만 한성기 백제의 토기이다. 이러한 몽촌유형토기가 출토되는 유적이 곧 국가단계 정치체와 관련된 성곽 및 고분들인데, 이에 대해서는 제 4장과 제 5장에서 상술할 것이다.

그러면 흑색마연토기 형태로 나타나는 몽촌유형 각 기종의 출현시점에 대해 검토해보기로 한다. 몽촌유형 토기가 후술하듯이 이 지역에서의 백제 국가성립과 관련된다면 백제의 국가형성 시점을 특정하는 작업이기도 하다.

흑색마연토기유형의 출현시기를 비정함에 있어 실마리가 되는 것은 이 유형에 해당하는 대부분 기종에서 관찰되는 음각문양의 존재이다. 현재까지 이 유형 여러 기종에서 확인된 문양은 2열의 음각선을 평행하게 그은 弦文, 圓點을 연속적으로 배열한 연주문, 사격자문, 鋸齒文, 파상선문 등이다. 이러한 특징적인 문양은 중국의 三國 末에서 西晉代에 걸쳐 越窯에서 생산된 靑磁(古越瓷) 각 기종들에 두루 나타나는 것과 매우 흡사하다. 古越瓷에 보이는 문양내용은 시기별로 얼마간 차이가 있어 서진 이전의 삼국기에는 주로 현문과 파상선문이 시문되다가 삼국 말 무렵에 이르러 연주문·사격자문 등이 성행하며 서진 후기부터는 점차 褐色鐵斑文 등 새로운 문양이 등장하면서 음각선문방식은 퇴조의 경향(馮先銘 外 1982)을 보인다.

<사진 1> 한성양식 백제토기 흑색마연토기 각종
① 가락동 2호 목관봉토분 출토, ②-④ 석촌동 고분군 출토, ⑤ 천안 용원리 고분군 출토

고월자와 흑색마연토기유형 직구단경호, 직구광견호 등의 肩部文樣帶와의 관련성은 이미 지적된 바(金元龍·李熙濬 1987 ; 定森秀夫 1989) 있으며, 이러한 고월자의 영향은 여기 몽촌유형 뿐 아니라 영남지방 후기 와질토기에도 나타난다(申敬澈 1989).

고월자가 당시 한강유역 몽촌유형 흑색마연토기에 영향을 미칠 수 있었던 역사적 계기로는『晉書』東夷列傳 馬韓條 등에 보이는 277·280·281·286·287·289·290년 등 일련의 對西晉 교섭을 생각할 수 있다. 夢村土城 출토 西晉代 灰釉錢文陶器片은 그러한 당시 상황을 알려주는 고고학적 근거일 것이다25). 이러한 사실로 미루어 보면 고월자의 문양요소를 농후하게 간직하고 있는 흑색마연토기는 대략 3세기 후반 무렵에 등장하였을 가능성이 가장 높다. 한편 이 무렵은 제 4장, 5장에서 후술하듯이 한강유역에서 대형고분이나 성곽 등이 나타나는 시기와도 거의 일치되고 있어 흥미로운데, 이러한 고고학 자료는 국가성립의 지표로 볼 수 있음은 제1장에서 자세히 설명한 바와 같다.

여기서 몽촌유형 기종 가운데 가장 특징적인 삼족기의 출현문제에

---

25)『진서』에는 帝紀, 동이열전 마한조, 張華傳 등 일련의 기사에 "東夷(數)國", "馬韓", "東夷 馬韓 新彌國" 등으로 표기된 주체와 晉과의 교섭기사가 보이는데, 紀年으로 보면 276~291년에 걸친 서진대에 해당된다. 이 가운데 대서진 교섭의 주체가 "마한" 또는 "馬韓主"로 표기된 것은 마한조 및 장화전의 기사이다 (이는 兪元載 1994에 자세하다). 여기의 "마한"에 대해서는 한강유역의 百濟로 보는 견해들(李基東 1987 ; 盧重國 1990)이 있었으나 최근 표기된 그대로 馬韓으로 보자는 견해들(李道學 1993 ; 兪元載 1994)도 나와 있다. 그런데 현재까지 확인된 고고학 자료로 보는 한 전자의 견해들이 보다 유력한 것으로 생각된다. 전술한 몽촌유형 흑색마연토기에 나타나는 일련의 특징적인 문양요소 뿐 아니라 후술하듯이 後漢 만기~晉代에 걸쳐 중원지방에서 유행한 기종의 영향을 받은 것으로 보이는 직구호 등의 토기상이 한반도지역에서는 한강유역 백제지역에만 보이고 있는 점과, 그리고 보다 직접적으로는 서진대의 錢文陶, 銙帶金具 등 동시기의 중국문물이 한강유역에만 집중될 뿐 마한 잔여세력의 근거지로 보고 있는 중서부 이남지역에서는 아직까지 확인되지 않는 점 등이 근거가 된다.

대해서 잠시 살펴 보기로 하자. 필자는 몽촌유형 삼족기가 서진대의 靑銅三足洗와 관련성이 높음을 지적한 바(朴淳發 1989a) 있다. 양자는 형태적으로 유사할 뿐 아니라 청동삼족세에 보이는 돌대처럼 금속기에 흔히 보이는 형태적 특징이 몽촌유형 초현 삼족기에도 그대로 표현되어 있는 점 등으로 미루어 삼족기는 서진대의 청동기를 번안·모방한 데서 비롯되었을 것으로 보았다. 중국 현지에서도 靑銅盤을 모방한 것으로 보이는 陶製盤 실물이 南京 鄧府山 晉墓(尹煥章 1955)등에서 실제로 확인되고 있어 이러한 추정의 타당성을 높여주고 있다. 삼족기는 흑색마연토기유형보다 주로 회색연질토기유형, 회청색경질토기유형으로 나타나고 있어 앞서 본 직구단경호 등과는 그 출현계기가 같지 않을 가능성도 있으나 그 조형을 진대의 청동기로 보는 것이 타당하다면 출현시기는 흑색마연토기 여타 기종과 다르지 않을 것으로 본다.

한편 앞서 제 1장에서 보았듯이 백제 건국세력의 출자와 관련하여 몽촌유형 삼족기의 출현과정을 언급한 견해가 있었다. 이도학은 前漢代에 삼족기가 존재하고 있음을 지적하고 이것이 扶餘를 경유하여 4세기중엽 무렵 한강유역 백제에 등장하였다고 주장하였다(李道學 1991a). 그러나 전한의 삼족기라는 것은 당시 중국에서도 보편적이지 않은 것으로서 현재까지 알려진 자료로 보는 한 廣東지역에만 분포하고 있는 지역적 특성이 강한 기종이며, 그 존속시기도 전한 전기(B.C. 2C)에 국한되므로(廣州市文物管理委員會 外 1981) 몽촌유형 삼족기와의 연계를 상정하기에는 시·공간적 괴리가 너무 큰 것이 문제이다. 흑색마연토기유형 여러 기종에 보이는 서진대 고월자적 요소와 더불어 삼족기의 출현시기 역시 3세기후반에서 말경으로 보아야 할 것이다.

이상 몽촌유형 초현 기종과 관련된 흑색마연토기의 출현시점을 검토하였다. 이제 흑색마연토기의 출현배경에 대해 살펴보기로 하자. 이의 출현을 한강유역에서의 백제 국가형성과 관련시켜 볼 수 있다면 이 문제에 대한 구명은 백제 건국세력의 계통 또는 출자를 이해함에 있어 중요한 의의를 내포하고 있다할 것이다.

종래 흑색마연토기를 구체적 검토 없이 고구려토기와의 연관을 당연시하여 왔다. 이는 백제 건국설화를 전하고 있는 『三國史記』百濟本紀 建國條 등의 문헌기록을 염두에 둔 선입견이 작용한 고고학 자료 해석의 대표적인 예이기도 하다.

그러나 흑색마연토기유형 기종 구성 내용이나 각 기종에 해당되는 토기의 구체적인 기형상으로 보면 고구려 토기(耿鐵華 外 1984)와의 연계성을 주장할 객관적 근거는 아무데도 없음은 두 말할 필요 없다. 이에 대해서는 본서의 補論 부분에 게재된 「고구려토기의 형성에 대하여」라는 논문에서 잘 알 수 있듯이 고배나 직구단경호 등의 기종은 고구려 토기에서는 전혀 확인되지 않는다.

흑색마연이라는 토기 제작기법은 물론 고구려 토기의 주요한 제작기법의 하나이다. 그러나 점토대토기와 공반되는 초기철기시대 黑色磨研長頸壺, 한강유역 원삼국토기 가운데 흑회색무문양토기의 일부, 그리고 낙랑 王光墓의 黑色磨研平底長頸壺(朝鮮古蹟研究會 1936) 등의 여러 예에서 보듯이, 흑색마연 기법 그 자체도 고구려 토기에만 고유한 것은 아니므로 몽촌유형 흑색마연토기를 고구려 토기와 관련지을 만한 고고학적 근거는 없다고 할 수 있다.

그렇다면 몽촌유형 초현 기종을 포함하고 있는 흑색마연토기는 어떠한 과정을 거쳐 3세기 중후반경 한강유역에 등장하게 되었는지에 대해 생각해 보아야 할 차례이다. 아직 직접적인 근거가 될만한 자료는 없으나 다음과 같은 점들로 미루어 우선 漆器와의 밀접한 관련성을 지적할 수 있다. 즉 흑색마연이라는 토기제작기법은 당시 토기보다 上位品인 칠기의 재질감을 토기에 옮겨 적용하려는 노력의 결과로 볼 수 있다는 것이다.

嶺南지방 前期 瓦質土器 유적에서는 칠기가 부장된 예들이 다수 확인된다. 昌原 茶戶里 1호분 출토 漆器高杯(李健茂 外 1989)나 慶州 舍羅里 130호분에서 확인된 칠기(河鎭鎬 1996)가 그것이다. 이 무덤들은 모두 당시 수장층의 무덤이므로 그 무렵 칠기의 위상이 어떠하였는지는 충분히 짐작된다.

그런데 대략 후기 와질토기단계에 들어오면 칠기 부장은 잘 보이지 않는 반면 외형상 그와 유사한 재질감으로 장식한 토기로 대체되는 듯한 양상이 나타난다. 와질토기 가운데 표면에 漆이 입혀진 예들이 많이 확인되고 있는 것은 그러한 당시의 사정과 관계가 있을 것이다. 老圃洞 6·21호분 출토 有蓋臺附長頸壺 및 有蓋臺附直口壺(尹炳鏞·宋桂鉉 1988) 그리고 노포동 31호분 출토 유개대부직구호(釜山大學校 博物館 1988) 등이 그 예이다. 그 밖에 출토지는 미상이나 역시 유개대부장경호에 黑漆이 입혀진 것이 원광대학교 박물관에 소장되어 있다(慶北大學校 博物館 1990 : 55). 한편 이러한 黑漆瓦質土器들의 연대는 3세기 중엽~후반에 걸치고 있어 한강유역에 흑색마연토기가 출현하는 시기와도 일치되고 있어 흥미롭다.

낙동강유역에서 나타나는 이러한 양상으로 미루어 한강유역 흑색마연토기 역시 상위품이었던 칠기의 재질감을 토기로 飜案한 결과일 가능성은 충분히 있다.

지금까지 흑색마연토기라는 제작기법이 등장하게 된 과정을 칠기와의 관련성을 중심으로 살펴보았다. 그러면 고급 그릇 소재를 상징하는 것으로 볼 수 있는 흑색마연토기로 제작된 高杯, 直口短頸壺, 直口廣肩壺 등 일련의 新出 기종들은 어떠한 과정으로 그 무렵 한강유역에 등장하게 되었는지에 대해 살펴 보기로 하자.

고배의 경우는 일찍이 점토대토기 단계에서도 흔히 보이는 기종이어서 그러한 재래의 기종을 이어 받은 것으로 보아도 좋을 것이다26).

그러나 직구단경호나 직구광견호 등은 앞선 시기에는 존재하지 않은 것이어서 갑자기 그 유래를 알기 어렵다.

이와 관련해 이 기종들이 중국에서는 後漢代 이래 무덤의 부장품으로 자주 보이고 있는 점이 주목된다. 현재까지 알려진 자료로 보는 한 이 기종들은 安徽省(楊鳩霞 1995 : 1050 圖三의 7) 등 華南지방에도 분포하고 있으나 특히 河北(李宗山 外 1996 : 32 圖四의 4), 北京(向群 1962 : 244 圖六의 12), 遼寧(許玉林 1993 : 67 圖二八의 9) 등지의 華北지방에서 주로 많이 발견되고 있다. 이들은 대개 後漢 만기~西晉에 이르는 시기에 집중되어 있어 몽촌유형 직구단경호와 일단 시기적으로 연관 가능성이 높으며, 세부 기형 상으로도 몽촌유형 직구호의 특징과 일치되고 있어 양자간 관련성을 더욱 높여주고 있다. 2조의 평행 음각선 내부를 파상선문이나 격자문 등으로 채운 특징적인 肩部文樣帶의 존재나 동체하부에서 저부에 이르는 부위가 타날되어 있는 점 등은 몽촌유형 직구단경호의 가장 중요한 특징이어서 양자는 완전히 동일한 기종이라 하여도 좋을 정도이다. 이러한 관찰 결과는 몽촌유형 직구단경호가 후한 만기에서 서진에 이르는 시기의 중국 직구호와 밀접한 관련이 있음을 잘 말해 주는 것이다(도면 6 참조).

한편, 遼西지방에 근거를 두고 4세기 중엽경에 일어난 前燕(352~370년)에서도 견부문양대가 있는 이러한 직구호가 보편적으로 나타나고 있다. 전연은 慕容鮮卑族 정권이지만 그 형성에 미친 漢族문화의 영향

---

26) 점토대토기 단계의 豆形土器를 곧바로 몽촌유형 흑색마연토기 고배와 연결시키기에는 아무래도 시간적 공백이 문제가 될 수 있다. 그러나 위에서 이미 보았듯이 흑색마연토기가 칠기로부터 유래되었음을 생각하면 이러한 시간적 공백은 어느 정도 극복될 수 있다. 점토대토기 이래의 두형토기가 토기 고배로 이어지는 실물 예는 아직 확인된 바 없으나 칠기의 형태로 존속하고 있었을 가능성은 충분하며 이것이 몽촌유형 흑색마연토기 고배로 구체화된 것으로 볼 수 있기 때문이다. 실제로 그러한 칠기 고배 출토 예는 비록 영남지방의 경우이긴 하나 창원 다호리 1호분(李健茂 外 1989) 단계에서 확인되고 있다.

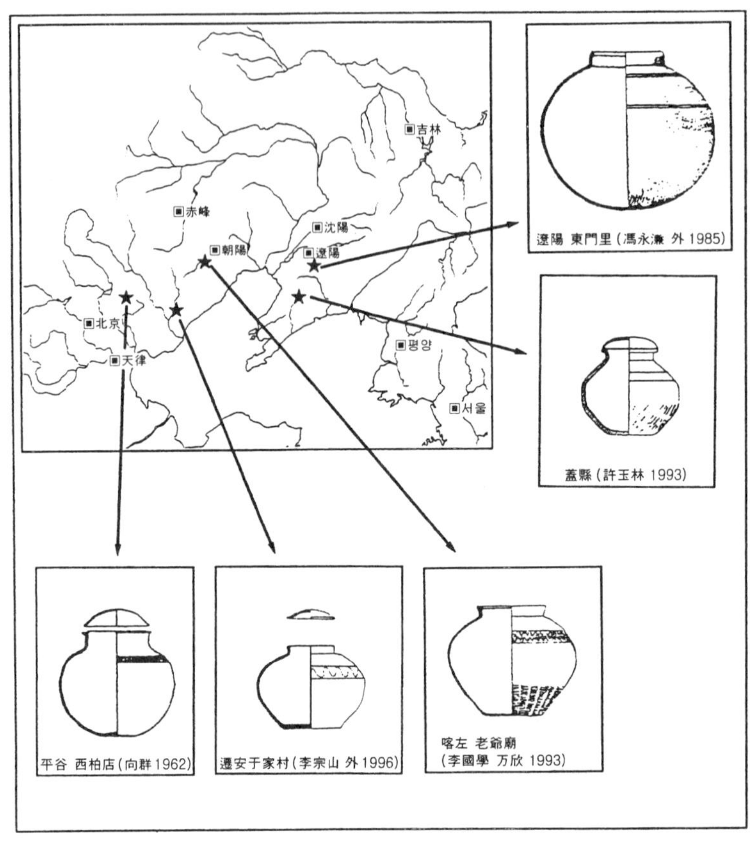

〈도면 6〉 중국 동북지방 직구호류의 분포

도 매우 컸던 것으로 보고 있다(田立坤 1991). 따라서 전연의 직구호 역시 당시 화북지방의 직구호들과 관련이 있는 것으로서 시간적인 선후관계로 보아 화북 직구호의 연장으로 이해된다.

　이와 같은 몇 가지의 관찰로써 몽촌유형 직구단경호 및 직구광견호 등 일련의 신출기종은 몽촌토성에서 출토된 바 있는 서진 전문도기 등과 더불어 대략 서진대 중국 기종으로부터 유래된 것으로 볼 수 있으며, 그러한 역사적 계기는 역시 『晉書』馬韓條에 보이는 바와 같은 3

세기 중후반경의 활발한 대서진 교섭으로 이해된다(朴淳發 1999).

　이상의 검토를 통해 몽촌유형의 출현과 함께 나타나는 흑색마연토기 각 기종은 3세기 중후반 무렵 당시 서진대의 보편적인 기종들을 재래 고급그릇 소재로서의 칠기 재질감을 내는 흑색마연토기 형태로 국산화하는 과정으로 이해되며, 이는 또한『진서』마한전 등 일련의 대서진 교섭 기사들에서 잘 알 수 있듯이 그러한 대외교섭을 주도하는 새로운 정치엘리트층의 출현과 밀접히 관련되어 있음을 보여주는 것이다.

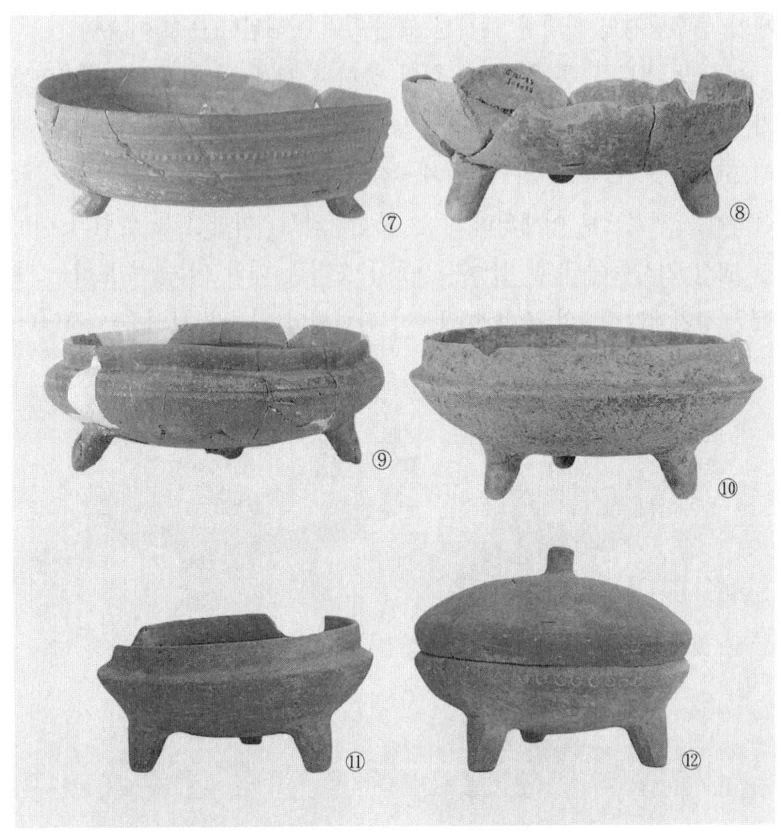

<사진 2> 몽촌토성 출토 한성양식 백제토기 대표 기종
①·② 유개고배, ③ 무개고배, ④·⑤ 직구단경구형호, ⑥·⑦ 반형삼족기, ⑧ −⑫ 배형삼족기

2. 백제토기의 편년

위에서 살펴본 새로운 토기양식으로서의 몽촌유형의 토기들은 앞서 제 1장에서 검토된 바 있는 토기 양식의 출현과 국가체의 등장과의 밀접한 관련성으로 보아 한강유역에서의 국가, 즉 백제의 성립을 반영하

고 있다. 그러나 보다 신중을 기하기 위하여 이들 새로운 양식의 토기가 출토되는 유적들인 몽촌토성, 석촌동 고분군 등이 과연 국가단계의 유적에 해당되는지에 대하여 다음의 제4장 및 제5장에서 다시 한 번 검토할 것이다. 여기서는 몽촌유형의 토기, 즉 백제토기의 편년에 대한 검토를 통해 이후 고분 및 성곽 등의 논의를 위한 확고한 시간축을 설정해 두고자 한다.

夢村土城 및 石村洞 일원에서 출토된 토기들에 대한 종합적인 검토는 필자에 의해 이루어진 바(朴淳發 1989a) 있다. 당시 필자가 주로 검토대상으로 하였던 것은 1988년도 및 1989년에 걸쳐 실시된 발굴조사를 통해 얻은 몽촌토성 출토 토기 2,732개체였다. 이들은 30여개의 기종으로 구성되어 있는데, 구성빈도 상으로 본 주요기종들은 高杯(14%), 壺(10.6%), 深鉢形土器(9.6%), 뚜껑류(9.5%), 甕(9.0%), 三足器(8.8%), 시루(8.3%), 器臺(5.4%), 直口短頸壺(5.0%), 長卵形土器(5.0%), 廣口長頸壺(4.6%), 碗(1.7%) 등이다.

구체적인 분류 및 편년검토는 폐기 동시성이 확보된 일괄 출토품이 거의 없어[27] 몽촌토성 출토품 전체를 하나의 자료군으로 설정한 뒤 技術的類型 – 類(器種) – 型(器形)으로 구성된 位階的 分類法을 적용하여 동일한 기술적인 유형에 속하는 다수의 기종을 가려낸 다음 각 기종별로 다시 세부적인 기형변화를 비교하여 형식을 구분하는 절차를 따

---

27) 몽촌토성내에서 토기가 출토된 대부분의 유구는 저장공, 주거지, 기타 구덩이 등인데, 발굴조사시 이들 유구의 층위에 따라 순차적으로 하강 굴토하면서 각 층에 포함된 유물을 채집하였다. 이를 토대로 각 유구의 유적형성과정(site formation process)을 검토하는 과정에서 동일개체토기의 각 층위별 분포양상을 파악해본 결과 저장공의 경우 동일 개체의 분포가 극단적으로 맨 밑바닥층에서 주변의 표토에 이르기까지 나타날 뿐만 아니라 평균 10여층 정도가 떨어져 있음이 확인되었다. 이러한 현상은 동일층위에서 출토되는 유물들간에 폐기동시성이 거의 없음을 말해주는 것이어서 이를 토대로 층위학적인 편년기준으로 삼을 수 없음을 보여 주는 것이다(金元龍 외 1988 : 34~63).

랐다. 그 결과 기술적 속성인 토기의 硬度변화가 세부 기형변화와 상관관계에 있음이 고배, 개배 등의 다수 기종에서 확인되었다.

고배는 前節에서 이미 보았듯이 黑色磨硏土器, 灰色軟質土器, 灰靑色硬質土器 등 3가지 기술적유형에 걸쳐 나타나고 있다. 고배는 無蓋高杯와 有蓋高杯로 구분되는데 이 가운데 개체수가 많은 유개고배의 경우는 회색연질과 회청색경질토기 양자에 걸쳐 나타난다. 구체적으로 유개고배의 토기질과 그 구연부 높이와의 상관관계를 보면 회색연질은 거의 대부분 낮은 구연으로 되어 있는데 비해 회청색경질은 높은 구연으로 나타나고 있음이 관찰되었다. 또한 굽다리의 높이와 토기질의 상관관계 역시 낮은 굽다리를 가진 것들은 거의 대부분 회색연질로 되어 있는데 비해 높은 굽다리를 가진 고배는 회청색경질로 나타난다 (朴淳發1989a : 39~47). 즉 토기질, 구연높이, 굽다리높이라는 3가지 속성이 유의한 결집을 보이고 있다. 이러한 속성들의 유의한 결집은 곧 유개고배 형식구분의 통계적 근거가 되므로, 이를 토대로 굽다리가 낮으면서 구연이 낮은 회색연질의 유개고배와 굽다리와 구연이 모두 높아진 회청색경질 유개고배 등 2가지 형식을 설정할 수 있다.

이처럼 토기질이 다른 두 형식의 유개고배는 시기적 선후관계에 있는 것으로 이해되는데, 이는 앞에서 본 것처럼 무개고배가 흑색마연 → 회색연질 → 회청색경질순으로 그 토기질의 변천을 보이고 있는 데에서 뒷받침된다. 즉 회색연질로 된 낮은 구연 및 굽다리를 가진 유개고배가 점차 회청색경질로 된 높은 굽다리와 구연을 가진 유개고배로 변천되는 것을 알 수 있다. 여기에서 관찰되는 기형과 토기질과의 이러한 관계는 흑색마연토기로 초출하는 여타 몽촌유형 토기들에도 확인될 것으로 기대되는데, 실제로 직구단경호의 경우 견부 문양형태와 토기질 사이에 유의한 상관관계를 보이고 있다. 흑색마연토기 직구단경호에는 연주문이 높은 상관을 보이는데 비해 회색연질토기 경우에는 파상문, 격자문 등이 우세하고, 회청색경질토기에서는 문양이 점차 소멸되는 양상이 관찰되는 것이 그것이다.

개별 기종들에서 관찰되는 이러한 토기질과 세부기형 또는 문양 등과의 상관관계를 통해 형식학적 방법으로는 개별 기종안에서의 시기적인 기형변화는 파악할 수 있으나, 서로 다른 기종들간의 공반관계를 분명히 할 수 있는 폐기동시성을 가진 자료 축적이 없기 때문에 몽촌유형 전체를 대상으로 한 보다 자세한 시기구분은 어렵다. 물론 有蓋高杯나 杯形三足器와 같이 그릇 몸체의 형태가 거의 동일한 기종들간에는 세부적인 성형기법상의 유사성을 근거로 제작동시성을 설정해 볼 수 있으나, 형태상의 차이가 큰 기종간의 동시성 파악은 어렵다. 이러한 현실적인 어려움으로 인해 몽촌유형에 대한 더 이상의 세부구분은 적어도 현재의 자료에 의하는 한 의미를 가지기 힘든 것으로 판단된다. 따라서 적어도 현재로서는 가장 확실한 시기구분의 기준이 되는 것으로 볼 수 있는 토기질의 차이를 근거로 회색연질토기 기종군과 회청색경질토기 기종군으로만 대별하고 전자를 夢村 I期 후자를 夢村 II期로 각각 명명하고자 한다. 즉 몽촌유형 토기군은 토기질의 소성 경도 차이에 따라 2시기로 분기될 수 있다.

이제 몽촌 I기와 몽촌 II기의 절대연대 비정과 관련하여 살펴보기로 하자. 이와 관련해 중요한 근거가 될 수 있는 자료는 原州 法泉里 2호분 출토 일괄유물이다(金元龍 1973). 이 고분에서는 몽촌유형 직구단경호, 심발형토기 등과 함께 東晉製 靑瓷羊形器가 출토되었다. 직구단경호는 회색연질이면서 견부에 사격자문이 시문된 소형이어서 회청색경질 직구단경호의 특징과 가까우므로 이를 몽촌 I기와 II의 과도적 단계로 볼 수 있다. 이 직구단경호의 절대연대는 반출한 청자양형기가 4세기 전반~중엽으로 비정(岡內三眞 1983 ; 457~458)되므로 4세기 중엽경으로 보아도 좋을 것이므로 몽촌 I기와 II기의 분기점을 잠정적으로

4세기 중엽 경에 설정할 수 있다.

한편 몽촌유형의 시작은 앞의 절에서 보았듯이 3세기 중엽 또는 후반 경이므로, 몽촌 I기는 3세기 중엽 경에서 4세기 중엽 경에 이르는 약100년간의 시간 폭을 가지게 되며, 몽촌 II기는 4세기 중엽부터 백제가 고구려에 의해 "漢城"이 함락되어 公州로 천도하는 475년, 즉 5세기 후반 경까지이다. 몽촌 II기의 下限을 이 무렵으로 비정한 까닭은 몽촌토성 내에서 출토되는 고구려 토기의 존재 때문이다. 여기의 고구려토기는 고구려가 한때 이 城에 머물렀던 것과 관련짓지 않고 달리 해석될 여지가 거의 없기 때문이다. 이점에 대해서는 뒤에서 다시 재론하기로 한다.

이상 살펴 본 필자의 몽촌유형토기 편년내용을 요약한 것이〈도면 7〉이다.

필자의 몽촌유형토기, 즉 백제토기에 대한 이러한 편년관이 발표된 후 백제토기의 편년에 대한 비교적 활발한 연구가 이어지고 있다. 이들 가운데 필자와 견해를 달리한 몇몇 연구들에 대해 검토해 봄으로써 기존 필자의 편년체계를 보완하려 한다.

필자의 편년체계가 1988년도 몽촌토성 동남지구 발굴보고서의 형태로 처음 공표된 것(金元龍 外 1988)과 거의 동시에 定森秀夫에 의해 서울지역 삼국시대 토기에 대한 편년연구가 발표되었다(定森秀夫 1989). 그는 1987년도까지 몽촌토성 및 석촌동 고분군 일대에서 조사된 토기자료를 대상으로 한강유역 백제토기를 夢村土城 I段階, 夢村土城 II段階, 夢村土城 III段階로 구분하였다. 이러한 그의 분기기준은 삼족기와 직구단경호의 변천이었는데, 이들 기종의 상대적인 기형 변천양상 파악의 구체적 내용은 필자와 거의 같으나 각 단계의 절대연대 비정에서는 필자와 큰 차이를 보이고 있다. "몽촌토성 I단계"는 1985년도 조사시 드러난 이른바 85-2호 토광묘 출토품을 근거로 5세기 후반경을 중심

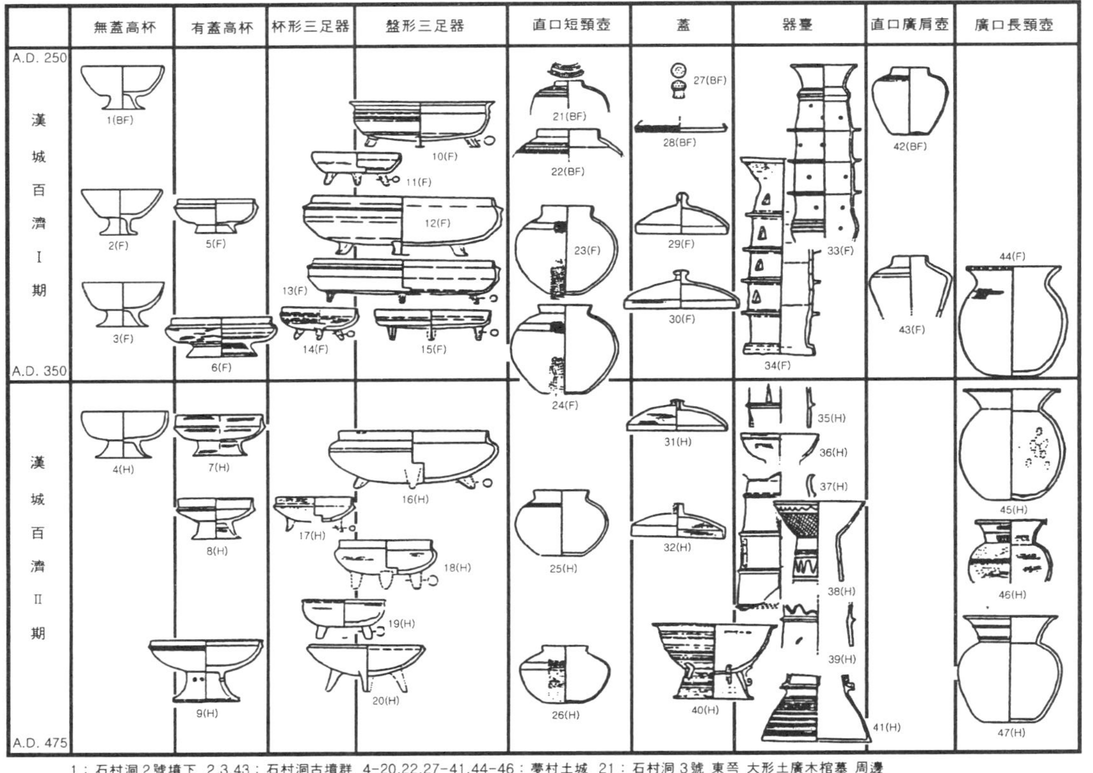

1 : 石村洞 2號墳下 2,3.43 : 石村洞古墳群 4-20,22,27-41,44-46 : 夢村土城 21 : 石村洞 3號 東쪽 大形土壙木棺墓 周邊
23-26.47 : 石村洞 3號 東쪽 土壙木棺墓 42 : 可樂洞 2號墳

〈도면 7〉 백제토기 편년

연대로 비정하였고, "몽촌토성 II단계"는 백제토기가 고구려 토기와 공반되는 단계로서 1987년도 조사된 87-2호 주거지 출토 大伽倻계통의 토기뚜껑을 근거로 5세기말~6세기초로 하였으며, 마지막의 "몽촌토성 III단계"는 6세기 중엽 경부터 나타나는 신라토기 출현을 기준으로 그 이전까지인 6세기 전반 경을 중심으로 하는 시기로 설정하고 있다.

定森이 이처럼 몽촌토성의 토기를 늦게 보는 가장 근본적인 근거는 아마도 이른바 85-2호 토광묘 출토품에 있는 것으로 생각된다. 1987년도까지 공표된 발굴자료만을 검토대상으로 하고 있었으면서도 그가 이 토광묘 출토 삼족기, 특히 돌대를 가진 盤形三足器들을 형식적으로는 가장 이르게 설정한 것은 卓見으로서 이에 대해서는 필자도 견해를 같이하고 있다. 그러나 그 구체적인 연대관은 이 유구가 분묘라는 점을 염두에 둠으로써 몽촌토성내의 고구려 토기의 존재로 확인되듯이 이 성이 고구려에 의해 함락되어 폐기되는 475년 이후에 나타날 수 있을 것이라는 데에 영향을 받은 듯하다. 물론 그가 이러한 사실을 명시적으로 밝힌 대목은 보이지 않지만 여기서 출토된 가장 이른 형식의 돌대가 있는 반형삼족기의 조형을 필자와 동일하게 集安 禹山 68호분 출토 銅洗에서 구하고 있음에도 불구하고 이 동세를 서진대의 것으로 보고한 우산 68호분 발굴보고자의 연대관을 따르지 않고 5세기 중엽 경으로 비정한 배경에는 아무래도 1985년도 몽촌토성 보고서에 언급된 출토 유구 성격에 대한 내용을 의식한 때문이 아닌가 한다.

그러면 여기서 이른바 85-2호 土壙墓가 과연 몽촌토성 폐기이후에 만들어진 무덤인가에 대해 검토해보기로 하자. 이를 위해 먼저 1985년도 몽촌토성 발굴보고서에 수록된 이 유구에 대한 기술을 그대로 옮겨보자.

"결국 이 土壙은 … (중략) … 生土層을 파서 幅 1.7~1.8m, 길이 3.3~

3.4m, 깊이 55(東)~75(西)cm 크기의 長方形 土壙을 … (중략) … 만들고
土壙바닥에 약 5cm 두께의 赤褐色粘質土를 깐 후 中央에 대형 三足器 2
點을 포개서 뒤집어 놓은 다음, 그 옆에 臺附有蓋小壺 2點를 나란히 눞혀
놓고 土壙을 만들기 위해 파낸 生土 흙을 그 위에 덮으면서 三足土器, 把
杯 등의 土器類를 밖에서 깨뜨려 그 破片들을 주로 壙內 西北과 東南쪽
에 던져넣은 것으로 보인다"(夢村土城發掘調査團 1985 : 66~67).

토광의 중앙바닥에 삼족기 등의 토기가 놓여 있는데, 이 유구가 무
덤이라면 이 부분은 당연히 시신이 안장되는 지점이므로 이는 이 유
구가 무덤일 가능성이 극히 희박함을 말해주는 것으로 볼 수 있다. 지
금까지 이와 같은 토기 부장양상은 백제시대는 물론이고 원삼국시대
토광목관묘나 목곽묘에서도 그 유례가 없기 때문이다. 그리고 토기를
매납하면서 완전히 파쇄하여 묘광에 던져 넣은 점 역시 지금까지 무
덤에서 보편적으로 관찰되는 부장 양상과는 거리가 있다. 이러한 토기
파쇄행위는 최근 발굴조사된 扶安 竹幕洞 祭祀遺蹟(國立全州博物館 1994)
에서 전형적으로 나타나고 있음을 상기할 필요가 있다. 아무튼, 이와
같은 토기 출토양상은 적어도 이 유구가 분묘일 가능성은 극히 희박
함을 말해주는 것이다. 또한 지금까지 한강유역의 백제분묘에서 삼족
기가 부장품으로 매납된 예가 전혀 없는 점도 이 유구가 분묘가 아닐
가능성을 한 층 높여 준다. 그렇다면 이 유구의 성격은 무엇인가. 필자
는 이 유구를 어떤 제의행위와 관련된 것으로 생각한다. 위에서 말한
것처럼 토기를 파쇄하여 던지는 행위는 고대의 제사유적에서 일반적
으로 나타나는 전형적인 행위이기 때문이다.

이러한 점으로 보아 이른바 85-2호 토광묘는 분묘일 가능성은 거
의 없다. 그렇다면 여기에서 출토된 돌대 달린 반형삼족기를 5세기 후
반 경으로 편년한 데에서 비롯된 정삼수부의 연대관은 재고되어야 할
것이다.

다음은 "몽촌토성 II단계"를 고구려 토기와 공반된 백제토기의 사용기로 판단하고 있는 것에 대해 검토해 보기로 하자. 정삼수부가 백제토기와 고구려 토기가 공반된 것으로 보는 주된 이유는 아마도 이들이 유구속에서 공반되어 있다는 점일 것이다. 그러나 몽촌토성 각 유구 내부 퇴적양상에 대한 유적형성과정 분석결과에서 이미 말한 것처럼 비록 이들은 퇴적 동시성은 가지고는 있으나 폐기동시성 나아가 그로써 유추되는 토기의 제작·사용의 동시성은 확보될 수 없으므로 보고서에서 언급된 퇴적 층위 기술만을 근거로 토기간 공반관계를 설정하고 이에 다시 편년적 의미를 부여하는 것은 매우 위험한 단순화라 하지 않을 수 없다. 따라서 이러한 불확실한 공반관계를 토대로 백제토기와 고구려 토기의 共伴期를 설정하는 것은 성립되기 어렵다. 6세기 중엽 이후 신라영토로 편입된 지역에서는 예외 없이 재지양식의 토기 대신 그 무렵의 신라토기가 사용되는 데에서 잘 드러나듯이 여기의 고구려토기는 고구려가 한강유역을 점령한 뒤에 출현한 것으로 보는 것이 합리적이다.

일상생활에 흔히 쓰이는 실용적 토기의 경우 고구려 점령이후에도 계속 존속하면서 고구려 토기와 함께 사용되었을 가능성이 없지 않으나, 백제의 상징처럼 인식될 정도로 정확히 백제 영역에서만 출토되는 삼족기나 기대와 같이 정치적 상징성이 높은 기종이 고구려 점령이후에도 계속 사용되었을 가능성은 거의 없다 하여도 좋을 것이다.

삼족기의 경우 백제영역의 확장과정과 정확히 일치되는 공간분포를 보이고 있음은 잘 알려진 바로서, 이들이 錦江以南地域이나 榮山江流域에 등장하는 시기는 이 지역에 백제 중앙의 영향력이 미치기 시작하는 무렵부터인 점(朴淳發 1996b : 149~150)은 이를 뒷받침하고 있다.

그리고 현재까지 기대가 출토되는 유적을 보면 宋山里고분군(國立公州博物館所藏品), 陵山里고분군(徐聲勳 1980 : 196) 등과 같은 백제왕릉급 무덤이나 扶餘 東南里유적(忠南大學校博物館 1993)등과 같은 국가적인 중요 건물지, 그리고 竹幕洞유적(國立全州博物館 1994)이나 公州의 艇止山유적(國立公州博物館 1996)과 같은 제사유적 등이다. 이는 기대가 서민들의 일상적 생활에 쓰이는 기종이 아니라 제의와 같은 격이 높은 행위에 쓰이고 있음을 잘 보여 주는 증거라 할 수 있다. 그러므로 삼족기나 기대가 몽촌토성이 고구려에 의해 점령된 이후에도 여전히 사용될 수 있었던 것으로 보는 견해는 더 이상 성립되기 어렵다.

이러한 검토를 통해 몽촌토성 II단계를 고구려토기와 백제토기의 공반기로 파악한 定森의 견해는 잘못임을 알 수 있으며, 더불어 그의 백제토기 연대관 역시 그 의미를 가지기 어렵게 되었다. 그리고 다음 단계인 몽촌토성 III단계 설정은 저절로 그 의미가 없어진 셈이다. 유적형성과정에 대한 면밀한 검토 없이 단순히 층위적 공반관계를 토대로 유물의 폐기동시성 나아가 제작·사용동시성을 추구하는 것이 얼마나 위험한 것인가를 잘 보여주고 있다.

定森의 견해가 발표된 뒤 이와 거의 동일한 논조의 주장이 또 한 번 제기된 바(白井克也 1992) 있다. 1988년도 몽촌토성 발굴조사 보고서가 공표된 후에 작성된 白井克也의 논문에서는 필자의 몽촌토성출토 토기편년에 대해 층위적 공반관계를 고려하지 않은 것이라 비판하면서 定森과 마찬가지로 보고서에 기재된 출토유구 및 층위에 입각하여 나름대로의 공반관계를 설정하고 이를 토대로 기종간의 동시성 설정에 노력하였다. 그러나 고배, 삼족기, 직구단경호, 심발형토기 등의 백제토기 주요기종의 세부기형 변화에 따른 구체적인 형식설정 내용은 필자와 거의 같다. 기종간의 동시성 설정문제는 위에서 지적하였듯이 필자가 이미 고심한 바로서 유적형성과정에 대한 검토결과 각 기종들 내부의 형식학적 상대순서 이외에 기종간의 관계를 뒷받침해줄 수 있는 층위적 관계가 확보되지 않으므로 일단 토기질과 같은 분명한 기

준을 채택하여 분기할 수밖에 없었던 바 이점은 필자가 작성한 1988년
도 보고서에도 분명히 명기되어 있다. 따라서 白井의 비판은 몽촌토성
내에서 발굴조사된 각 유구의 유적형성과정(site formation process)에 대
한 이해가 생략된 결과로밖에 볼 수 없다.

　몽촌토성 출토 토기에 대한 白井의 시기구분은 定森과 같이 3단계
로 되어 있다. 그리고 각 분기에 대한 명명도 거의 같아 그의 "夢村I
式" "夢村II式", "夢村III式"은 각각 정삼의 "몽촌토성 I, II, III기"와 거의
같아 定森 편년에 대한 검토에서 이미 논의된 사항으로써 반론을 대신
할 수 있기에 이에 대해서는 더 이상 지면을 할애하지 않기로 한다.
白井의 편년안과 定森의 편년안 사이에 차이가 있다면 전자는 후자 보
다 더욱 혼란이 심하여 "몽촌I식" 단계부터 백제토기와 고구려토기가
공반되는 것으로 보고 있는 점이라 할 수 있다.

　이처럼 일본 연구자들의 백제토기 편년에 대한 인식이 매우 피상적
임에도 불구하고 최근까지 이에 동조하는 주장(湖巖美術館 1995 : 54〜
69)이 제기되고 있다. 利川 孝養山 유적 발굴조사보고서 고찰부분에 언
급된 내용이 그것이다. 필자 편년에 대해 그들이 제기한 비판 내용 역
시 일본 연구자들의 주장과 거의 같은 공반관계 파악 소홀에 대한 지
적인 점이 흥미롭다. 그러나 그들이 제시한 편년안 역시 구체적인 내
용상으로 보면 필자가 파악한 바 있는 고배, 삼족기, 직구단경호, 광구
장경호 등의 각 기종 내에서의 상대순서와 다른 점이 관찰되지 않는
다. 다만 차이가 있다면 역시 고구려토기를 백제토기와 뒤섞어 놓은
것이다. 이들은 몽촌토성 및 석촌동일대에서 출토된 토기를 몽촌전기
와 몽촌후기로 구분한 뒤 전기는 先九宜洞類型期, 즉 고구려 토기와의
공반이 없는 백제토기 단순기로, 후기는 구의동유형공반기로 하였다.
그리고 그 절대연대 비정은 한강유역에서의 고구려토기의 출현시점,
즉 고구려에 의한 漢城의 함락 시점인 475년을 염두에 두어 전기와 후

기의 분기점을 5세기 중엽으로 하였다.

이와 같은 호암미술관의 편년안은 定森 편년관의 기본 논리구조를 그대로 재연한 것과 같아 위에서 이미 말한 定森 편년에 대한 검토를 통해 그 문제점은 충분히 지적될 수 있기 때문에 굳이 재언을 필요치 않는다.

이상에서 검토한 편년관들과 달리 기본적으로 필자의 견해와 크게 다르지 않으면서 삼족기의 상대편년과 같은 세부적인 점에 있어서 필자와 다른 편년안(林永珍 1994)이 있다. 林永珍의 편년이 그것인데 그의 편년내용이 필자와 다르게 된 기본적인 배경은 역시 85-2호 토광유구에 성격과 관련한 해석상의 차이에 있다. 그는 이 유구를 토광묘라고 주장하고 있어 여기서 출토된 돌대 있는 반형삼족기를 비롯한 일련의 토기를 모두 몽촌토성이 고구려에 의해 함락된 후 폐기된 475년 이후의 어느 무렵으로 보기 때문이다.

전술한 것과 같이 지금껏 한성시기 백제 중앙 분묘에 삼족기가 부장된 예가 없음을 들어 이 유구를 제사유구로 보아야 한다는 필자의 견해(朴淳發 1992)가 처음 제기되자 그는 바로 그렇기 때문에 이 토광묘는 한성기의 무덤이 아니라 백제가 웅진으로 천도한 이후 한강유역에 남아 있던 이들의 분묘라고 하였다(林永珍 1994 : 55). 그러나 이 반론을 논리적으로 살펴보면 이 유구의 성격이 무덤이라는 전제하에서만 성립될 수 있는 것일 뿐인 순환논리에 지나지 않는다. 위에서 이미 자세히 검토하였듯 이 유구가 무덤일 가능성이 거의 없음은 두말할 나위 없다. 따라서 돌대가 달린 반형삼족기를 가장 늦은 삼족기 형식으로 파악하고 있는 그의 편년관은 받아들일 수 없다.

지금까지 필자의 몽촌유형 토기, 즉 백제토기의 편년이 발표된 이후 제기된 몇 가지의 반론들을 검토하였다. 그 결과 필자의 기존편년 체계를 대체할 만한 진전된 새로운 편년안은 아직까지 확인되지 않았

다. 오히려 이들에 대한 반론을 통해 필자의 편년관이 더욱 확고해진
것으로 생각된다. 장차 보다 확실한 폐기동시성이 인정되는 양호한 편
년자료가 축적되면 보다 세분된 편년안을 마련할 필요가 있음은 물론
이다. 이러한 세분된 편년체계가 수립되기 전까지는 일단 기존 필자의
편년안을 토대로 이후 논의되는 여러 고고학 자료의 시간축을 설정하
고자 한다.

제 4 장
한강유역 고분의 변천과 백제 국가형성

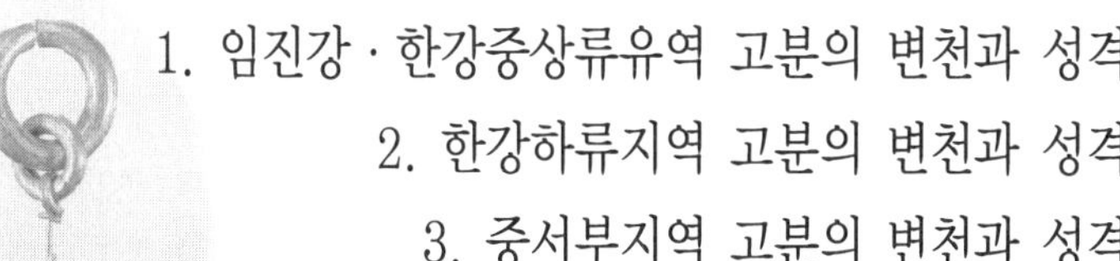

제 4 장
한강유역 고분의 변천과 백제 국가형성

한강유역 묘제에 대해서는 지금까지 다양한 견해들이 제시된 바 있지만 1980년대 이후 서울지역을 비롯하여 한강중상류 유역에서 관련 자료가 축적되면서 보다 자세한 검토가 가능하게 되어 새로운 견해들이 잇따라 발표되고 있다(崔夢龍·權五榮 1986 ; 林永珍 1987 ; 1995 ; 姜仁求 1989). 그러나 앞의 제 3장에서 보았듯이 이 지역에 대한 가장 기초적인 토기편년이 확고하지 못한 데서 야기되는 여러 가지 문제점이 상존하고 있는 것도 사실이다. 따라서 여기서는 필자가 제시한 토기편년 체계를 토대로 한강유역 고분에 대한 전반적인 변천상을 파악해봄으로써 백제 국가형성문제에 접근하는 기초를 마련하고자 한다.

검토대상은 백제 국가형성에 있어 직접적인 무대가 된 서울일원 漢江下流地域을 비롯하여 그와 관련된 臨津江 및 漢江中上流流域, 錦江 以北 中西部地方 등에 걸친 원삼국시대 이래의 고분들이다. 이하 각 지역별로 고분의 변천 및 성격 등을 중심으로 살펴보기로 한다.

1. 임진강·한강중상류유역 고분의 변천과 성격

이 지역 묘제에 대한 내용이 처음으로 학계에 알려지게 된 계기는 팔당댐, 충주댐 등 수몰지구 구제조사였다. 그리고 최근 민통선 이북 지역에 대한 유적지표조사 등을 통해 임진강유역 일대의 양상도 어느 정도 알게 되었다.

현재까지 알려진 이 지역의 묘제는 모두 종래 이른바 無基壇式積石塚으로 불리웠던 것으로 전체 고분 수는 15기[28] 가량 된다. 구체적인 내용을 보면 京畿道 漣川郡 中面 三串里 1기(文化財研究所 1994), 郡南面 仙谷里 1기(金聖範 1992), 百鶴面 鶴谷里 1기(金聖範 1992), 楊平郡 西終面 汶湖里 1기(黃龍渾 1974), 江原道 春川市 中島洞 2기(朴漢卨·崔福奎 1982), 華川郡 尺門面 看尺里 1기(趙東杰 1968), 平昌郡 平昌邑 鷹岩里 1기(崔福奎 外 1987), 馬池里 1기 (崔福奎 外 1987), 中里1기(崔福奎 外 1987), 大和面 下安味里 1기 (崔福奎 外 1987), 忠北 堤川郡 淸風面 陽坪里 2기(裵基東 1984), 桃花里 1기(崔夢龍 外 1984), 淸原郡 大淸댐 수몰지구 1기(尹武炳 1978) 등이다(도면 8).

이상의 임진강 및 한강중상류 유역 고분들은 모두 강변 자연사구[29] 위에 입지하고 있는 것이 특징인데, 축조 방법을 보면 사구 위에 냇돌을 1~2겹 가량 입히듯 쌓은 다음 매장주체부가 있는 중심부는 7~8겹

---

28) 최근 京畿道 漣川郡 일대에 대한 지표조사 결과 새로이 4기가 추가 확인되었다. 嵋山面 牛井里 2기, 東梨里 1기, 中面 橫山里 1기 등이(韓國土地公社 土地博物館 2000) 그것이다. 이들을 포함하면 지금까지 알려진 즙석식적석묘는 총 19기이다.

29) 原보고서의 기술에 따르는 한 汶湖里 경우는 성토한 위에 적석한 것으로 되어 있으나, 제시된 단면도(黃龍渾 1974 : 361)를 보면 두께 30~40cm 가량의 수평층으로 되어 있어 인위적인 성토로 보기는 어렵다. 그 밖의 발굴조사된 즙석식 적석묘의 전부는 자연사구위에 돌을 입히듯 쌓아 축조되었음을 원보고서의 기술에서 확인할 수 있다.

〈도면 8〉 즙석식적석묘 분포도

가량 좀더 두껍게 적석하는 공통점을 가지고 있다. 매장주체부의 자세한 구조는 지금까지 정확하게 밝혀진 예가 없어 확실치 않으나, 대체로 川石造 石槨으로 이해되며 2개 이상 복수의 매장주체부로 되어 있는 것이 많다.

이러한 구조적 특징을 가진 이 지역 고분은 고구려 무기단식적석총과는 적지 않은 차이가 있어 용어에서 오는 혼란을 피하기 위해 필자는 이를 "葺石式積石墓"로 부를 것을 제안한 바(朴淳發 1994) 있다. 필자와 거의 같은 입장에서 "葺石墓"(崔秉鉉 1994) 또는 "葺石塚"(林永珍 1995 : 45) 등의 용어를 사용하는 연구자들도 있으나, 매장주체부위에 쌓은 돌의 상태는 적석으로 보아도 좋으므로 일단 필자의 종래 용어를 따라 쓰기로 한다.

그러면 지금부터 발굴조사된 유적을 중심으로 즙석식적석묘의 축조시기에 대해 검토해 보기로 한다.

종전 필자는 中島 즙석식적석묘에 대해서 그 축조시점을 기원후 100년경으로 비정한 바(朴淳發 1989b : 46) 있었다. 그러나 최근 天安 淸堂洞등의 새로운 발굴조사 결과를 통해 중도 즙석식적석묘에서 출토된 直口壺(朴漢髙·崔福奎 1982 : 49)가 3세기 이전으로 소급되기 어려움을 알게 되었다. 청당동 18호 周溝土壙木棺墓에서는 직구호가 環頭大刀, 無莖灣入三角鐵鏃, 柳葉形有莖鐵鏃 등과 공반되고 있어(韓永熙·咸舜燮 1993 : 80~86) 영남지방과의 교차년대로 보는 한 결코 3세기 이전으로 소급될 수는 없기 때문이다. 또한 중도 즙석식적석묘에서 나온 打捺文 深鉢形土器 역시 제 3장에서 보았듯이 3세기 전반에 출현하는 기종이므로 이 고분의 연대는 3세기 전반 경으로 비정하는 것이 적당함을 알게 되었다.

〈사진 3〉 춘천 중도 즙석식적석묘 모습

　　최근 조사된 漣川 三串里 즙석식적석묘에 대해서 보고자들은 백제 적석총의 지방형이라는 새로운 주장과 함께 출토된 철촉을 근거로 무덤의 연대를 2~3세기 경으로 비정한 바(文化財硏究所 1994 : 52~57) 있다. 보고자가 이 고분을 백제적석총의 지방형으로 보는 근거는 이러하다. 즉 무덤의 외형은 고구려식이지만 출토유물이 백제식이어서 여기 피장자는 백제인으로 보아야 하고, 그 피장자는 이 지역이 백제의 중앙세력에 흡수통합되던 2~3세기 경 지방지배의 일환으로 중앙에서 파견된 지방관이나 재지세력이라는 것이다(文化財硏究所 1994 : 59~60). 그러면 이러한 보고자들의 주장에 대해 검토해보기로 하자.

　　먼저 연대 비정 문제부터 검토해보자. 이와 관련해 여기서 출토된 토기 가운데 그 기형을 알 수 있는 壺 2점이 주목되는데, 1점은 類似繩蓆文이 타날된 打捺文土器 壺이고 또 다른 1점은 無文樣土器 壺이다.

　　제 3장에서 이미 보았듯이 이 무렵 한강유역 토기상에 비추어 타날문토기 및 灰黑色無文樣土器 2가지 기술적유형으로 구성되어 있는 이곳의 토기구성은 일단 한강유역 원삼국 제 Ⅲ기(기원후 200~250년)에 해당된다. 좀더 구체적으로 보면 여기의 무문양토기 호는 기형상으로 樂浪지역에서 흔히 보이는 平底 無文樣壺와 동일하다. 유례를 들면 貞栢洞 36호분, 46호분, 49호분, 67호분 등(사회과학원 고고학연구소 전야공작대 1978) 주로 귀틀무덤에서 출토된 것이 있는데, 제 3장에서 이미 지적한 것처럼 이러한 무문양토기 호는 낙랑지역에서 유래된 것임은 두 말할 나위 없다. 한편, 이와 비슷한 무문양토기는 石村洞 3호동쪽 古墳群 大形土壙墓 및 同고분군 1호, 7호 토광묘 출토품에도 있다. 이들은 다음 節에서 후술하듯 석촌동 토광묘 부장토기 조합 제 1, 2유형에 해당되며 공반된 타날문토기 심발형토기의 존재로 보면 그 절대연대는 3세기 전반 이후에 해당된다.

　　토기 이외에 삼곶리 보고자가 연대비정의 근거로 삼은 것에는 철촉이 있는데, 이에 대해서 검토해 보기로 하자. 여기서는 有莖式鐵鏃이 나왔다. 이러한 철촉은 현재까지 알려진 자료로 보는 한 金海 良洞里 4 호분(韓永熙 外 1989 : 49) 이나 釜山 老圃洞 41호(釜山大學校博物館 1988 : 53) 등 영남지방 원삼국 후기단계의 유적에서 나오는 것이며, 중서부 지방에서는 청당동 18호분(韓永熙·咸舜燮 1993 : 85) 단계 이후부터 나오고 있다. 따라서 아무리 올려 잡아도 3세기 이전으로는 소급되기 어렵다. 영남지방의 편년과 비교하여 좀더 구체적으로 특정하자면 3세기 전반대가 적당할 것인데, 이는 전술한 토기 연대와도 일치된다.

이상의 검토를 통해 삼곶리 보고자가 제시한 연대관은 그 근거가 불확실함을 알 수 있으며, 현재까지의 자료로 보는 한 3세기 전반 경이 가장 적당한 것으로 판단된다.

이러한 연대관을 바탕으로 보고자들이 파악한 이 고분의 성격에 대해 생각해보기로 하자. 후술하겠지만 이 무렵은 아직 한강유역에 국가단계 정치체가 존재하지 않은 때이다. 그러므로 삼곶리 즙석식적석묘를 백제중앙형 적석총의 영향을 받은 지방형이라고 파악한 보고자들의 논의는 실로 비약이라 할 것이며 나아가 지방관 파견 운운은 더욱 넌센스가 아닐 수 없다.

堤川 陽坪里와 桃花里 즙석식적석묘의 연대에 대한 필자의 종전 견해는 각각 3세기 초~전반, 3세기 전반 경(朴淳發 1989 : 46~47)이었는바, 지금도 이러한 연대관에 큰 변함은 없다. 다만 도화리의 경우 3세기 중반 경까지 하향조정해도 좋을 듯하다. 회청색경질로 된 여기의 타날문 호는 앞의 삼곶리보다도 더욱 발달된 모습이기 때문이다. 한강 유역 및 중서부지방에 있어서 타날문토기 호의 경질화 시점은 제 3장에서 보았듯이 3세기 중엽경으로 비정 가능하다.

양평 문호리 즙석식적석묘에서는 기형을 알 수 있는 토기나 철기가 없기 때문에 보다 분명한 편년 검토는 어렵다. 그러나 청동제 방울과 관옥의 존재를 통해 이와 동일한 유물이 출토된 양평리 2호분과의 관련성은 지적해 볼 수 있다. 문호리와 양평리 2호분에서 나온 청동방울은 거의 같은 형태이며 관옥 역시 모두 적황색을 띠는 마노제로 되어 있다. 연대비정에 있어 이러한 자료는 확실한 근거가 되기는 어려우나 잠정적으로 이 두 유적을 거의 같은 시기로 보고자 한다.

지금까지 임진강 및 한강중상류유역에서 발굴조사된 즙석식적석묘를 대상으로 그 축조시기를 검토해 보았다. 그 결과 이들은 모두 기원후 200년 이후에 해당됨을 알 수 있었다. 그리고 현재까지 조사된 것만을 대상으로 할 때 그 하한은 3세기 중엽 경임도 알 수 있다.

즙석식적석묘에 대한 이러한 연대관을 염두에 두고 이제 무덤 축조집단의 성격에 대해 생각해 보기로 하자. 제 2장에서 旣述하였듯이 필자는 이들을 濊系 종족집단으로 이해하고 있다. 여기서는 최근까지 제기된 이견들에 대해 검토해봄으로써 이러한 필자 견해의 타당성을 점검해보기로 한다.

제 1장에서 보았듯이 종래 이들을 고구려로부터 남하하여 한강유역에 정착한 백제 건국세력이라는 논지의 견해가 발표된 바(權五榮 1986) 있으며 이를 근거로 백제 초기영역의 범위를 추정하기(崔夢龍·權五榮 1985)도 하였다. 이에 대하여 필자는 당시까지 일반적으로 "無基段式積石塚"으로 불리웠던 무덤은 고고학적 문화 인식상 中島類型文化와 관련되며 이들의 종족적 계통은 『三國史記』百濟本紀 및 新羅本紀에 자주 등장하는 "靺鞨"로 표기된 濊系라는 견해를 발표한 바(朴淳發 1994 ; 1996) 있다. 이러한 필자의 견해와 뜻을 같이 하는 연구자들(崔秉鉉 1994 ; 林永珍 1995)도 있으나 아직도 이를 고구려 유이민 집단이 축조한 것으로 보는 견해(李東熙 1995)나 위에서 보았듯이 백제 중앙에서 파견된 지방관 또는 중앙에 통합된 재지세력으로 보는 견해(文化財研究所 1994) 등이 제기되고 있다. 후자에 대해서는 이미 앞에서 검토한

바 있으므로 여기서는 고구려 유이민설에 대해 다시 한 번 살펴보기로 하자.

　이 설의 주요한 근거는 고구려 적석총 특히 무기단적석총과 즙석식적석묘의 외형적인 유사성이다. 그러나 위에서 보았듯이 입지나 매장주체부의 숫자 출토유물 등 여러 가지 점에서 고구려 적석총과는 분명히 다르다. 출토유물에 의해 그 계통을 굳이 지적하자면 토기상으로는 낙랑의 영향이 지배적이며 철기, 특히 철촉과 같은 것에 있어서는 중서부지방이나 영남지방과의 관련성이 더 많다. 물론 분묘 이외에 한강중상류지역 생활유적에서 고구려계통으로 볼 수 있는 斧形철촉과 같은 유물이 나온 바가 있다. 그러나 가장 기본적인 토기가 고구려 토기와는 전혀 다를 뿐 아니라 대부분의 철기 역시 고구려와의 연관을 주장하기에는 부적합하다.

　필자는 한강유역 즙석식적석묘 지역에서 부분적으로 보이는 고구려적 요소를 모두 다 부정하는 것은 아니다. 제 2장에서 전술한 것처럼 『三國志』 魏書 東夷傳 東濊條 기사에는 동예는 고구려와 같은 족속이어서 언어, 풍속 등이 기본적으로 고구려와 유사하다고 전하고 있다. 이러한 문헌사료의 내용을 감안하면 한강유역에서 관찰되는 얼마간의 고구려적인 요소, 즉 냇돌을 쌓아 무덤을 만드는 것이나, 부형철촉과 같은 고고학적인 자료 등은 이들을 동예의 변방에 분포하고 있는 濊系統의 집단으로 보는 필자의 견해를 오히려 보강해주는 것이기도 하다. 그리고 이들 지역에 많이 보이는 낙랑의 영향은 낙랑과 예 사이의 긴밀한 관계를 반영하고 있는 것으로 볼 수 있다. 『삼국사기』 백제본기 초기기사에 낙랑이 "말갈", 즉 예계 집단을 使嗾하여 백제를 공격케 하는 내용의 기사(溫祚王 11년조)가 보이고 있는 것은 당시의 그러한 사정을 반영하고 있는 것으로 볼 수 있을 것이다.

　이상의 검토로써 임진강·한강중상류유역 즙석식적석묘 축조 집단의 문화적인 계통 혹은 역사적 성격이 예계와 관련있음을 다시 한 번 확인할 수 있었다. 그리고 이들이 즙석식적석묘를 축조하던 시기는 현재까지 알려진 자료로 보는 한 대략 3세기 이후이며 그 하한은 3세기 중엽 경으로 판단된다.

그러면 이러한 즙석식적석묘에 묻힌 피장자는 예계 사회에서 어느 정도의 지위에 있던 존재였는가에 대해 생각해 보기로 하자. 우선 즙석식적석묘의 분포밀도가 매우 낮고 그 분포 간격이 큰 점 등을 고려하면 일단 이들은 각 지역집단의 최상위층으로 보아야 할 것이다. 그리고 시기적으로 이들 즙석식적석묘와 병행관계에 있는 석촌동 3호 동쪽 고분군의 대형토광묘나 1·7호 등의 토광목관묘 속에 부장된 유물의 질과 비교하여도 그다지 손색이 없는 점 역시 이러한 추정을 가능케 한다. 양평리나 도화리 피장자와 같이 비교적 다량의 철기를 소지할 수 있는 자는 당시로서는 이들 지역의 수장층이었을 것이다. 그러나 이들의 무덤이 단독장이 아니라 복수의 주체부로 구성된 일종의 집단장적 성격을 가지고 있는 점이나 한 지역에 1~2기 정도밖에 분포하고 있지 않은 점으로 미루어 이들의 정치 사회적 통합 정도나 계층분화의 정도가 동시대 한강하류지역 세력에 비하여 상대적으로 낮았음을 보여준다.

이러한 추정이 가능하다면 예계지역인 임진강 및 한강중상류유역에서는 대략 3세기에 들어오면서 각 지역의 수장층을 중심으로 어느 정도 지역통합을 이루어 나가다가 3세기 중엽 경 이후부터는 더 이상 진행되지 않은 채 중단되었던 것으로 볼 수 있다. 이는 뒤에서 보는 것처럼 한강하류지역의 백제가 국가단계로 성장하는 시점과 거의 일치되고 있어 흥미로운데, 아마도 백제 국가형성 이후 이 지역이 일차적으로 통합대상이 되었던 사정과 관계가 있을 것이다.『삼국사기』백제 본기에 나타나는 온조왕대 이래의 對靺鞨, 즉 對濊系 집단과의 전투기사는 당시의 그러한 모습을 반영하고 있는 것으로 이해될 수 있다.

2. 한강하류지역 고분의 변천과 성격

한강하류 지역의 고분에 대해서는 주로 서울지역을 중심으로 지금까지 다양한 견해들이 제기된 바(林永珍 1987 ; 1995 ; 姜仁求 1989) 있다. 그러나 고고학 편년체계가 확고하지 않은 상태에서 논의된 것이어서 재검토의 여지가 있다. 여기서는 앞의 제 3장에서 검토한 바 있는 필자의 토기편년체계를 토대로 1980년대 중반 이후에 새로이 드러난 자료들을 중심으로 고분의 변천 및 그 성격을 구명해보기로 한다.

한강하류지역 묘제는 백제 발상지인 석촌동, 가락동 등지에서 조사된 자료가 중심이 되는데, 특히 1980년대 중반이후 석촌동 고분군에 대한 정비복원과정에서 다수의 신자료가 축적되면서 보다 구체적인 양상파악이 가능하게 되었다. 이에 필자는 백제 국가형성기를 전후한 시기를 대상으로 이 지역 여러 묘제에 대한 편년문제를 검토한 바(朴淳發 1994) 있다.

지금까지 밝혀진 서울지역의 묘제는 매우 다양하다. 임영진은 이를 대상으로 크게 고구려계 적석총, 재지 토광묘계, 그리고 이 양자의 복합계 등 3가지의 묘제로 파악한 바(林永珍 1995) 있다. 積石塚의 경우는 다시 내부를 모두 돌로써만 채운 순수 적석총인 고구려식과 점토를 충진한 백제식으로 세분하였으며, 재지계는 土壙墓, 甕棺墓 등으로 세분하였다. 그리고 적석총의 영향을 받은 복합계로서 葺石封土墳, 圍石封土墳, 土壙積石墓 등을 들고 있다. 이처럼 묘제가 다양하므로 우선 본격적인 논의에 앞서 묘제분류 문제부터 살펴보기로 하자.

먼저, 적석총에 대한 임영진의 구분, 즉 고구려식과 백제식으로의 구분에 대해서 검토해 보기로 하자. 임영진은 할석과 점토라는 축조재료상의 차이를 각각 고구려와 백제라는 묘제의 계통과 연계하여 이해하고 있다. 이에 대해 필자는 석촌동, 가락동일대 한강변은 충적지대이므로 할석이 귀한 반면 점토는 상대적으로 풍부한 점을 들어 적석총 축조재료 차이를 계통적 차이로 이해할 것이 아니라 축조에 투입된 노동력의 차이로 볼 수 있음을 지적하였다. 따라서 할석으로 채운 이른바 고구려식 적석총은 한강유역에 적석총이 처음 출현하는 이른 시기의 初現形式 이거나 혹은 노동력의 투입이 많은 왕릉급 분묘로 볼 수 있으며, 이에 비해 상대적으로 노동력 투입이 적은 粘土充塡式의 이른바 백제식은 그보다 후행형식이거나 보다 하위계층의 분묘와 관련될 것으로 추정한 바(朴淳發 1994 : 10~11) 있는데, 권학수도 이와 거의 같은 견해를 밝힌 바(權鶴洙 1994 : 69~70) 있다.

뒤에서 보는 것처럼 현재까지 한강유역에 남아 있는 적석총 가운데 최대급인 석촌동 3호분이 순수 割石充塡式 적석총에 해당될 뿐 아니라 그 편년적인 위치 또한 가장 이르다. 이는 처음 적석총이 한강유역에 등장할 무렵에는 고구려지역과 동일한 축조형식을 따르다가 이후 상대적으로 점토가 풍부한 한강유역의 자연적 조건에 적응하여 노동력 투입이 적은 점토충전식으로 변천하였을 가능성을 높여주는 것으로 볼 수 있다. 그렇다면 또한 동시기에 존재하는 두 형식의 적석총 사이의 관계는 할석충전식 적석총에 비해 노동력이 절감될 수 있는 점토충전식 적석총이 보다 하위 신분의 무덤에 먼저 적용되었을 가능성이 크다 할 것이다.

이러한 점을 감안하여 필자는 일단 두 형식의 적석총이 서울지역에 등장하는 순서상으로는 분명히 할석충전식이 선행이고 점토충전식이 그 뒤를 잇는 선후관계가 있었을 것으로 생각한다. 그러나 이와 관련하여 두 형식 적석총 피장자간의 신분상 차이에 대해서는 보다 적극적인 자료가 확인될 때까지 보류해 두고자 한다.

　다음, 복합계 묘제로 파악하고 있는 즙석봉토분에 대해 살펴 보기로 하자. 임영진은 봉분위에 있는 葺石의 존재를 고구려 적석총의 영향으로 이해하여 이를 복합묘제로 간주하고 있다. 그러나 뒤에서 보듯이 그 편년적인 위치가 적석총에 先行하기 때문에 이러한 외형적인 형태에 입각한 파악은 무의미하다. 봉분에 냇돌이 덮혀 있다는 점에 주목하기 보다는 상당한 규모의 봉분을 가지고 있다는 사실이 더욱 중시되어야 할 것이다. 봉분을 가지고 있는 이러한 무덤으로는 가락동 2호분, 석촌동 파괴분, 석촌동 5호분, 석촌동 6·7호분 등이 있는데, 필자는 이러한 묘제를 "封土土壙墓"로 부른 바(朴淳發 1994 : 11) 있다. 현지표상에서 그 존재가 쉽게 확인될 수 있을 정도로 봉분이 거대화 된 점을 강조하기 위하여 "封土"를 冠稱하였지만 매장주체부의 형태로 보면 토광목관묘이므로 "봉토토광묘"라는 용어는 적절치 못한 것으로 생각된다. 따라서 종래의 "봉토토광묘"를 "木棺封土墳"30)으로 고쳐 쓰고자 한다.

　한편, 이러한 무덤을 "土築墓"로 부르고 그 계통을 중국 양자강유역에 특징적으로 보이는 "土墩墓"에서 구하는 견해(姜仁求 1989 : 51~52)가 있다. 토축묘라는 용어의 타당성은 별개로 하고 우선 이를 중국의 春秋時代에 유행하던 토돈묘와 연계시키는 것은 너무나 큰 시공적 비약이라 하지 않을 수 없다.

　그 밖의 복합계 묘제로는 위석봉토묘과 토광적석묘가 있다. 위석봉토묘는 "바닥에 잔돌을 넓게 깔고 그 주위에 비교적 큰 돌을 호석처럼 돌린 다음 자갈 깔린 바닥 위에 목관을 놓고 전체를 봉토로 덮은 것"(林永珍 1995 : 58)으로서 종전에는 이를 석곽묘로 부른 것이라 한다. 이에 해당되는 것으로 1987년도에 조사된 석촌동 87-1, 87-2, 87-3호 등의 예를 들고 있다.

---

30) "목관봉토분"이라는 용어에 대해서는 최병현의 교시가 있었다.

그런데 보고서에 등재된 이들 무덤에 대한 내용은 매우 혼란스러워 적어도 엄밀성이 요구되는 새로운 묘제의 설정을 위한 자료로서는 적합하지 않은 것으로 생각된다. 우선, 87－1호를 보면 당시 王과 王妃의 무덤으로 비정한 석촌동 1호 적석총의 基壇石築을 床面으로 하여 축조하였으며 그 시기는 부장토기의 연대로 보아 4세기 초보다 늦지 않다고 한다(金元龍・任孝宰・林永珍 1989 : 25～27 ; 48). 과연 그 무렵 허물어진 왕릉의 기단위에 그 보다 하위 신분의 무덤인 위석봉토분 또는 석곽묘가 만들어질 수 있을 정도였을까에 대해서는 지극히 회의적이다. 이는 이 유구가 무덤이냐 아니냐에 대한 판단이라는 구체적인 고고학 자료의 해석에 앞서 우선적으로 고려되어야 할 상식으로도 납득하기 어렵기 때문이다. 더구나 이러한 추정을 근거로 새로운 묘제를 설정하는 것은 매우 소박하고 위험한 접근이라 하지 않을 수 없다.

이러한 점은 87－2호분 조사내용에서도 나타나고 있다. 구체적인 매장주체부가 분명하지 않은 점은 앞의 87－1호와 마찬가지인데, 여기서 주목되는 점은 출토유물이다. 토기편 가운데는 內壁面에 물레 자국이 선명한 平底의 토기편(金元龍・任孝宰・林永珍 1989 : 31～32)이 섞여 있다. 백제토기에 물레 자국이 남아 있는 예는 7세기 중엽 경 泗沘時期에서나 찾아볼 수 있다. 따라서 한성시기에 이러한 토기가 무덤에 부장될 수 있는 가능청은 전혀 없다. 이는 시대가 다른 토기들이 혼재되어 있음을 단적으로 보여주는 증거이다. 그렇다면, 보고서에 제시된 토기들은 폐기동시성이 있는 무덤의 부장품은 아니라는 것이다.

이러한 검토 결과에 의해 필자는 적어도 석촌동 고분군 조사예를 근거로 위석봉토묘 또는 석곽묘를 서울지역의 한 묘제로 파악하는 견해에는 동의할 수 없다.

또 다른 복합계 묘제로 주장되는 토광적석묘는 석촌동 고분군과 몽촌토성 등지에서 확인된 것으로서 토광묘와 달리 토광 내부를 돌로 채운 점이 특징이며, 매장주체부내에서는 유물이 거의 출토되지 않는 것(林永珍 1995 : 61)이라 한다. 매장주체부에 전혀 부장 유물이 없는 점으로 미루어 하층민의 무덤일 가능성이 없지는 않으나, 그렇더라도 하층민의 무덤이 당시 왕묘역인 석촌동 고분군에 혼재되어 있는 상황은 자연스럽지 않다.

한편, 몽촌토성 내에서 확인된 토광적석묘는 거의 모두 성벽 위 또는 이와 가까운 고지대에 분포하고 있는 입지적인 공통점을 가지고 있다. 이에 대해 필자는 이 유구가 무덤으로 판단될 수 있는 매장주체부의 존재와 같은 최소한의 적극적인 근거가 없다는 점과 아울러 이들의 입지가 거의 대부분 성벽과 가까운 고지대라는 점등을 근거로 이를 石攻用 積石으로 생각한 바(朴淳發 1989c) 있다. 이러한 석공용 적석유구는 실제로 구의동 유적에서 확인된 바(華陽地區遺蹟發掘調査團 1977) 있어 그러한 추정의 가능성을 높여준다. 이에 대하여 임영진은 이 유구의 토양을 대상으로 燐成分 분석을 실시한 결과를 제시하면서 주변토양(0.041ppm)보다 높은 농도(0.070ppm)의 인 성분이 포함되어 있음을 들어 이 유구가 매장시설임이 분명하다고 반론한 바(林永珍 1995 : 61) 있다.

그러나 이러한 분석의 결과를 근거로 이 유구가 무덤이라고 주장하기 위해서는 몇 가지의 조건이 충족되어야 할 것으로 생각된다. 우선 분석된 유구의 토광에서 나타나는 것과 같은 인 성분상의 차이가 여타 토광적석 유구에서도 정형성을 가지고 나타나는가에 대한 검증이 있어야 한다. 그렇지 않으면 이 결과는 단지 작업가설 이상의 의미를 가지기 어렵다. 즉 하나의 샘플만을 대상으로 분석된 주변토양과 유구 내부 토양과의 사이에서 보이는 燐성분 차이는 우리가 모르는 수많은 요인의 한 결과일 수 있기 때문이다. 그리고 설사 통계적 의미를 부여할 수 있을 정도로 많은 다수의 유구에서 주변토양과 유의한 인 성분 차이를 보이고 있음이 확인되었더라도 과연 그러한 인 성분이 인체의 매장에서 유래된 것인지의 여부는 별도로 검증되어야만 비로소 유구 성격파악의 유력한 근거가 될 수 있다.

이러한 이유로 필자는 이 유구를 토광적석묘라는 묘제로 이해하는 견해에 대해 지극히 회의적이다.

지금까지 그 동안 서울지역에서 확인된 것으로 알려진 여러 묘제들에 대해 묘제분류의 타당성을 중심으로 검토해보았다. 그 결과 이 지역에는 토광목관묘, 옹관묘, 목관봉토분, 기단식적석총 등의 묘제가 존재하고 있었음을 알 수 있었다. 그밖에 가락동, 방이동 등지에 분포하고 있는 횡혈식석실묘도 있으나, 이는 한성기 백제 묘제로는 볼 수 없다. 그러면 이제 이들 각 묘제의 편년적인 위치를 검토해봄으로써 이들 서울지역 묘제의 변천에 대해 알아보기로 하자.

토광묘는 최근 석촌동 3호분 동쪽지역 고분군조사에서 다수의 양호한 자료가 확인된 바 있다. 이들 무덤에서 출토된 부장토기를 통해 그 편년적 위치를 살펴보기로 한다. 이 곳에서 조사된 토광목관묘는 동시매장된 것으로 보이는 이른바 대형토광묘 외에 모두 12기가 보고되어 있다. 보고서에 따르면 매장주체부 내부에서 뿐 아니라 토광 어깨선 바깥에서도 부장토기가 출토되고 있다(金元龍·林永珍 1986 : 14~32)고 한다. 그러나 지금까지 백제지역 토광묘에서 매장주체부 바깥에 부장품이 부장된 예가 확인되지 않으므로, 폐기동시성이 확실치 않은 자료를 굳이 검토대상에 포함시킴으로써 야기될 수 있는 혼란을 피하기 위해서 일단 매장주체부 안에서 나온 토기만을 검토대상으로 한다.

석촌동 3호분 동쪽 고분군 각 토광묘 출토 부장토기의 조합상을 관찰해 보면 대략 5가지 유형으로 구분 가능한데(朴淳發 1994 : 7), 그 구체적인 내용은 다음과 같다.

- 1유형: 타날문토기 호만 부장된 무덤(석촌동 2호 토광묘).
- 2유형: 타날문토기 호, 타날문토기 심발형토기, 회흑색무문양토기 평
  저호 등이 함께 부장된 무덤(석촌동 1,7호 및 대형토광묘).
- 3유형: 直口短頸壺, 심발형토기 등이 부장된 무덤(석촌동3,8호 토광묘).
- 4유형: 직구단경호, 심발형토기, 그 밖에 碗, 瓶 등의 기타 기종이 부
  장된 무덤(석촌동 4,9,11호 토광묘).
- 5유형: 廣口長頸壺, 심발형토기, 그 밖에 蓋杯, 外反口緣小壺 등의 기타
  기종이 부장된 무덤(석촌동5,6,10호 토광묘).

이 5가지 부장토기 조합유형 사이에는 시기적 차이가 있음을 알 수 있다. 제 3장에서 보았듯이 직구단경호, 광구장경호 등 몽촌유형 토기 기종이 포함된 것과 그 이전의 원삼국시대 타날문토기 기종으로 구성된 것은 그러한 시기적 차이를 잘 드러내 주고 있다. 즉 1, 2유형과 3, 4, 5유형 사이에는 분명한 시간차가 있음이 확인된다.

원삼국시대 토기로 구성된 1유형과 2유형을 자세히 관찰해보면 2유형은 1유형에 비해 타날문토기 심발형토기가 추가된 점이 다르다. 타날문토기 심발형토기는 한강유역 및 중서부지방 원삼국 제 III기에 출현하는 기종이므로 이를 포함하고 있는 2유형은 1유형에 후행하는 부장토기 조합상이라 할 수 있다. 심발형토기의 출현시점은 제 3장에서 상술한 바처럼 3세기 전반 경이므로 2유형 부장토기 조합은 대략 3세기 전반 이후로 비정될 수 있다.

몽촌유형 토기 기종들로 구성된 3, 4, 5유형 사이의 관계 역시 시간적인 차이가 보인다. 우선 직구단경호를 공히 포함하고 있는 3, 4유형을 보면, 심발형토기 이외에 완, 병 등 기타 기종을 포함하고 있는 4유형의 직구단경호는 모두 경질로 되어 있어 몽촌 II기에 해당되는데 비해 3유형의 직구단경호는 몽촌 I기에 속하고 있다. 그리고 직구단경호 대신 광구장경호가 부장된 5유형은 3, 4유형보다 더욱 늦은 시기의 무

덤임을 알 수 있는데 이는 공반된 심발형토기의 기형에서 잘 나타난다. 광구장경호와 공반된 심발형토기가 직구단경호와 공반된 것에 비해 후행하는 기형이기 때문이다.

이상 살펴본 각 유형들간의 시기적인 관계를 요약해 보면 제 1유형은 3세기 이전의 어느 무렵, 2유형은 3세기 전반 경부터 몽촌유형이 출현하는 3세기 중후반 경까지, 3유형은 몽촌 I기인 3세기 중후반 경에서 4세기 중엽 경까지, 4유형은 4세기 중엽 이후의 몽촌 II기 이른 시기, 5유형은 몽촌 II기의 늦은 시기에 각각 비정될 수 있다. 이를 圖式的으로 나타내면 〈도면 9〉와 같다.

打捺文短頸壺	灰色無文樣平底壺	直口短頸球形壺	深鉢形土器	盌	瓶	廣口長頸壺	其他	遺蹟 (石村洞土壙墓)	分期 및 絶對年代
1, 2	3, 5		4					2號土壙墓 : 1 大形土壙墓 : 2~4 1號土壙墓 : 3	I Phase (原三國時代) 250A.D.
	6	7, 8, 10	9, 11, 12					7號土壙墓 : 6 3號土壙墓 : 7 8號土壙墓 : 8·9 4號土壙墓 : 10~12	II Phase (漢城百濟 I 期) 350A.D.
		13, 14, 16, 20			15	17, 21	18, 19	9號土壙墓 : 13 11號土壙墓 : 14·15 5號(16·17) 6號土壙墓 : 18·19 10號土壙墓 : 20·21	III Phase (漢城百濟 II 期) 450A.D.

〈도면 9〉 부장토기 조합상의 변천과 석촌동 토광묘의 편년

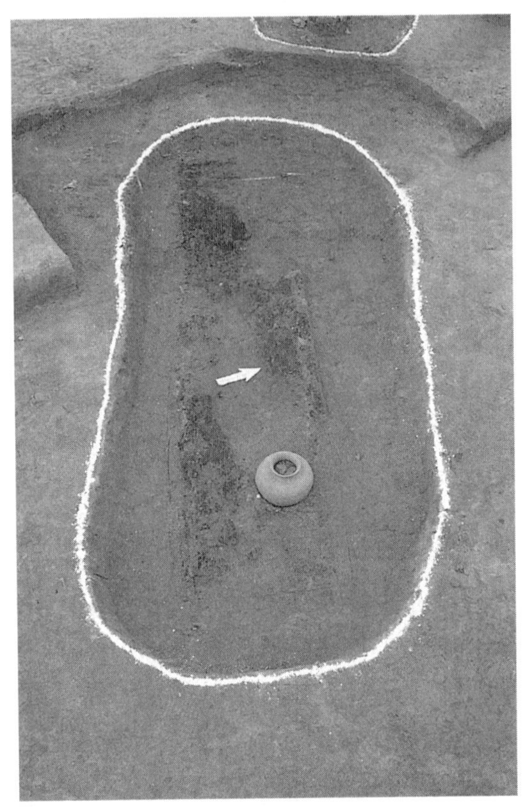

〈사진 4〉 석촌동 3호분 동쪽 고분군에서 드러난 토광 목관묘

부장토기의 조합상에 의해 설정된 석촌동 3호 동쪽 고분군 토광목관묘들의 시간적인 상대순서는 보고서에 제시된 바 있는 각 무덤 상면의 상대적인 위치에 따라 구분한 선후관계와도 거의 일치(金元龍·林永珍 1986 : 40~45)되고 있어 부장토기 조합상의 변천에 의한 필자 편년이 타당함을 보여주고 있다.

이로써 석촌동 3호분 동쪽 지역 고분군으로 대표되는 서울지역 토광목관묘는 3세기 이전의 원삼국시대부터 몽촌 II기에 이르기까지 이어지고 있음을 알 수 있다. 한편 이들 토광목관묘들의 상부에 만들어진 석촌동 3호분 및 파괴적석총은 모두 몽촌 II기, 즉 4세기 중엽 이후의 어느 시점에 축조된 것임도 알 수 있는데, 이에 대해서는 후술할 것이다.

서울지역에서 조사된 목관봉토분으로는 석촌동 3호분 동쪽지역에서 최근 확인된 이른바 "즙석봉토분"(金元龍·林永珍 1886), 가락동 1·2호분(尹世英 1974), 석촌동파괴분(任孝宰 1976), 석촌동 5호분(任孝宰 1976),

석촌동 6·7호분(朝鮮總督府 1935) 등이 있다. 이러한 목관봉토분은 일제강점기 동안 실시된 석촌동, 가락동 일대에 대한 고분 분포조사 결과(朝鮮總督府 1916)에 따르면 수십기 가량 있었던 것으로 추정된다.

여기서는 출토유물이 확인된 가락동 2호분과 석촌동파괴분을 대상으로 이들의 시기적 위치를 파악해봄으로써 서울지역 목관봉토분의 출현시기를 가늠해 보고자 한다.

可樂洞 2號墳은 옹관 1기와 토광(목관) 3기가 단일 봉토하에 들어 있는 목관봉토분이다. 여기에서 나온 토기는 灰黑色無文樣土器 平底壺, 黑色磨硏 直口廣肩壺, 打捺文土器 二重口緣壺 등이다.

각 무덤별로 얼마간의 시기 차이는 있겠지만 토기상으로 보아 그다지 큰 시차는 아닐 것으로 생각되므로 일단 여기 출토 토기를 모두 단일한 부장토기 유형으로 간주하고 위에서 본 석촌동 고분군 부장토기 조합상과 대비해 보면 제 2유형(타날문호+회흑색무문양평저호+심발형토기)과 제 3유형(직구단경호+심발형토기) 사이의 어느 단계에 위치시킬 수 있음을 알 수 있다.

물론 이 고분에서 직구단경호는 나오지 않았으나 흑색마연토기 직구광견호는 직구단경호와 함께 몽촌유형 初現期 중요 기종의 하나이므로 이를 제 3유형으로 보는 데에는 문제가 없다. 제 3유형은 몽촌유형 토기 출현과 동시이므로 이 고분의 축조시점은 3세기 중·후반 경으로 볼 수 있다. 한편 여기서 나온 이중구연토기는 중도 즙석식적석묘에서 그 구연부 파편이 출토된 바(朴漢高·崔福奎 1982 : 52) 있는데, 가락동 2호분 출토품의 구연은 중도 즙석식적석묘 출토품 보다 발달된 모습이다. 중도 즙석식적석묘의 축조시점은 전술한 것처럼 3세기 전반 경으로 비정되므로 그러한 시차가 반영된 것으로 이해된다.

석촌동파괴분은 최대지름 약 38m에 달하는 상당한 규모의 봉토하에 모두 5기의 토광목관묘가 확인된 목관봉토분이다. 조사전에 이미

〈사진 5〉 석촌동 고분군에 남아 있는 추정 목관봉토분(석촌동 5호분) 원경

봉토가 파괴되어 이들 간의 자세한 선후관계는 확인되지 않았으나 출토 토기가 비교적 분명한 토광 Ⅲ의 경우를 보면 직구단경호, 심발형토기, 장란형토기 등으로 구성된 석촌동 제 3유형 부장토기 조합상을 보이고 있다. 따라서 이로 보는 한 대략 4세기 중엽 이전의 몽촌 Ⅰ기로 비정될 수 있다.

이상의 검토를 통해 목관봉토분의 출현 시점은 대략 몽촌유형 토기양식의 출현과 동시인 3세기 중엽 경임을 알 수 있으며, 현재까지 조사된 자료로 보는 한 4세기 중엽 이전의 몽촌 Ⅰ기에도 이러한 무덤이 계속 조영되고 있었을 가능성이 높다.

서울지역에 목관봉토분이 출현하는 3세기 중엽 경은 앞절에서 본 바처럼 임진강 및 한강 중상류 지역에서 즙석식적석묘가 소멸되는 시점이기도 하여 주목된다. 이는 단순한 우연의 일치가 아닐 것이다. 아마도 서울지역을 중심으로 하는 한강 하류지역에서 목관봉토분이 새로 등장하는 것과 밀접한 관련이 있는 것으로 생각된다.

석촌동 3호분 동쪽지역 토광목관묘로 대표되는 봉토를 가지지 않는 무덤에 비해 목관봉토분 축조에는 더 많은 노동비용이 투여되어야 함은 분명하므로 목관봉토분의 출현은 결국 이 무렵 서울지역의 사회분화가 가속화되고 있음을 말해주는 동시에 이러한 목관봉토분이 집중되고 있다는 사실은 또한 정치엘리트 계층의 집중현상을 말해주는 것이라 할 수 있다. 서울지역을 제외한 여타 지역에서는 아직 이에 비견되는 고분의 존재가 확인되지 않는 점과 함께 임진강 및 한강중상류지역에서는 즙석식적석묘가 소멸되고 있는 점 등에서 충분히 짐작할 수 있다. 이는 제 1장에서 말한 것처럼 서울지역을 중심으로 하여 보다 광역한 범위에 걸쳐 지역 통합이 이루어지고 있었던 사정을 나타내는 것으로서 국가체의 출현과 관련되는 것으로 볼 수 있다. 이 무렵은 또한 이러한 정치엘리트 계층의 居城으로서 城郭도 함께 출현하고 있는데, 이에 대해서는 제 5장에서 후술한다.

목관봉토분은 단독장이 아니라 혈연적 관계에 있는 다수 피장자들이 함께 묻혔으므로 그 피장자는 강력한 권력을 소유한 정치지도자의 모습과는 거리가 있다는 반론이 있을 수 있다. 그러나 이 무덤들이 비록 집단적 성격을 가지고 있는 분묘라 하더라도 한강유역 및 중서부 전역에서 유독 서울지역에만 이들이 집중되어 나타나고 있다는 점에서 적어도 당시 서울지역이 가지고 있던 정치 사회적 중심역할을 이해하는 자료로서는 충분할 것이다31). 集團葬이라는 점에서 이와 비견

---

31) 한강유역 가락동·석촌동 고분군에서 보이는 목관봉토분과 같은 분구를 가진 집단묘는 최근 天安 斗井洞(李南奭·徐程錫 2000), 錦江 以南의 益山 栗村里(圓光大學校 馬韓·百濟文化硏究所 1999) 등지에서도 확인되고 있으나 그 밀도는 서울지역에 비해 현저히 낮아 1기 또는 5기 정도에 지나지 않는다. 한반도지역에서의 유례는 樂浪의 同墳 異穴合葬墓 또는 同穴合葬墓와 같은 부부를 중심으로 하는 가족묘를 들 수 있으며, 慶州지역의 多槨墓 역시 이와 궤를 같이하

되는 예로는 榮山江流域의 羅州 潘南面 新村里 고분군을 들 수 있다. 금동관을 부장한 이 지역의 首長이 그의 가계구성원들로 여겨지는 다수의 피장자와 함께 같은 봉분속에 묻혀 있지만 그를 영산강유역의 수장으로 보는 데에는 문제가 없으며, 고분군내 나머지 고분 피장자 집단들도 그러한 당시의 정치적 역할에 참여한 家系集團들로 볼 수 있을 것이다.

현재 남아 있지 않은 자료를 전제로 논의를 진행할 수는 없지만 추측컨데 석촌동, 가락동 일원에 분포하고 있었던 수십기의 목관봉토분 가운데는 보다 현저한 지위를 가진 유력 개인의 무덤도 존재하고 있었을 가능성은 배제할 수 없다. 아무튼 지금의 자료로서도 3세기 중엽경 한강유역에는 서울을 중심으로 보다 광역한 지역통합이 일어나고 있었음은 분명하며 목관봉토분의 출현 및 앞서 제 3장에서 살펴본 새로운 토기양식으로서 몽촌유형의 등장, 그리고 제 5장에서 보게 될 성

는 묘제로 판단된다.

낙랑지역의 경우 동분 이혈합장묘나 동혈합장묘는 기원전 1세기 후반경에 나타나고 있는데, 주지하는 바와 같이 낙랑을 비롯한 군현지역은 漢이라는 帝國段階의 국가사회에 편제된 邊郡의 지배하에 있는 지역이다. 중국 본토의 경우 秦·漢代는 "封建城邦"의 基層單位였던 氏族 또는 宗族의 사회편제 단위적 기능이 해체되고 "編戶齊民"에 의해 가족이 새로이 사회 기본단위로 보편화되는 시점이다. 그 무렵 중국의 가족 구성은 대략 漢代 예를 참고할 때, 夫婦 및 그 子女로 구성된 4~5인이 同居共財하였던 것으로 이해되며, 낙랑지역의 이혈합장묘나 동혈합장묘의 등장은 당시의 그러한 정치·사회적 상황을 배경으로 하고 있었던 것임을 유념할 필요가 있다. 한강유역의 분구를 가진 집단묘는 그 무렵 백제의 국가 단계로의 성장에 수반된 정치 사회적 배경과 밀접한 관련이 있을 것임은 짐작하기 어렵지 않다. 즉, 국가 형성과정에서 가족이 사회의 기본단위로 析出되고 있음을 보여주는 것이다. 두정동이나 율촌리의 경우 역시 기본적으로 한강유역과 궤를 같이하는 것으로 볼 수 있으나 분포 밀도가 낮은 점이나 시기적으로 3세기 후반경에 국한되어 있는 점으로 미루어 한강유역 백제의 국가 성장으로 인한 정치 사회적 영향의 여파이거나 그와 독립적으로 진행되다가 백제의 영향으로 그 성장이 중절된 경우로 이해될 수 있다(朴淳發 2000c 참조).

곽의 출현 등 일련의 고고학적 사실들이 그 근거가 될 수 있다.

한편 이와 관련해 『삼국사기』 백제본기 古爾王 13년조에 보이는 "樂浪邊民 襲取" 및 뒤이은 同王 25년조 靺鞨(즉 濊系집단)長 '羅渴'의 "獻良馬十匹"의 기사가 주목된다. 고이왕 13년은 서력기원으로 246년에 해당되며 고이왕 25년은 258년으로서 위에서 본 것처럼 임진강 및 한강중상류지역에서 즙석식적석묘가 소멸되는 시기와 일치되고 있기 때문이다. 한강유역 고고학 자료로 볼 때 낙랑과 대방이 고구려를 공격하는 틈을 타서 백제가 낙랑과 가까웠던 예계지역에 대한 통합을 마무리하였던 당시의 사실을 반영하는 기사로 볼 수 있지 않을까 한다.

다음은 서울지역 基壇式積石塚의 시간적 위치를 검토해 보기로 하자. 기단식적석총의 출현시점에 대해 임영진은 석촌동 1호분 북분 기단을 상면으로 하여 축조된 것으로 본 이른바 87-1호 "위석봉토묘"(석곽묘)를 4세기 초로 비정함으로써 석촌동 1호분의 연대를 3세기 중엽 경으로 추정한바(林永珍 1995 : 108) 있다. 그러나 전술하였듯이 이른바 "위석봉토묘"의 유구 성격 자체가 불확실하므로 이에 근거한 석촌동 1호 적석총의 연대 비정은 따르기 어렵다.

기단식적석총의 상한과 관련하여 석촌동 2호분이 주목된다. 2호분 아래에는 적석총 축조 이전에 조성된 토광목관묘가 확인되었으므로(石村洞發掘調査團 1987 : 48~51) 이 토광목관묘의 축조시점을 비정해 봄으로써 2호분의 축조상한을 짐작할 수 있기 때문이다. 이 토광목관묘에서는 肩部文樣帶가 소멸되고 경질에 가까운 토기질의 직구단경호 1점이 부장되어 있었는데, 부장토기 유형상으로 보면 석촌동 4유형에 해당된다. 따라서 그 축조시점은 4세기 중엽 이후가 된다. 그렇다면 석촌동 2호분의 축조시기는 4세기 중엽을 소급할 수는 없다.

한편, 앞서 석촌동 3호분 동쪽 고분군 토광목관묘 편년을 검토하면서 보았듯이 석촌동 3호분 및 파괴적석총은 이 토광목관묘들 위에 축조되었으므로 토광목관묘의 연대를 비정해보면 그 축조 상한이 분명해진다. 파괴적석총이 있는 B지역에는 석촌동 1, 2, 3, 4, 5호 및 대형 토광묘가 조사되었는데, 이들의 축조시기는 위에서 본 것처럼 몽촌 II기의 이른 시기를 하한으로 하고 있다. 따라서 여기 파괴적석총의 축조시점은 아무리 올려 잡아도 4세기 중엽 이전으로 소급되기는 어렵다.

석촌동 3호분은 현존하는 서울지역 기단식적석총 가운데 최대급인데, 이의 축조 연대와 관련해서 주목되는 것은 여기서 출토된 東晉 靑瓷 盤口甁片이다. 이 청자는 적석총 北邊 基壇 자갈층위에서 출토되었다(石村洞遺蹟發掘調査團 1984 : 23). 이를 근거로 대략 4세기 후반 경으로 비정된다. 그리고 그 규모가 동서 55.5m, 남북 43.7m에 달하는 이 적석총은 내부까지 모두 할석으로 채운 순수한 고구려식으로 되어 있어 축조에 들어간 노동비용은 인접한 4호분 등을 훨씬 능가하고 있다. 이러한 규모는 고구려 集安지역에서 최대급 적석총으로 알려진 太王陵(한변 63m)에 버금가는 것이다. 이와 같은 규모와 그 축조시기로 미루어 近肖古王陵으로 비정하는 견해(金元龍·李熙濬 1987)가 유력하다.

앞서도 언급한 바와 같이 서울지역 기단식적석총은 축조재료에 따라 내부를 모두 할석으로 충전한 것과 내부는 점토로 채운 뒤 외면만을 할석으로 축조한 점토충전식으로 나뉘어 진다. 이들 간의 관계에 대해서는 필자는 전자가 후자에 선행하는 시기적 선후관계로 보고 있음은 전술한 바 있다. 위에서 검토한 현존 기단식적석총의 상한연대와 아울러 생각하면 석촌동 3호분이 서울지역 기단식적석총 가운데 가장 이른 것일 가능성이 높다. 필자는 이러한 고고학 자료들로 미루어 서울지역의 고구려식 기단식적석총은 백제의 국력이 가장 왕성한 때였던 근초고왕대에 처음으로 나타나는 것으로 보고 있다. 이에 대해서는 제 6장에서 다시 자세히 논의할 것이다.

〈사진 6〉 석촌동 고분군의 기단식 적석총(석촌동 3호분)

석촌동일대에는 1910년대까지만 해도 약 60여기의 적석총이 분포하고(朝鮮總督府 1916) 있었으므로 현재 남아 있는 것만을 대상으로 그 출현시기를 비정하는 데에는 어려운 점이 많다. 그러나 현재 존재하고 있지 않는 자료를 근거로 막연하게 추정할 수만은 없으므로 필자는 지금까지 검토한 자료를 근거로 하여 기단식적석총의 출현시점을 4세기 중엽을 상한으로 비정하는 바이다.

그렇다면 지금까지 고구려식 기단식적석총의 출현 시기를 백제의 국가형성 시점으로 보는 통설과 필자의 견해는 상당한 차이가 있다. 이에 대해서는 제 6장에서 백제의 성장과정을 논의하면서 다시 언급하겠지만 결론부터 먼저 제시하자면 백제는 3세기 중엽경 새로운 양식의 몽촌유형의 토기, 거대 봉토를 가진 목관봉토분, 성곽 등 일련의 고고학 자료들의 동시 출현으로 반영되는 국가성립 시기를 맞이하였으며, 그 후 백제가 고구려를 능가하는 국력을 바탕으로 동아시아의

覇者로 군림할 무렵인 4세기 중후반 경의 근초고왕대에 이르러 기단식 적석총이라는 새로운 묘제를 왕묘로 채택한 뒤부터 기단식적석총은 한성시기 백제의 고유한 왕실묘제로 이어진다.

다음은 가락동·방이동 일원에 분포하는 橫穴式石室墓를 어떻게 이해하여야 하는가에 대해 살펴보기로 하자. 지금까지 이 고분의 성격에 대해서는 여러 가지 견해가 있었으나 크게 百濟古墳設(安承周 1975 ; 姜仁求 1977 ; 李南奭 1992)과 新羅古墳設(金元龍 1975 ; 金秉模 1977 ; 崔秉鉉 1988 ; 尹煥 1989 ; 林永珍 1995)로 나뉘어진다. 이와 관련해 필자는 한성시기 서울지역에는 횡혈식석실이 축조되지 않았으나 淸州 新鳳洞, 益山 笠店里 등지의 예로 보아 한성백제 외곽지역에는 5세기 중엽이후 재지 유력자의 묘제로 횡혈식석실묘가 채택되고 있었을 것이라는 견해를 제시한 바(朴淳發 1994) 있다.

무덤의 축조시기나 문화적인 계통을 비정함에 있어 가장 중요한 기본 자료가 되어야 하는 것은 역시 부장 유물이 되어야 한다고 믿고 있다. 따라서 6세기 중엽 이후의 신라토기가 출토되는 가락동, 방이동 횡혈식석실묘는 신라가 이 지역에 진출하면서 나타나는 것으로 보지 않을 수 없다. 한편 한성기의 중앙인 서울지역에는 없던 횡혈식석실묘가 당시 지방에서는 나타나고 있어 이 묘제의 출현계기 및 그 계통에 대한 내용들은 앞으로 규명되어야 할 과제이다. 이에 대해서는 필자도 아직 확실한 복안이 없으므로 금후의 숙제로 남겨두기로 한다.

마지막으로, 서울지역은 아니지만 경기도 華城郡 白谷里(金元龍 1971 ; 韓國精神文化硏究院發掘調査團 1994), 강원도 原州郡 法泉里(金元龍 1973) 등지에서는 石槨墓가 분포하고 있다[32]. 법천리의 경우는 2호분에

---

32) 漢城期 竪穴式石槨墓는 최근 경기도 화성군 馬霞里 고분군(湖巖美術館 1998), 天安 龍院里 고분군(李南奭 2000)에서도 확인되고 있는데, 이들은 土壙木槨墓에 이어 나타나고 있으며, 그 출현 시점은 대략 4세기 전반경으로 비정된다.

서 東晋 靑瓷羊形器와 함께 直口短頸壺, 深鉢形土器 등이 출토되어 그 축조시점이 4세기 중엽경으로 비정되고 있는데, 이에 대해서는 제 3장에서 이미 말한 바 있다. 백곡리의 경우는 서울지역에서 전형적으로 보이는 직구단경호와 같은 토기는 보이지 않으면서 주로 심발형토기, 長卵形土器 등이 부장되고 있어 서울지역과의 직접적인 대비는 쉽지 않다. 그러나 鐙子, 재갈, 札甲 등으로 미루어 4세기 중후반이후로 추정된다. 백곡리와 인접한 마하리는 아직 자세한 발굴조사 결과가 공표되지 않았으므로33) 구체적인 축조시기 등의 문제는 금후의 과제로 두고자 하나 대략 백곡리 보다 약간 이른 몽촌 I기에 해당될 가능성이 많은 것으로 생각된다.

이상 서울지역을 중심으로 한 한강하류 및 그 이남 지역의 묘제들에 대한 시간적 위치를 검토하였다. 요약하면, 처음 3세기 이전의 어느 무렵 토광목관묘가 출현하였으며 3세기 중엽경에는 거대 봉토를 가진 목관봉토분이 등장하는데 이는 새로운 몽촌유형의 토기의 출현과 더불어 서울지역에서의 백제 국가형성과 관련된다. 그후 백제가 고구려를 능가할 정도로 국력이 伸張된 시점인 4세기 중엽 또는 후반의 근초고왕대에 이르러 고구려식 기단식적석총이 등장한다. 한편 서울의 외곽지역인 경기도 남부지역과 강원도 원주 등지에는 대략 4세기 무렵부터 석곽묘가 존재하고 있었던 것으로 보인다. 그리고 錦江 이남 지

---

33) 馬霞里 고분군은 경부고속철도 공사 구간에 대한 고고학조사를 통해 처음 학계에 알려지면서 처음 1996년 서울대학교 박물관에 의해 발굴조사가 이루어져 석곽묘 5기가 확인되었으며, 이어서 1996～1997년에 걸쳐 호암미술관에 의해 석곽묘 21기, 목곽묘 1기, 목관묘 5기가 확인되었다. 그리고 1999년도 서울대학교 박물관에 의해 다시 석곽묘 28기, 목곽묘 9기, 옹관묘 1기, 횡혈식석실묘 1기가 확인 조사되었다. 이 가운데 그 결과가 보고서로 공표된 것은 아직 호암미술관 조사분(湖巖美術館 1998) 뿐인데, 이들의 조영시기는 3세기 말～4세기 전반경으로 비정된다. 한편, 서울대학교 박물관이 조사한 횡혈식석실묘는 直口短頸球形壺가 부장된 점으로 보아 대략 4세기 후반경으로 추정된다.

역에는 5세기 중엽경 이후 횡혈식석실묘[34]가 조영되고 있었으나 동시기 백제의 중앙인 서울지역에는 확인되지 않는다(도면 10).

3. 중서부지역 고분의 변천과 성격

근래 천안, 청주, 공주 등지의 중서부지방 원삼국시대 분묘 유적이 잇달아 조사되면서 이 지역 묘제 양상이 점차 드러나고 있다. 天安 淸堂洞(徐五善·權五榮 1990 ; 徐五善 外 1991 ; 徐五善·咸舜燮 1992 ; 韓永熙·咸舜燮 1993 ; 咸舜燮·金在弘 1995)에서는 주위에 溝가 돌려져 있는 土壙木棺墓 또는 土壙木槨墓群이 확인되었는데, 이와 동일한 묘제가 淸州 松節洞(車勇杰·趙詳紀 1994 ; 車勇杰 外 1994), 公州 下鳳里(徐五善·李浩炯 1995) 등에서도 나타나고 있다[35]. 이 묘제에 대해서는 周溝土壙墓, 周溝墓, 周溝木棺(槨)墓 등의 다양한 명칭이 쓰이고 있다.

청당동 주구토광묘에 대해서는 최근 咸舜燮에 의해 편년안이 제시된 바 있다. 그에 따르면 청당동은 크게 I, II, III기로 구분되며 그 절대연대는 각각 150~200년, 200~250년, 250년 이후로 비정된다(咸舜燮·金在弘 1995 : 154~160). I기의 상한연대와 III기의 하한연대 설정에 다소 확실하지 않는 점이 있으나 그러한 연대관에 대해서는 필자

---

34) 최근 한성기 백제의 횡혈식석실묘가 각지에서 확인되고 있다. 금강 이북지역의 경우 화성 마하리 고분군(김성남 1999), 원주 법천리 고분군(국립중앙박물관 현장설명회자료), 淸原 主城里(韓國文化財保護財團 2000a), 천안 두정동(李南奭·徐程錫 2000), 청원 芙江里 고분군(姜元杓 2001) 등이 그것이다. 이들의 조영시기는 마하리가 가장 이른 것으로서 대략 4세기 후반경을 시작으로 하여 5세기 전엽 또는 중엽에 걸치고 있으며, 서울에서 가까운 지역부터 나타나는 양상을 보이고 있다. 금강 이남의 경우는 公州 汾江·楮石里 고분군(李南奭 1997)이 4세기 후반~5세기 초로 가장 이르고 益山 笠店里 고분군(문화재연구소1989)이 5세기 후반경에 나타난다.

35) 이 시기 묘제는 최근 충북 청원군 오창면 松垈里(韓國文化財保護財團 1999), 上坪里(韓國文化財保護財團 2000b) 등지에서도 확인되고 있다.

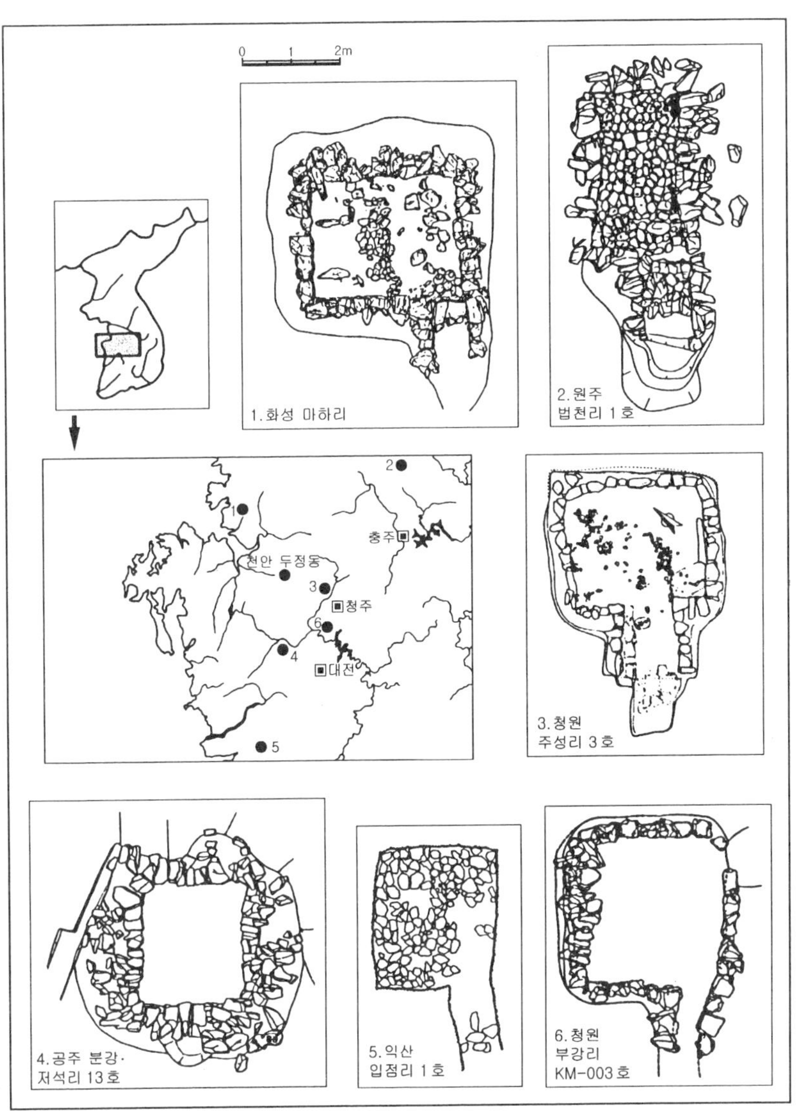

〈도면 10〉 한성기 횡혈식석실묘 분포도(S : 1/150)

도 대체로 공감한다. 상한연대와 관련해서는 아직 뚜렷한 근거가 없으므로 여기서 더 이상의 언급은 하기 어려우나 하한은 뒤에서 보는 것처럼 천안 花城里 분묘유적의 존재로 보아 대략 3세기 후반에서 말경 사이로 생각된다.

송절동 주구토광묘의 양상도 청당동과 거의 동일하므로 그 시기폭 역시 다르지 않을 것으로 보인다. 청당동이나 송절동 무덤의 토기 부장양상을 보면 타날문토기 호와 더불어 항상 硬質無文土器 深鉢이 한 점씩 조합되어 있다. 그런데 송절동 93년도 조사 6호분에서는 경질무문토기 심발 대신 타날문토기 심발형토기가 나타나고 있어(車勇杰 外 1994 : 52~53) 주목되는데 이 기종의 출현은 앞의 제 3장에서 보았듯이 3세기 전반경이다. 하봉리 경우는 위의 두 유적과 달리 경질무문토기 심발이 보이지 않는데, 대략 3세기 중후반경으로 비정될 수 있다.

주구토광묘에 이어지는 이 지역 묘제로는 천안 화성리 토광목관(곽)묘(金吉植 外 1991)가 있다. 부장토기 조합상으로 보아 이들의 조성시기는 한강유역 몽촌유형토기 출현 이후에 해당된다.

구체적인 조합 유형을 보면 黑色磨硏土器 直口廣肩壺 + 深鉢形土器(A－2호분)와 , 直口短頸壺 + 廣口長頸壺 + 深鉢形土器(B－1호분) 등으로서 전자는 전술한 석촌동 3호분 동쪽지역 토광묘 부장토기 3유형에 해당되며 후자는 4유형과 5유형의 과도적 단계로 볼 수 있다. 3유형의 표지적인 토기는 몽촌유형 직구단경호이지만 흑색마연토기 직구광견호 역시 그와 동시기의 기종이므로 3유형으로 볼 수 있으며, 흑색마연 직구광견호가 출토된 가락동 2호분과 거의 같은 시기로 비정된다. 4－5유형 사이의 과도적 양상을 보이는 B－1호분은 여기서 나온 직구단경호가 경질화된 것이므로 일단 몽촌 II기에 해당된다. 그러나 심발형토기의 기형으로 보아 II기의 이른 시기인 4세기 후반경에 비정될 수 있다.

천안 화성리로 대표되는 토광목관(곽)묘는 주구가 없다는 점에서 종래 이 지역 주구토광묘와는 얼마간 차이가 있을 뿐 아니라 부장토기 역시 서울지역에서 새로 등장한 몽촌유형이므로 서울지역에서 3세기 중엽경 국가 단계로 성장한 백제의 영향력이 이 지역에 미치기 시작하는 단계의 묘제로 생각된다36). 그 시점은 지역에 따라 얼마간 차이가 있을 것이나 화성 마하리 고분군의 경우 대략 3세기 후반~말경으로 볼 수 있다. 이 무렵은 또한 임진강 및 한강중상류지역에서 즙석식 적석묘가 소멸되는 시점이기도 하여 백제의 국가형성과 더불어 예계 및 마한지역의 통합과정을 잘 보여주고 있다고 할 것이다.

화성리 고분의 하한은 몽촌 Ⅱ기 이른 시기인 4세기 후반경으로 볼 수 있다. 화성리 고분에 이어지는 단계의 분묘유적으로는 청주 新鳳洞 유적(李隆助·車勇杰 1983 ; 車勇杰 外 1990 ; 이원복 외 1990 ; 金成明 外 1993 ; 車勇杰 外 1995 ; 車勇杰·趙詳紀 1996)을 들 수 있다.

신봉동의 부장토기 조합상을 보면 廣口長頸壺, 深鉢形土器, 蓋杯, 甁, 外反口緣小壺 등으로 구성되어 석촌동 5유형에 해당되는 것이 주종을 이루고 있다. 이러한 토기내용으로 보아 신봉동 고분의 조성시기는 몽촌 Ⅱ기에 해당됨을 알 수 있다.

그런데 신봉동 보고자들은 어깨에 각이 진 平底 無文樣 壺를 낙랑토기와 관련시켜 3~4세기초까지 올려 보는 견해(車勇杰 外 1990 : 258~259)를 제시하고 있다. 물론 평저 무문양 호는 위에서 보았듯이 그 계통상으로는 낙랑과 연결되는 것이다. 그러나 3세기 단계의 청당동이나

---

36) 중서부지방 묘제의 변천 과정은 대략 주구토광목관(곽)묘→토광목관(곽)묘→수혈식석곽묘→횡혈식석실묘로 이해될 수 있는데, 주구가 없는 토광목관(곽)묘는 석촌동 3호분 동쪽 고분군 예를 대표로 하는 한강유역 백제묘제의 영향으로 이해할 수 있다. 화성 마하리 목곽묘에서 한강유역 승문계 심발형토기가 부장되고 있는 점이나 천안 용원리 토광목곽묘에서 한성양식 백제토기가 부장되고 있는 점 등은 그러한 추정을 뒷받침하고 있다. 1999년도에 발굴조사된 청주 鳳鳴洞 고분군의 경우 모두 토광목곽묘로 구성되어 있는데, 아직 보고서가 공표되지 않아 자세한 검토는 어렵다.

송절동 등 이 지역 선행 무덤에서 이 토기가 출토된 바는 아직 없기 때문에 3세기로 올려 보기는 어렵다.

그러면 평저 무문양 호가 부장된 예들을 구체적으로 살펴보기로 하자. 신봉동에서 이 토기가 나온 유구는 82-9호분(李隆助·車勇杰 1983), 90-32,38,47,69호분(車勇杰 外 1990), 92-21호,102호분(車勇杰 外 1995)등 인데 이들은 개배, 심발형토기, 변형된 직구단경호 등과 공반되어 있다. 그리고 92-102호분에서는 鐙子도 함께 나왔다. 여기의 개배나 심발형토기는 모두 필자의 편년상 몽촌 II기에 해당된다. 그리고 등자의 경우도 5세기 전반경으로 비정되는 것(崔秉鉉 1992 : 748~749)이다. 따라서 이러한 공반유물의 양상으로 보면 결코 여기 평저 무문양 호는 3~4세기로 올려 볼 수는 없다[37].

이러한 검토를 통해 필자는 신봉동 토광묘의 조성시기를 몽촌 II기로 보고자 하며 그 절대연대는 4세기 후반 경에서 5세기 중엽 경에 이르는 시기로 설정해 두고자 한다. 그리고 무문양 평저호의 경우는 이 가운데 비교적 이른 단계의 고분과 관련된 것으로 본다.

한편, 신봉동 90년도 조사 B-1호분에서는 삼족기와 고배가 부장되어 있어 주목된다. 앞서 석촌동 토광목관묘 부장토기 조합 유형에서 보았듯이 지금까지 이러한 기종이 부장된 예는 없었다. 그러나 論山 表井里 고분군(安承周·李南奭 1988), 益山 笠店里 고분군(文化財硏究所 1989)·雄浦里 고분군(圓光大學校博物館 1992) 등 금강 이남 지역 고분에서는 삼족기가 부장되어 있고, 그 기형으로 보면 대략 5세기 중엽 이후로 비정된다. 이러한 관찰을 근거로 필자는 한성기 백제 중앙지역 고분에는 삼족기나 고배가 부장되지 않았으나 늦은 시기인 5세기 중엽경 이후부터 주로 외곽지역에서 이들 기종이 무덤에 부장되고 있음

---

37) 有肩壺는 주성리 고분군, 신봉동 고분군 등 중서부 남부지역에서 주로 나타나는 기종으로서 최근의 편년연구(成正鏞 1998 ; 김성남 2001)에 의하면 대략 4세기 후반~5세기 중엽에 걸친 시기에 분포하고 있는 것으로 드러난다.

을 지적한 바(朴淳發 1992 : 33~34) 있다.

　신봉동 고분군에는 토광묘 이외에 횡혈식석실묘도 3기(李隆助·車勇杰 1983 ; 車勇杰 外 1995) 확인되었다. 그 구조적 특징은 서울지역 횡혈식고분과 다르지 않으나 신라유물이 출토된 서울지역과 달리 여기서는 백제토기가 나왔으므로 백제 무덤으로 보아야 한다. 83년도 조사 1호 석실분에서는 토기 호 파편 이외에 다른 유물이 수습되지 않아 자세한 검토가 어려우나 92년도 조사 1호분과 2호분에서는 광구장경호, 개배, 심발형토기 등 몽촌 II기 토기가 출토되어 그 시기를 알 수 있게 되었다. 92-1호분에서는 백제토기와 함께 신라토기 附加口緣臺附長頸壺 파편이 나와 이 고분 피장자의 계통판단에 어려운 점도 있으나 주종이 되는 부장토기는 역시 백제토기이므로 일단 백제계로 판단하고자 한다. 이처럼 부장품에 외래계 유물이 포함된 예는 이것 이외에도 앞서 본 90년도 조사 B-1호분에서 확인된 바 있는데, 여기서는 倭系의 須惠器, 大伽倻系의 鐵製品 등이(申鐘煥 1996) 나왔다. 이러한 외래계 유물의 존재로 보아 B-1호분 피장자는 5세기 중엽무렵 對倭, 對伽倻 교섭에 깊이 관련된 인물일 가능성이 높은 것으로 추정된다. 92-1호분에 보이는 신라토기의 존재도 이러한 맥락으로 이해될 수 있을 것이다.

　신봉동 이외에도 금강 이남 논산 표정리(安承周 1976), 익산 입점리 (文化財研究所 1989) 등의 고분군에서 횡혈식석실묘가 확인된다. 입점리 1호분에는 金銅冠, 金銅飾履, 金銅製 馬具, 중국 靑瓷四耳壺 등 다량의 威信財가 부장되어 있어 그 피장자는 백제의 중앙으로부터 상당한 정도의 지위를 인정받은 在地의 유력자임을 알 수 있다. 이에 대해서는 백제의 성장과정과 관련하여 제 6장에서 다시 상술할 것이다. 이 무덤들은 부장토기로 보아 漢城期의 마지막 단계인 5세기 중엽경에 비정하는 것이 적당한데, 아무리 내려 잡아도 熊津期 初를 더 내려올 수는 없다. 아무튼 5세기 중·후반경[38] 중앙에는 보이지 않는 새로운 묘제로서 횡혈식석실묘가 지방 유력자의 무덤으로 등장하고 있음이 확인된다[39].

---

38) 한성기 횡혈식석실묘의 출현시점은 1999년도에 조사된 화성 마하리 1호분(김성남 1999)을 기준으로 하면 4세기 후반경까지 소급된다.

39) 횡혈식석실묘의 분포정형을 당시 백제의 영역확장 과정(제 6장 참조)과 결부해 보면 중요한 시사점을 발견할 수 있다. 이 묘제가 출현하는 지역은 한때 모두 백제 영역의 중요한 외곽 거점이었다는 점이다. 화성 마하리의 경우, 여타지역에 비해 석실의 등장이 약간 이른 것은 그만큼 서울과의 거리가 상대적으로 가깝고 그에 따라 백제 영역화가 빨랐음을 반영하고 있는 것으로 볼 수 있다. 마하리를 비롯한 위에 열거한 지역의 횡혈식석실묘는 이전부터 토착세력들이 사용하던 묘역에 공존하고 있으므로 그 피장자 역시 토착인일 것이며, 무덤의 규모나 부장품의 질량으로 보면 토착사회의 지배층일 것이다. 횡혈식석실묘는 백제의 영역화 진행 과정에 해당되는 토착사회 지배층의 묘제로 채택되고 있음을 알 수 있다. 횡혈식석실묘는 추가장이 가능하므로 이들은 결국 토착사회 지배층의 가족합장묘로 볼 수 있다.
특정지역이 백제의 영역으로 편입되는 과정은 대상지역 기존 사회질서의 재편을 의미한다. 영역화 이전 토착사회는 그 지배층을 중심으로 하나의 共同體를 형성하고 있었을 것이다. 그러므로 백제 중앙과의 새로운 관계 설정을 의미하는 백제 영역화의 전제조건은 기존 토착사회가 유지하고 있던 공동체적 결속력을 제거하는 것이다. 즉, 토착 首長을 공동체로부터 분리하는 것을 의미한다. 4세기 후반~5세기 전반경 외곽 각지 수장층들이 가족합장묘로서 횡혈식석실묘를 수용하고 있는 현상의 의미는 여기에서 찾아야 할 것이다. 물론 횡혈식석실이 등장하는 시점이 곧 백제 영역화가 완료된 것을 의미하는 것은 아니며, 오히려 그 시작 단계라 하여야 할 것이다. 횡혈식석실묘에 부장된 토기들 가운데 漢城樣式이 존재하고 있는 점에서 백제 중앙과의 관련성을 분명히 알 수 있는 한편 종전 묘제에 비해 축조 코스트가 큰 석실을 조영하고 있는 점에서 보면 상대적으로 이들 피장자의 토착사회에 대한 지배력이 강화된 측면도 나타난다. 그러한 배경은 아마도 백제 영역화의 첫 단계로서의 간접지배 관계의 성립일 것이다. 그러나 이는 토착사회의 결속력을 와해하는 전략의 하나인 것이다. 수장 가족을 중심으로 한 일단의 세력만을 먼저 백제 중앙과의 관계속에 편입하고 그들을 통해 토착사회를 지배하게 하면 큰 저항 없이 새로운 지역으로 진출할 수 있으며, 이는 아직 지방지배를 위한 관료체제가 완비되지 않았을 중앙의 입장에서도 적절한 선택일 것이기 때문이다. 이 과정에서 토착수장은 한시적으로 그 이전에 비해 재지사회에서의 위상이 강화되는 반사 효과를 누릴 수 있게 되며, 이를 통해 유력한 지역세력의 수장은 중앙의 귀족으로 편입되기도 하였을 것이다. 따라서 4세기 후반 이후 백제 외곽지역에서의 횡혈식석실묘의 출현을 백제 중앙의 영역화 진행과정에 수반된 제일 단계, 즉 한시적 간접지배와 관련된 것으로 이해될 수 있다(朴淳發 2000c 참조).

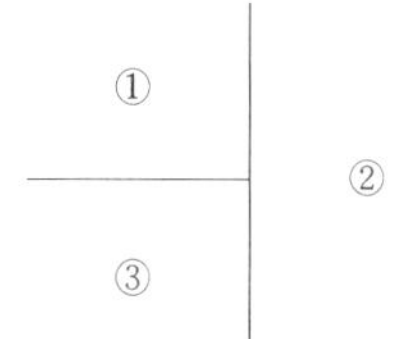

사진 7〉 한성기 백제 초기 횡혈식석실묘

① 경기도 화성군 마하리 고분군, ② 강원도 원주시 법천리 고분군, ③ 충북 청원군 주성리 고분군

이러한 횡혈식석실묘는 熊津期 이후에는 중앙의 왕묘로 채택된다. 웅진기의 왕묘역인 공주 宋山里 고분군의 횡혈식석실묘들은 이를 말해주는 증거이다. 웅진기에 들어오면서 종래 한성기 왕실 묘제였던 기단식적석총 대신 새로이 횡혈식석실묘를 채택하는 배경은 고구려에 의해 漢城이 함락되고 蓋鹵王이 전사하는 등의 국가적 위기와 함께 왕실의 권위가 크게 실추된 당시 백제왕실의 위상과 관련이 있는 것으로 보인다. 새로 천도한 지역의 재지 유력자의 도움이 없이는 왕실의 재건이 어려웠을 것임은 충분히 짐작되는 바인데, 천도후 文周王, 三斤王, 東城王 등이 연이어 유력 귀족들에 의해 시해되고 있었음을 전하고 있는『삼국사기』백제본기 기사내용은 이러한 당시의 사정을 잘 말해주는 것이다.

그러나 왕권 강화와 함께 백제의 국가적 위상이 회복된 武寧王代에 들면서 왕묘가 博室墳으로 바뀌고 있는데, 이는 당시 활발한 외교관계를 맺고 있던 중국 梁의 묘제를 채택한 결과임은 주지하는 바와 같다. 이러한 왕실묘제의 변천은 묘제와 정치적 상황과의 밀접한 관련성을 보여주는 흥미로운 고고학 자료로서 주목된다. 즉 국가와 왕실의 재건을 위해 필요했던 재지 유력자의 정치적 협조를 구하기 위해 횡혈식석실묘를 왕실 묘제로 채택한 백제왕실은 어느 정도 왕권이 안정되고 국력이 회복된 시기에 와서는 이제 왕실을 재지 귀족과 차별화할 필요성이 대두됨에 따라 재지 귀족의 묘제인 횡혈식석실묘 대신 梁나라 전실묘를 채택하였던 것으로 이해되기 때문이다.

지금까지 한강유역 및 중서부지방의 묘제에 대한 변천과정을 검토해 보았다. 이를 통해 한강하류 서울지역에 목관봉토분이 집중 출현하는 시기를 백제 국가형성의 시점으로 볼 수 있는 가능성을 확인하였다. 3세기 중후반 경에 등장하는 목관봉토분은 제 3장에서 본 한강유역 토기편년상 새로운 몽촌유형 토기양식의 출현시기와도 일치하고 있어 새로운 정치엘리트계층의 등장을 말해주는 것으로 이해할 수 있다. 이 무렵은 또한 임진강 및 한강중상류유역 즙석식적석묘의 소멸시기이며 중서부지방에서 주구토광묘가 소멸하고 그 뒤를 이어 석촌동식 토광목관(곽)묘가 등장하는 시점이므로 한강하류 서울지역에 중심을 둔 백제의 주도로 보다 광역한 지역통합이 이루어지면서 국가체가 등장하고 있었던 당시의 정치 사회적 상황을 여실히 보여주고 있다 할 것이다.

이와 같이 파악되는 한강유역 및 중서부지방 諸墓制의 편년을 요약하면 〈 표 6 〉과 같다.

〈표 6〉 한강유역 및 중서부지역 고분 편년표

구 분	연 대	200	250	300	350	400	475	500
임진강·한강중상류지역	즙석식적석묘							
서울지역	토광목관묘							
	목관봉토분							
	기단식적석총							
	석곽묘							
중서부지방	주구토광묘							
	토광목관묘							
	횡혈식석실묘							

이상의 검토로써 한강유역에서의 백제 국가형성 시점은 몽촌유형 토기 양식의 형성, 목관봉토분의 출현 등의 고고학 자료로 보아 3세기 중후반 경으로 볼 수 있다. 이러한 사실은 제 5장에서 다루게 될 성곽 출현에 대한 검토를 통해 다시 한 번 검증될 것이지만, 논의의 편의상 제 3장에서 살펴본 몽촌유형의 토기를 이제부터는 "백제토기"로 부르기로 한다. 그리고 "몽촌" I, II기는 제 5장에서 후술하듯 당시 백제 도성명이었던 "한성"을 관칭하여 각각 "漢城 I期" "漢城 II期"로 부르고자 한다.

제 5 장
한강유역 성곽 출현과 백제의 국가형성

<h1 style="text-align:right">제 5 장</h1>

한강유역 성곽 출현과 백제의 국가형성

한강유역에서 城郭이 언제 출현하느냐는 문제는 제 1장에서 언급한 바와 같이 백제의 국가형성 시점을 특정함에 있어 중요한 근거의 하나가 된다. 여기서는 지금까지 한강유역, 특히 서울일원에 소재한 여러 현존 성곽들의 축조시기를 최근까지 알려진 고고학 자료를 통해 검토해 봄과 아울러 그 성격을 파악해 보기로 한다.

그리고 성곽 가운데 가장 많은 조사가 이루어져 축조시기 및 그 성격이 비교적 자세히 밝혀진 몽촌토성에 대해서는 그 구조 및 성내의 주요시설물 현황도 아울러 살펴보기로 한다. 이를 통해 당시 백제 도성의 면모를 어느 정도 짐작할 수 있을 것으로 생각되기 때문이다.

1. 한강유역에서의 성곽의 출현과 성격

백제의 都 또는 都城 비정과 관련하여 지금까지 여러 연구자들이 주목해 온 문헌사료는 『三國史記』 百濟本紀 溫祚王 즉위년 기사이다. 그것을 옮겨 보면 다음과 같다.

“ … 至漢山 登 負兒嶽望可居之地 … 惟此河南之地北帶漢水 東據高岳
南望沃澤 西阻大海其天險地利 難得之勢 … 溫祚都河南慰禮城 …”(『三
國史記』百濟本紀 溫祚王 卽位年條)

이를 통해 백제 시조 온조가 하남, 즉 한강이남의 땅에 都를 정하였
으며 그 도성이 "하남위례성"이었음을 알 수 있다. 그런데 同書 온조
왕 13년조에는 '나라의 東과 北에 樂浪과 靺鞨이 있어 부단히 來侵해오
므로 나라를 漢水의 남쪽으로 옮겨 安慰를 도모할 것'이라는 내용이
있고, 이어 同王14년에는 드디어 천도를 단행하고 있어(『삼국사기』백
제본기 온조왕 13년·14년조) 앞의 즉위년조 기사와 모순되는 것처럼
되어 있다. 즉 즉위년에 이미 하남 위례성에 정도하였음에도 또 다시
온조왕 14년에 한수 남으로 천도하고 있기 때문이다.

이에 대한 필자의 생각은 이러하다. 비록 처음에 온조가 한수이북
에 初都를 정하였을지라도 그 기간이 13년에 불과하여 都邑로서의 그
존재가 극히 微微하였을 것이므로 후세의 인식상에는 온조의 도읍은
곧 하남 위례성으로 정착됨으로써 마침내 즉위년조 기록에까지 그 초
도지가 하남 위례성으로 訛誤된 것이 아닐까 한다.

아무튼, 위의 『삼국사기』 기사들을 통해서 보는 한 온조의 최초 도
읍은 한수이북이었으며 곧이어 한수이남의 위례성으로 천도한 사실은
분명하다(丁若鏞, 彊域考 慰禮城條, 『與猶堂全書』).

한편, 新都 하남 위례성 이외에 "漢城"이라는 城이 등장하고 있는데,
이와 관련된 『삼국사기』 백제본기 기사를 모아 보면 다음과 같다.

① 築城漢江西北 分漢城民 (溫祚王 14年條)

② 王宮井水暴溢 漢城人家馬生牛 (溫祚王 25年條)

③ 初 生於漢城別宮 (阿莘王 卽位年條)

④ 漢城人解忠來告曰... (腆支王 卽位年條)

⑤ 麗王巨璉帥兵三萬 來圍王都漢城 (蓋鹵王 21年條)

⑥ 蓋鹵在位二十一年 高句麗來侵 圍漢城 (文周王 既位年條)

이 기사들을 보면 온조왕 14년부터 한성이 존재하였으며(①), 그것은 곧 고구려에 의해 한성이 함락되던 개로왕 21년까지 도성으로 사용되었음(⑤, ⑥)을 알 수 있다. 온조왕 14년은 다름 아닌 한수이북으로부터 하남 위례성으로 천도되던 때이다. 그렇다면, 도성인 하남 위례성과 개로왕대의 도성인 한성은 별개의 성으로 보아야 할지, 아니면 하남 위례성이 곧 한성으로도 표기되는 同城 異稱으로 보아야 할지가 문제이다. 이에 대해서는 이미 위례성과 한성이 모두 "大城"의 뜻을 가진 같은 것임이 밝혀진 바(李道學 1992 ; 朴淳發 1996d) 있으므로 위례성이 곧 한성으로도 표기되었을 것으로 보고자 한다.

그렇다면 백제는 처음 한강 이북에 定都한 후 13년이 경과한 온조왕 14년에 한강이남의 위례성으로 천도하여 蓋鹵王 21년(475년)까지 이어졌으며, 그 명칭은 "한성"으로도 표기되고 있었던 것으로 이해된다.

한편 『삼국사기』 백제본기 근초고왕 26년조에는 왕과 태자가 精兵 3만을 거느리고 고구려의 평양성을 공격하여 고구려의 故國原王을 전사케 하는 등의 전과를 거둔 뒤 退軍하여 "移都漢山"하였다는 기사가 보이므로 이 무렵 "漢山"으로 다시 도읍을 옮겼음을 알 수 있다. 그러나 이 기사 이후로는 새로 옮긴 "한산"에 대한 언급은 보이지 않고 종전의 "한성"(위례성)만이 도성명으로 일관되어 있다. 이는 근초고왕 26년에 일시 "한산"으로 移都하였다가 머지 않아 다시 한성으로 환도하였음을 시사하는 것으로 볼 수 있다(李道學 1992).

이와 관련하여 "한산"이 곧 "한성"이며 따라서, "위례성"은 근초고왕 26년 이전의 도성이고, 그 이후는 "한산" 즉 "한성"이 줄곧 새로운 도성으로 사용되었다는 견해(崔夢龍·權五榮 1985)도 있으나, 『日本書

紀』雄略天皇 20년조의 아래 기사 내용으로 보아 그 가능성은 매우 희박하다.

> " … 百濟記傳 蓋鹵王 乙卯年冬 狛大軍來 攻大城七日七夜 王城降陷 遂失慰禮…"(『日本書紀』雄略天皇 20年條)

이 기사에는 개로왕대의 都名이 여전히 "慰禮"로 나타나고 있으며 후술하듯이 여기의 "위례"는 또한 "한성"으로 보아야 하기 때문이다.

한편, 위 기사에는 구체적인 城名으로 "大城", "王城"이 보인다. 문맥상으로 볼 때 이 두 성이 함락됨으로써 마침내 "위례"를 잃었다는 표현을 하고 있으므로 당시의 都에는 대성, 왕성 등의 성이 있었으며 이 두 성을 포함한 전체 도명은 "위례"로 불리워지고 있었음을 짐작케 한다. 이러한 추정은 『삼국사기』 백제본기 개로왕 21년조의 다음과 같은 기사와 연관하여 볼 때 그 타당성이 더욱 높아진다. 고구려군의 攻城過程을 나타낸 이 기사의 내용은 이러하다.

> "攻北城七日而拔之 移攻南城中危恐王出逃 麗將 … 縛送於阿且城下戕之"(『三國史記』百濟本紀 蓋鹵王 21年條)

이 기사와 앞의 『일본서기』 기사를 종합해 보면, 당시 고구려가 來攻해온 위례, 즉 都에는 大城 또는 北城으로 불리워지던 城과 王의 居城이었던 南城이 있었음을 알 수 있고, 앞서 본 『삼국사기』 백제본기 개로왕 21년조 ⑤번 기사로 보아 여기의 "위례"는 곧 "한성"일 수밖에 없다는 결론을 도출할 수 있는데, 이러한 논지는 이미 이도학에 의해서도 제기된 바(李道學 1992) 있다.

지금까지 논의된 내용을 통해서 다음과 같은 사실을 알 수 있다.

첫째, 온조의 初都地는 한강이북에 있었다.

둘째, 온조왕 14년에 천도한 하남 위례성은 한성으로도 표기되었으며, 이는 개로왕 21년 고구려에 의해 함락되기까지 줄곧 도읍지로 사용되었다.

셋째, 근초고왕 26년 일시 한산에 이도하였으나 머지 않아 다시 한성으로 천도하였다.

넷째, 당시 都에는 북성(또는 대성)과 왕의 거성인 남성이 있었다.

그러면, 지금부터 이처럼 문헌사료를 통해 확인된 한성시기의 도 또는 도성의 구체적인 위치를 비정해 보기로 하자. 우선 이와 관련된 여러 연구자들의 견해를 요약해본 뒤 최근까지 축적된 고고학 조사성과를 토대로 그 타당성을 검토해 보기로 한다.

〈표 7〉 한성백제 도성 비정에 대한 제 견해

	初都地 (河北慰禮城)	河南慰禮城	漢城	漢山	遷都經過	出　典
丁若鏞	三角山東麓	廣州宮村 (現春宮里)			河北慰禮城→ 河南慰禮城→ 漢城	『與猶堂全書』 彊域考卷3慰禮考, 1936.
李丙燾	洗劍洞 일대	春宮里	(春宮里)	南漢山城	河北慰禮城→ 河南慰禮城 (漢城)→漢山 →漢城	慰禮考, 『韓國古代 史研究』1981. 및 近肖古王拓境考, 『同上書』
尹武炳		二聖山城				漢江流域에 있어서 의 百濟文化 研究, 『百濟研究』15, 1984.
李基白		夢村土城				百濟文化 學術會議 錄, 『百濟文化』7·8 合輯, 1975.
千寬宇	江北서울	江南 南漢山 北麓			河北慰禮城→ 河南慰禮城 (이후 蓋鹵王 21年까지 都 城)	三韓攷第3部, 『古朝鮮史·三韓史 研究』, 一志社, 1989.

	初都地 (河北慰禮城)	河南慰禮城	漢 城	漢 山	遷都經過	出　　典
成周鐸	漢江以北	夢村土城 (前期都城)	春宮里 일대 (後期都城)	南漢山城	河北慰禮城→ 河南慰禮城→ 漢山→漢城	漢江流域 百濟初期 城址研究, 『百濟研 究』14, 1984. 및 都城, 『韓國史論』 15, 國史編纂委員 會, 1985.
車勇杰	中浪川 일대	夢村土城· 二聖山 사이		河北慰禮城→ 河南慰禮城 (漢城)→漢山 →河南慰禮城	慰禮城과 漢城에 대하여(Ⅰ)『鄕土 서울』39, 1981.
崔夢龍 權五榮	中浪川 일대	夢村土城	春宮里 일대	二聖山城	河北慰禮城→ 河南慰禮城→ 漢山→漢城	考古學的 資料를 通해본 百濟初期의 領域考察, 『千寬宇 先生還曆紀念 韓國 史學論叢』,1985.
李道學	漢江以北	夢村土城 (王城) 風納土城 (離宮城)	左同	北漢山城內 重興洞古城	河北慰禮城→ 河南慰禮城 (漢城)→漢山 →河南慰禮城 (漢城)	百濟 漢城時期의 都城制에 관한檢討, 『韓國上古史學報』 9, 1992.

　　지금까지 발표된 여러 연구자들의 한성시대 도성 위치비정 내용을
요약 정리해보면 〈표 7〉과 같다.

〈사진 8〉 한성 백제 도성지역의 풍경(남한산성에서 봄)

여러 연구자에 의해 제시된 하남위례성의 비정지는 春宮里 일대, 二城山城. 夢村土城. 風納土城 등으로 다양하다. 앞서, 논의를 통해 하남위례성이 곧 한성임을 알았으므로 여기서는 하남위례성의 위치비정을 중심으로 검토할 것이다.

1980년대 전반까지만 해도 여기 하남위례성 비정 후보지로 거명된 곳에 대한 고고학적 조사는 거의 이루어지지 못하였으나, 1985~1989년 사이 몽촌토성, 이성산성, 춘궁리일대 등이 연이어 조사되면서 지금은 이러한 후보지들이 과연 백제유적이냐 아니냐 정도의 판단은 분명히 할 수 있게 되었다.

춘궁리는 丁茶山 이래 하남위례성 비정지로 줄곧 거명되어온 곳이었다. 그러나 1988년 판교~구리간 고속도로 공사에 따른 구제발굴조사가 실시된 결과 이 일대에는 백제시대 유적이 존재하지 않는다는 사실이 확인됨으로써(文明大 1988 ; 金秉模外 1988 ; 崔淑卿 1988) 이 일대가 하남 위례성의 비정지가 될 가능성은 거의 없어 졌다.

이성산성 역시 1987~1990년 사이에 실시된 3차례의 발굴조사 결과 백제시대 유구나 유물은 출토되지 않았으며, 새로이 신라의 "南漢城"으로 비정될 수 있음이 밝혀졌을 뿐(沈光注 1988 ; 金秉模·沈光注 1990)이다.

따라서 이제 한강유역에 남아 있는 현존 성곽으로서 백제 도성으로 비정될 수 있는 후보지로는 풍납토성과 몽촌토성만이 남았다. 지금부터 이들에 대해 최근까지 알려진 고고학 자료를 통해 그 축조시점을 검토해 보기로 한다.

풍납토성은 1925년 대홍수시 백제시대 유물인 청동제 鐎斗가 드러나면서 일찍부터 주목을 받아 왔다. 이 성의 명칭과 성격에 대해서는 한성기 백제 도성을 防戍하는 "蛇城"이라는 설(李丙燾 1976 : 498~506)과 당시 도성인 "慰禮城"이라는 설(鮎貝房之進 1934)이 있었다.

1964년 김원룡에 의해 내부의 포함층 일부가 조사된 후, 이 성이 전

〈사진 9〉 1960년대 풍납토성 모습

술한 바 있는 『삼국사기』 백제본기 개로왕 21년조의 "7일동안의 고구려군의 공격으로 먼저 함락된 북성"에 해당되는 한성기의 중요 성 가운데 하나로 비정된 바 있다(金元龍 1967a). 그 이후 최근까지 전면적인 발굴조사는 이루어지지 않았다.

1997년도에 아파트 공사를 하던 중 지하에 남아 있는 유구와 유물층이 노출됨에 따라 긴급조사가 실시되었다. 아직 조사결과가 공표되지 않아 자세한 내용은 알 수 없지만 필자가 현장에서 실견한 것을 중심으로 그 축조시기 및 성격을 추정해 보고자 한다.

금번 구제조사에서는 풍납토성의 축조시기와 관련하여 중요한 자료가 확인되었다. 토성 축조 이전 시기의 3重 環濠를 두른 취락의 일부가 드러난 것이다. 환호 취락이 폐기된 후에 토성이 만들어진 것은 분명하므로 환호 취락의 시기를 비정할 수 있으면 토성 축조 상한연대를 추정할 수 있기 때문이다.

〈사진 10〉 2000년도 풍납토성 성벽절개 조사 현장 설명회 광경

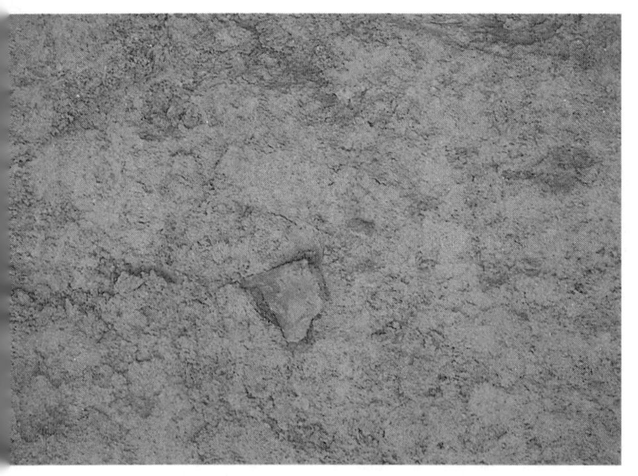

〈사진 11〉 풍납토성 성벽절개부 세부 모습과 성토에 혼입된 유물

① 2000년도 성벽절개 조사시 B트렌치 동벽 : 사진 하단의 함몰부는 성벽 축조 이전 구지
표면에 잔존하던 유구의 흔적으로 판단됨.

② 성토내에 섞여 들어간 토기편 모습.

③ 위의 토기편과 동일 기종으로 판단되는 심발형토기.

환호내부에서 출토된 토기들 가운데 3세기 전반 경에 출현하는 打捺文土器 深鉢形土器 및 長卵形土器 등이 포함되어 있었다. 이는 환호가 폐기된 시점이 대략 3세기 전반~중엽 경임을 알려 주는 것이다. 따라서 환호 폐기 이후에 축조된 토성 상한연대는 3세기 중엽 경으로 추정할 수 있게 되었다40). 아마도 뒤에 볼 몽촌토성과 거의 같은 시기인 3세기 중엽~후반 경에 이르러 환호가 토성으로 대체된 것으로 생각된다.

풍납토성의 규모는 한강에 면한 서북벽이 일찍이 대홍수로 유실됨으로써 현재 정확하게 알 수는 없으나 추정 성벽의 둘레는 약 3,500여 m에 달하며, 잔존 부분을 기준으로 할 때 성벽 높이는 약 8m 가량으로 추정된다. 이러한 성의 규모는 동시대 慶州 月城(1,841m), 集安 國內

---

40) 풍납토성의 축조시점에 대하여 성벽 절개시 구지표면에서 출토된 토기 및 성벽 축조 이전 유구인 3중환호와 관련된 주거지 출토 토기를 늦어도 2세기대를 넘지 않을 것으로 보면서 성벽의 축조 시기를 늦어도 3세기를 전후한 무렵으로 판단할 수 있다는 주장(申熙權 2001)이 있다. 아직 자세한 보고서가 공표되지 않았으나 논자의 설명에 따르는 한 여기의 토기류는 경질무문토기 심발 및 승문 타날후 橫沈線이 돌려진 심발형토기를 지칭하는 것이 명확한데, 이들이 공반되는 시점을 기원후 2세기대로 보는 근거는 지금으로써는 어디에도 없다. 앞의 제 3장에서 이미 말한 것처럼 한강유역에서 타날문 심발형토기가 출현하는 시기를 필자는 200년 이후로 보고 있는데, 이러한 연대관은 최근 중서부지방의 淸州 松節洞 고분군 및 金堤 深浦里 유적 등 初現期 타날문 심발형토기를 출토하는 유적들의 연대로써 뒷받침되고 있다. 심포리 유적에서는 口頸部가 중첩된 이른바 二重口緣壺가 심발형토기와 공반되고 있고 송절동 93-4호분에서는 아직 경질무문토기 심발이 이중구연호와 공반되고 있어 경부에 돌대가 부착된 듯이 보이는 구경부 중첩호(필자는 이를 "帶頸壺"로 부르고 있다.) 시점이 바로 경질무문토기 심발이 타날문 심발형토기로 이행되는 시점임을 확인할 수 있다. 대경호의 등장 시점은 3세기 전반~중엽이므로(朴淳發 2001a) 타날문 심발형토기의 등장 시점 역시 그 무렵이다(朴淳發 2001b). 물론 이는 중서부지방에서의 타날문 심발형토기의 출현 시점이어서 한강유역에서 이 토기가 등장하는 시기를 직접적으로 말해주는 것은 아니지만 두 지역 사이에 커다란 시차를 상정하는 것은 무리일 것이다.
그러므로 풍납토성 내부에서 드러난 3중환호 취락의 연대는 결코 3세기 전반 이전으로 소급될 수는 없으며, 이는 풍납토성 축조의 상한연대임을 명심하여야 할 것이다.

城(2,686m), 樂浪土城(1,935m) 등을 능가하는 최대급이다.

이 정도의 큰 성곽 축성에는 막대한 규모의 인력과 물자가 소요되어야 하는데, 제 1장에서 이미 보았듯이 『通典』拒守篇의 토성 축조 공역산출 기준(1일 1인의 축성공역은 약 0.6㎥로 환산됨)에 따라 소요 功役을 산출해보면 대략 연인원 일백만 여명에 달하는 규모이다. 한꺼번에 1,000명의 인력이 동원되더라도 약 2년 8개월 가량이 소요된다는 계산이다.

지금까지의 고고학적 조사 결과를 종합해보면 풍납토성은 3세기 중반 이후 어느 무렵에 토성으로 축조되어 한성기 동안 계속 사용되어온 성임이 분명하므로 한성시기의 도성으로 비정될 자격을 갖추고 있다. 위에서 보았듯이 이 성의 명칭과 성격에 대해서는 이견이 있었으나 김원룡의 지적처럼 『삼국사기』 백제본기 개로왕 21년조 기사에 보이는 "北城"으로 생각된다. 다만 김원룡은 이병도의 설을 좇아 이를 『삼국사기』 백제본기 責稽王 즉위년조에 보이는 "蛇城"과도 동일시하고 있는 점에 대해서는 동의하기 어렵다.

앞서 이미 보았듯이 문헌에 나타나는 한성시기 도성제도는 "大城" 또는 "북성"으로 불리워졌던 성곽과 왕이 거처하고 있던 "남성"으로 이루어져 있었음은 분명하므로 뒤에 볼 몽촌토성과의 관계로 미루어 풍납토성은 당시 도성 가운데 하나인 "북성" 혹은 "대성"으로 비정된다.

몽촌토성의 축조연대는 성벽조사에서 西晋代에 성행하던 灰釉錢文陶器片이 수습되어 그 축조시기가 대략 3세기 중·후반의 어느 무렵으로 비정되고 있다. 구체적인 연대를 알 수 있는 서진대 완형 錢文陶器의 예로는 浙江 衢縣 街路村 元康 8년(298년)銘 博이 사용된 晉墓(崔成實 1974) 출토품이 있다(도면 11).

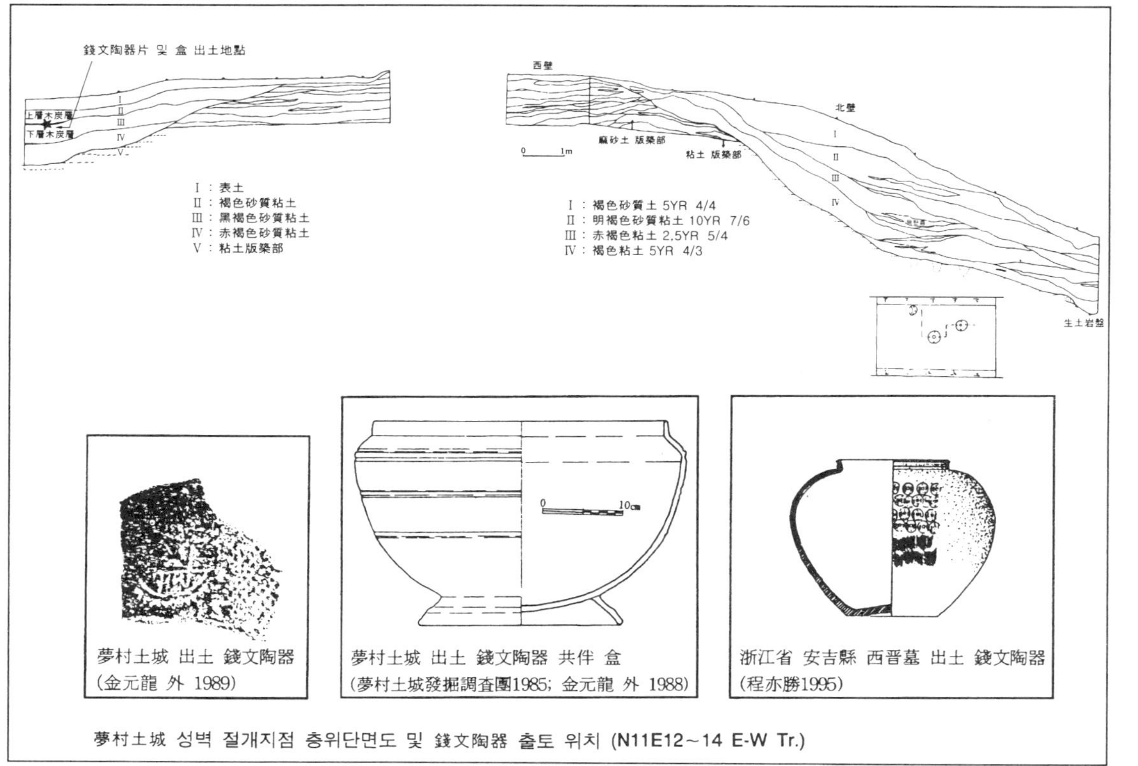

〈도면 11〉 몽촌토성 성벽 절개지점 층위단면도 및 전문도기 출토위치

　　이러한 서진 문물은 단순히 몽촌토성의 축조연대를 비정할 수 있게 하는 교차 연대자료로서의 의미를 넘어 그러한 문물로 매개되던 당시의 대외교섭의 실재 및 그것을 담당하였을 정치엘리트계층의 존재를 말해 줌으로써 한강유역의 정치체가 국가단계로 성장하고 있었음을 시사해 주는 고고학적 근거로서의 의미 또한 크다.

　　이런 점에서 몽촌토성 내에서 출토된 또 하나의 자료가 주목되는데 金銅銙帶金具가 그것이다. 이 유물은 1985년 조사시 출토되었으나 그동안 정확한 용도를 알지 못한 채 '異形金具' 또는 '有文金具'로 불렸던 것이다(夢村土城發掘調査團 1985 ; 金元龍 1986). 그런데〈도면 12〉에서 보듯 최근 중국 湖北省 漢陽縣 熊家嶺의 한 東晉墓(劉森淼 1994) 출토유물을 통하여 이것이 과대금구였음이 밝혀지게 되었다(朴淳發 1996b). 웅가령의 과대는 각각 龍文과 虎文이 투조된 2매의 띠끝장식과 7개의 圭形과판 및 心葉形 垂飾, 그리고 1매의 열쇠모양의 장식구로 구성되어 있었다. 복원된 대구의 모습은〈도면 12〉에서 보는 바와 같다.

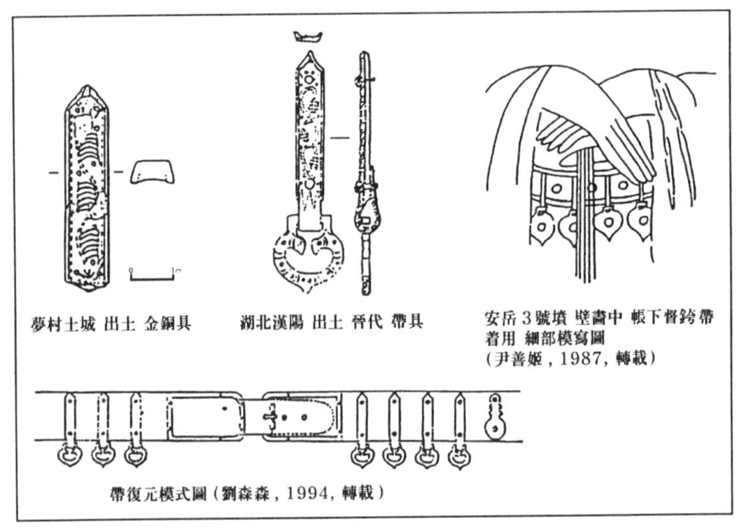

夢村土城 出土 金銅具　　湖北漢陽 出土 晉代 帶具　　安岳 3 號墳 壁畵中 帳下督銙帶
着用 細部模寫圖
(尹善姬 , 1987, 轉載)

帶復元模式圖 (劉森淼 , 1994, 轉載)

〈도면 12〉 몽촌토성 출토 금동과대

이런 과대가 실물로서 확인된 것은 이것이 처음이지만, 사실 이미 安岳3호분 벽화에서도 동일한 형태의 과대가 보이고 있다. 무덤의 주인공 '佟壽'의 '帳下督'이 패용하고 있는 것이 그것인데,〈 도면 12 〉에서 보듯이 매우 흡사하다. 장하독은 3품 관작인 平東將軍의 위에 있던 동수의 屬官으로서 郡太守 이상 고위 관직자에게만 배속되는 고급무관이다(孔錫龜 1989).

『晉書』簡文帝紀 咸安2(372)년조에 따르면 근초고왕이 동진으로부터 책봉받은 官爵 역시 여기 동수와 동급 품계인 鎭東將軍이었던 점을 감안하면, 몽촌토성 출토 과대를 패용하였던 주인공은 당시 王 바로 다음의 최고위급 중앙귀족이었을 것으로 추정된다.

이로써 적어도 이러한 과대가 패용되던 시점의 몽촌토성은 왕을 비롯한 고급 중앙귀족들의 활동무대였을 가능성이 매우 높다.

그러면 몽촌토성 출토 과대의 연대에 대해 살펴보기로 하자. 이를 위해서는 우선 웅가령 출토 과대의 연대부터 분명히 하여야 한다. 웅가령 과대의 술미에 투조된 龍虎文은 매우 사실적인데, 이 무렵 과대 투조문의 경우 사실적인 것으로부터 점차 도식화된 것으로 변천하는 것으로 파악되고 있다(尹善姬 1987). 이러한 관점에서 이와 비교될 수 있는 예를 찾아보면 廣州 大刀山 東晉墓(324年), 江蘇 宜興 周處墓(297年)(夏鼐 1972), 北京 琉璃河 晉墓(魏存成 1994) 등이 있는데 여기 웅가령 과대는 이 가운데 가장 사실적인 투조문으로 되어 있어 서진대의 것으로 보아도 좋다. 따라서 이와 동일한 몽촌토성 과대의 사용시점은 4세기 초엽을 더 내려오지는 않을 것으로 보인다.

대략 4세기 초엽 경의 몽촌토성은 과대의 위상에 어울리는 고위 중앙귀족 또는 관료들의 정치활동의 장이었을 가능성이 매우 높음을 알 수 있다. 이는 몽촌토성이 당시 왕이 거처하던 왕성이었을 가능성을 더욱 높여주는 것이다.

몽촌토성은 전술하였듯이 3세기 중후반 경에 축조된 것으로 볼 수 있는데, 이는 앞서 본 풍납토성의 축조 상한연대와도 거의 일치되고 있다. 몽촌토성의 성격은 성내에서 출토된 서진대의 문물을 통해서 이미 짐작되는 것처럼 당시 대외교섭을 담당하였던 정치엘리트계층의 거성으로 보아도 좋을 것이다. 뒤에서 후술하겠지만 몽촌토성 내에 분포한 각종 성내 시설물이나 벼루를 비롯한 다량의 중국 청자들의 존재(金元龍 外 1988 ; 1989)는 그러한 면모를 잘 보여주는 고고학적 근거라 할 수 있다.

이러한 사실에 근거하여 필자는 몽촌토성을 하남위례성으로 비정한바(朴淳發 1989a) 있다. 전술하였듯 문헌사료에 따르면 당시 백제 도성은 왕이 머무는 왕성인 "남성"과 그 북쪽에 위치한 "대성"인 "북성"으로 구성되어 있었다. 이러한 당시의 역사적 상황과 고고학 자료를 종합해 보면 몽촌토성이 왕성이었을 가능성이 가장 높으므로 필자는 몽촌토성을 왕성인 "남성"으로 풍납토성을 "대성"인 "북성"으로 각각 비정하고자 한다.

지금까지 한강유역에서의 성곽 출현시기와 아울러 당시 도성 비정 문제를 검토하였다. 한강유역에서 성곽이 출현하는 시기는 3세기 중후반 경으로서 이는 앞서 제 3장과 제 4장에서 각각 검토해 본 몽촌유형 토기 형성시점 및 석촌동 고분군에서 대형봉분을 가진 목관봉토분이 등장하는 시점과 일치되고 있음을 알 수 있다. 이는 제 1장에서 자세히 말한 것처럼 한강유역에서 백제가 聯盟王國 또는 領域國家로 성립되는 시점이 3세기 중·후반임을 말해주는 고고학적 근거임은 두 말할 나위 없다.

이로써 백제 국가형성과 관련한 3가지의 고고학적 지표, 즉 특정 토기양식의 형성, 대형봉분의 출현, 그리고 성곽의 출현 등에 대한 검토를 마친 셈이다. 그 결과 본 연구의 중요한 과제 가운데 하나인 백제 국가의 형성 시점을 3세기 중·후반으로 특정할 수 있게 되었다. 이 무렵은『삼국사기』백제본기 고이왕 13(246)년조 기사에서 보듯이 중국 군현이 허한 틈을 타 "樂浪邊民"을 襲取하는가 하면『晉書』동이 열전 마한조 기사에는 보이는 활발한 對西晉 교섭을 하고 있던 때(277, 280, 281, 286, 287, 289, 290년)와 거의 일치되고 있다. 지역통합을 통한 영역의 확장 및 활발한 대외교섭을 통하여 국가 단계로 성장하고 있던 당시의 모습을 생생하게 전하는 역사기록과 토기, 대형분묘, 성곽 등 고고학 자료에 대한 검토 결과가 거의 정확히 합치되고 있음을 알 수 있다.

2. 몽촌토성내의 주요 시설물

여기서는 그간 발굴조사(夢村土城發掘調査團 1984 ; 1985 ; 金元龍 外 1987 ; 1988 ; 1989)를 통해 비교적 자세한 모습이 파악된 몽촌토성을 중심으로 당시 도성의 면모를 살펴보고자 한다. 이를 위해 성내의 유구(도면 13 참조) 가운데 국가단계의 면모에 관련된 것으로 판단되는 주요 시설물만을 대상으로 하여『삼국사기』백제본기 기사들에 나타나는 관련내용과 대비하여 봄으로써 한성의 중심 성곽으로서의 몽촌토성의 성격을 조망해 보고자 한다.

먼저, 지금까지 조사를 통해 밝혀진 몽촌토성의 규모부터 보자. 몽촌토성은 남북 최대 길이 730m, 동서 최대 길이 570m의 마름모꼴 평면으로 되어 있으며 성벽의 길이는 성벽 정상부를 기준으로 서북벽 617m, 동북벽 650m, 서남벽 418m, 동남벽 600m로 총연장은 2,285m에 달한다. 그리고 동북벽에 연이어 동북쪽으로 약 270m 가량 뻗어나간 성벽이 있는데 이는 일종의 雉와 같은 역할을 할 수 있는 시설로 보인다.

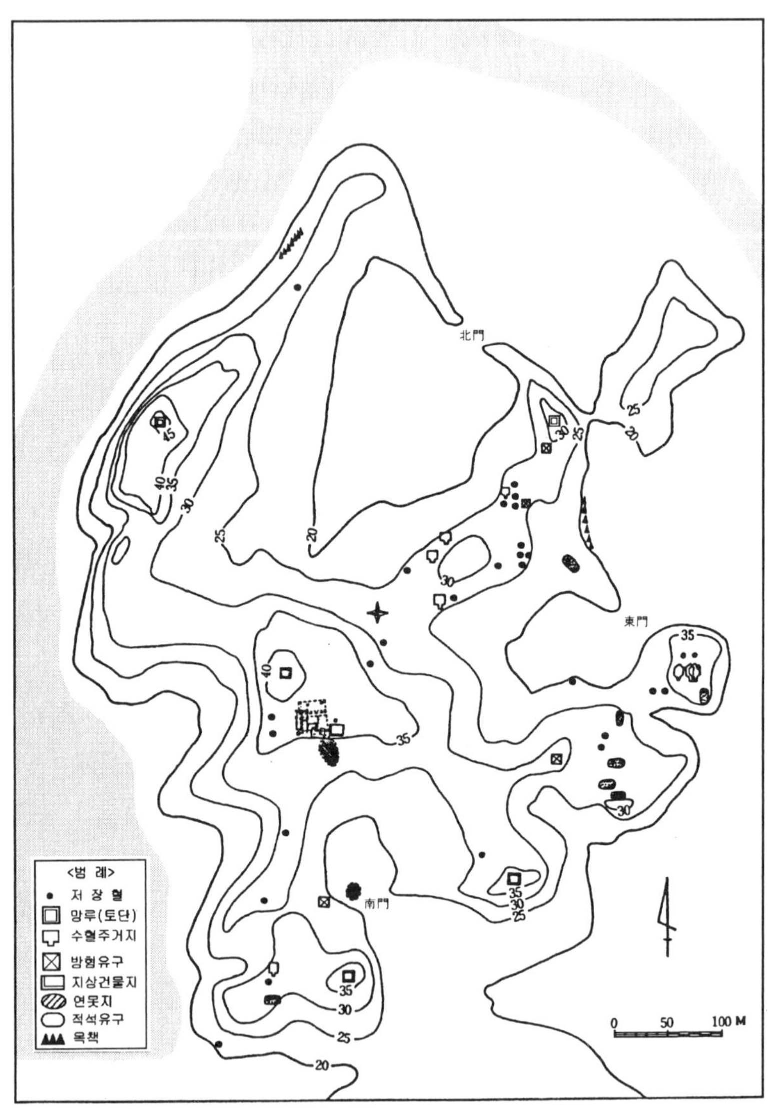

〈도면 13〉 몽촌토성내 유구 분포도

성내부 면적은 성벽 정상부를 기준으로 하면 216,000㎡(총 67,400평) 가량 되며, 성벽 높이는 지형에 따라 다소 차이가 있으나, 절개조사된 서북벽, 동북벽 등 2개 지점은 구지형을 기준으로 할 때 성벽 상부폭 7.5∼10.5m, 성벽 하부폭 50∼65m, 높이는 12∼17m 가량 된다.

성벽 축조방법에 있어서는 표고 44.8m의 잔구상 자연구릉을 이용하여 만든 것이어서 구지형에 따라 차이가 있지만 대략 다음과 같이 요약된다.

첫째, 구지형이 다른 지점보다 낮은 부분은 판축기법과 유사하게 성질이 다른 토양을 교대로 쌓는 성토방법을 이용하여 성벽을 만들었다.

둘째, 자연구릉이 연결되지 않은 지점에도 판축기법으로 성벽을 쌓아 양쪽 구릉 말단부가 서로 이어지도록 하였다.

셋째, 자연지형이 그대로 성벽으로 이용된 지점의 경우 성의 외벽면은 삭토하여 급경사면과 단을 이루도록 만들었다. 이러한 급경사면과 단은 당초의 자연지형에 따라 차이가 있으나 성벽 정상부에서 기저부에 이르기까지 대체로 2∼3회 정도 반복되고 있으며, 성의 아래부분에 가까운 단에는 목책을 설치한 경우도 있었다.

넷째, 雉와 같은 기능을 가진 이른바 外城 역시 자연지형을 거의 그대로 이용한 것인데, 그 북사면은 본성의 외벽과 마찬가지로 인공을 가했으며 정상부에는 목책을 설치하였다.

그밖에 성벽과 관련된 부대시설로는 해자와 목책등이 확인되었다. 해자는 서북벽과 동남벽 아래에서 각각 그 흔적이 드러났는데, 대체로 성벽 외측기부의 현지표하 3m지점에서 수성퇴적토인 뻘흙이 노출되는 점으로써 확인할 수 있었다. 이들 지점은 성벽 정상부로부터는 약 30m 떨어져 있는 위치에 있었으나, 해자의 폭이나 깊이 등에 대해서는 조사범위가 제한되어 있어 자세히 밝힐 수 없었다. 몽촌토성 해자는 완전한 인공 축조라기 보다는 성 주위를 감싸고 흐르고 있는 한강 지천인 城內川의 유로를 이용하여 일부 고쳐 판 것으로 생각된다. 이러한 조사 결과를 가지고 당시 해자의 모습을 추정해 보면 남문 부근을 제외한 성벽의 삼면을 둘러싸고 있었던 것으로 보인다. 전술한 것처럼 그 폭과 깊이는 잘 알 수 없는데, 경주 月城 해자의 경우는 폭 40m, 깊이 약 2m 정도인 것으로 밝혀져(文化財硏究所 1985)있어 이곳 몽촌토성 해자 규모 추정에 참고가 된다.

목책은 본성 서북벽, 동벽, 그리고 雉城 등 3개 지점에서 확인되었다. 본성의 경우는 외벽면 단상 지점에 설치되어 있었으며, 치성에는 성벽 정상부에 설치되어 있었다. 조사시 드러난 책공을 통해 당시의 목책의 구조를 추정해보면 약 1.8m 간격으로 직경 40~50㎝의 중심기둥을 깊이 30~90㎝ 가량 박아 배열한 다음 그 주위에 다시 보조기둥을 세워 지탱하는 방식이었던 것으로 보인다. 제한된 조사로 인해 목책공이 드러난 지점은 성벽 절개 조사가 실시된 전술한 3개 지점에 불과하나, 당시 성벽 외사면에는 이러한 목책이 설치된 곳이 더 있었을 것으로 추정된다.

지금까지 몽촌토성의 전반적인 규모, 성벽의 축조기법, 성벽 및 주변 시설물 등에 대해 살펴보았다. 다음은 몽촌토성내에서 확인된 주요 시설물에 대해 알아보기로 한다.

몽촌토성 조사를 통해 지금까지 알려진 성내부 주요 시설물에는 積心石을 갖춘 지상건물지 1기, 판축성토대지 1개소, 군사용 수혈건물지 2기, 망대지 4개소, 지당지 2개소 등이 있다(도면 13 참조). 이 유구 대부분은 당시 조사가 가능한 조건에 있던 고지대에서 확인된 것이어서 면적으로 보아 몽촌토성의 거의 대부분을 차지하고 있는 저지대가 전면 조사되면 이보다 훨씬 더 많은 시설물이 밝혀질 것으로 예상된다. 특히, 성내에서 가장 좋은 위치이면서도 여타 부분과 달리 그나마 고지대 조차도 제대로 조사가 이루어지지 못한 서북지역의 경우는 더욱 그러하다.

앞서 본 것처럼 3세기 중후반 이래 475년까지 약 2세기 여에 걸쳐 도성의 핵심인 왕성으로 사용되어온 몽촌토성에는 다양한 시설물이 있었을 것이다. 고고학자료를 구체적으로 살펴보기 앞서 먼저 문헌에 보이는 중요시설 내용을 일별해보는 것은 고고학적으로 드러난 유구 이해에 도움이 될 것이다.

『삼국사기』 백제본기 기사 가운데 한성시기 도성이나 왕성과 관련된 기사들을 취합해보면 다음과 같다.

a. 秋九月 立城闕(『三國史記』百濟本紀 溫祚王 13年條)

b. 春正月 作新宮室 儉而不陋 華而不侈 (同上書 溫祚王 15年條)

c. 夏四月 立廟以祀國母 (同上書 溫祚王 17年條)

d. 夏四月 鶴巢于 都城門上 (同上書 己婁王 41年條)

e. 春正月 重修宮室 (同上書 肖古王 23年條)

f. 冬十月 王城西門火 (同上書 仇首王 7年條)

g. 夏四月 王宮門柱 黃龍自其門飛出 (同上書 古爾王 5年條)

h. 秋七月 出西門觀射 (同上書 古爾王 9年條)

i. 秋九月 靑紫雲起宮東 如樓閣 (同上書 古爾王 26年條)

j. 春正月初吉 … 坐南堂聽事 (同上書 古爾王 28年條)

k. 秋八月 築射台於宮西 每以朔望習射 (同上書 比流王 17年條)

l. 夏五月 … 王宮火 連燒民戶 (同上書 比流王 30年條)

m. 春正月 重修宮室 穿池造山 以養奇禽異花 (同上書 辰斯王 7年條)

n. 秋九月 集都人 習射於西臺 (同上書 阿莘王 7年條)

o. 春三月 白氣自王宮西起 如匹練 (同上書 阿莘王 14年條)

p. 冬十一月 地震 大風飛瓦 (同上書 毗有王 3年條)

q. 夏五月 宮南池中有火 焰如車輪 終夜而滅 (同上書 毗有王 21年條)

r. 盡發國人 烝土築城 卽於其內 作宮樓閣臺榭 無不壯麗 (同上書 蓋鹵王 21年條)

위의 기사들을 통하여 당시 도성 또는 왕성의 모습과 성내의 시설물들에 대한 대략적인 내용은 살필 수 있다.

먼저, 가장 중심이 되는 宮의 위치에 대한 것인데, "宮東"(i), "宮西"(k), "宮南"(q)등의 용례로 보아 宮이 위치한 곳은 성내의 북부임을 알 수 있다. 몽촌토성 내에서 그 대상 지점를 찾아보면 대략 서북구역에 해당된다. 그런데 이 구역은 아직 전면 발굴조사가 이루어지지 않아 궁전지의 실재여부는 아직 알 수 없다. 다만 1985연도에 실시된 탐색조사결과 이 일대 저평지에는 후대 퇴적이 매우 두껍게 이루어진 곳임을 알 수 있어 전면 발굴시 당시 유구가 잘 남아 있을 가능성이 비교적 높다.

다음, 당시 왕궁이 소재한 성내에는 백성들의 가옥도 있었음을 알 수 있는데, "왕궁에서 일어난 불이 民戶를 連燒하였다"는 l 기사는 그 것을 잘 말해준다. 실제 발굴조사 결과 민호의 가옥으로 볼 수 있는 수혈주거지들이 확인되었는데, 이들 수혈주거지가 거의 대부분 고지대에서 드러난 점으로 미루어 당시 민호는 성내의 고지대에 주로 입지하였을 가능성이 있으나 저평지가 아직 완전히 조사되지 않은 상태이므로 확실치는 않다.

셋째, 성내에는 정사를 보는 南堂이 있었음을 알 수 있다. 이 역시 앞의 궁과 마찬가지로 서북구역에 있었을 것으로 추정될 뿐 구체적인 고고학적 단서는 아직 없다.

넷째, 성내에는 연못과 造山으로 꾸며진 정원이 있었음을 알 수 있는데, 발굴조사 결과 서남구역에서 연못지가 확인되었다. 그 위치가

〈도 12〉 몽촌토성 모습(북쪽에서 봄)

"宮南"(q)인 점은 발굴조사결과와 일치된다 할 수 있다.

다섯째, 성내에는 樓閣과 臺榭등도 있었다고 하는 바 그것이 궁전내에 있었는지 아니면 별도 勝地에 위치하였는지는 분명치 않으나, 후술하듯이 발굴조사 결과 서남구획 고지대에서 적심석을 갖춘 건물지가 드러나고 있어 그러한 기사내용과 관련 있는 시설물일 가능성이 없지 않다.

한편, 射臺의 경우는 "宮西"(k)에 있었던 것으로 되어 있으나 이것이 성내인지 아니면, 성외인지는 갑자기 판단하기 어렵다. 그것은 사대를 쌓기 이전 기사인 h에서 "出西門觀射"한 점과, 사대를 만든 이후 기사인 n에서 "都人", 즉 도성내의 사람들을 모아 "西臺"에서 활쏘기 연습을 하였다고 한 점등으로 보아 比流王 17年에 만든 宮西의 사대가 곧 西臺로도 불리웠을 가능성이 크며, 이 사대가 만들어지기 전에는 서문을 나가서 활쏘기 장면을 관람하였으므로 이 때의 사대는 성밖의 궁서일 가능성도 있기 때문이다.

그리고 국모를 祀하던 廟를 세웠다는 溫祚王代의 기사로 보아 묘우와 같은 것이 일찍부터 있었음을 알 수 있는데, 이 역시 성내에 있었는지 아니면 성외에 있었는지 확실치 않다. 국모의 묘우를 세우기 이전에 이미 시조 東明王廟 건립 사실이 온조 원년 건국과 더불어 나타나고 있으므로 (『三國史記』 百濟本紀 溫祚王 元年條) 이것이 동명묘와는 다른 것임은 분명하다. 동명묘는 몽촌토성 동방 약 11㎞ 지점에 위치한 표고 650m의 黔丹山 정상에 있었다는 견해(李道學 1992)가 제시된 바 있지만, 국모의 묘도 그처럼 성외에 있었는지 여부는 판단키 어렵다. 『周禮考工記』 匠人 營國條에 보이는 중국의 전통적인 國 공간배치에 따르면 왕궁을 중심으로 할 때 좌측, 즉 동쪽에 宗廟를 두며, 우측 즉 서쪽에는 社稷(左祖右社)을 두는 것으로 되어 있으나, 삼국시대 종묘와 사직이 과연 그러한 위치에 있었는지 여부는 아직 고고학적으로 알려진 것이 없다.

그밖에, 기와 사용여부와 관련되는 것으로 위의 p 기사를 보면 성내 건물은 瓦葺하였던 것으로 짐작되는데, 발굴조사에서도 평와 및 와당이 출토된 바 있어 기사 내용과 다르지 않다. 그리고 塼도 확인된 바 있어 성내의 주요건물에는 瓦·塼이 사용되었음을 알 수 있다. 당시 기와는 王宮, 官府, 寺廟 등 격이 높은 건물에만 사용되는 것이므로[41] 몽촌토성에서 기와가 많이 나온 사실은 곧 이 성의 위상이 높았음을 말해주는 것이다.

이상 문헌사료를 중심으로 몽촌토성내에 있었을 것으로 추정되는 시설물과 관련하여 살펴보았다. 지금부터 발굴조사에서 실제로 드러난

---

41) 『舊唐書』 高麗條에는 당시 고구려 사람들의 거처와 관련하여 "모두 茅草로 지붕을 이였으나 佛寺, 神廟, 王宮, 官府 등의 지붕에만 기와를 이었다(其所居 必依山谷 皆以茅草葺舍 唯佛寺神廟王宮官府 乃用瓦)"고 하였다. 이로 미루어 동시대 백제 역시 기와는 왕궁이나 관청의 건물과 같은 格이 높은 곳에만 쓰였을 것임을 알 수 있다.

주요 유구에 대하여 살펴보기로 한다.

望臺址로 추정되는 유구는 성벽위 높은 곳에 입지한 것으로서, 모두 4개소에서 확인되었다. 조사 결과 드러난 추정 망대지는 성내 높은 곳에 3~5m 정도 版築盛土하여 만든 것으로, 몽촌토성의 마름모꼴 평면을 그 동서남북 꼭지점을 기준으로 사분할 때 각 변 마다 1개소씩 배치되어 있다.

서북 성벽상의 망대지는 몽촌토성에서는 가장 높은 곳에 해당되는 표고 44.8m의 정상부에 위치하고 있는데, 이 곳에서는 석촌동, 잠실, 풍납동 등 성의 서쪽과 북쪽을 한 눈에 굽어 볼 수 있다.

동북 망대지로 추정되는 것은 북문지와 동문지 사이를 잇는 성벽상에서 가장 높은 지점인 표고 33.4m 봉우리에 위치하고 있는데 이 곳은 치성과 연결되는 지점이기도 하다. 조사결과 주변 성벽보다 최소한 3m 이상 높게 판축성토하여 만든 것으로 드러났으나 특별한 시설물의 흔적은 찾아 볼 수 없었다.

서남 망대지는 남문지 서쪽 성벽 정상부 표고 37.3m 봉우리에 위치하고 있는데, 여기서는 방이동, 가락동, 석촌동 등 성의 서남부 지역을 잘 조망할 수 있다. 이 곳 역시 주위의 성벽보다 약 3m가량 높게 판축성토하여 만들었으나, 여타 시설물의 흔적은 확인할 수 없었다.

동남 망대지는 동남쪽 성벽 가운데 지점 표고 37.5m 봉우리에 위치하고 있어 南漢山城과 몽촌토성 사이의 평야지대를 관망하기 용이한 지점이다. 조사결과 원지형보다 약 5m 가량 높게 판축성토하여 만든 것으로 확인되었으나, 특별한 시설물은 드러나지 않았다.

적심석을 갖춘 지상건물지는 서남지구 표고 35~40m 사이 고지대에서 드러난 것으로, 후술할 판축대지 유구와 마주보고 있는 측면 2칸, 정면 4칸 이상의 동향 건물지이다.

이 건물지는 이보다 앞서 축조된 장방형 건물지가 폐기된 후 약 50

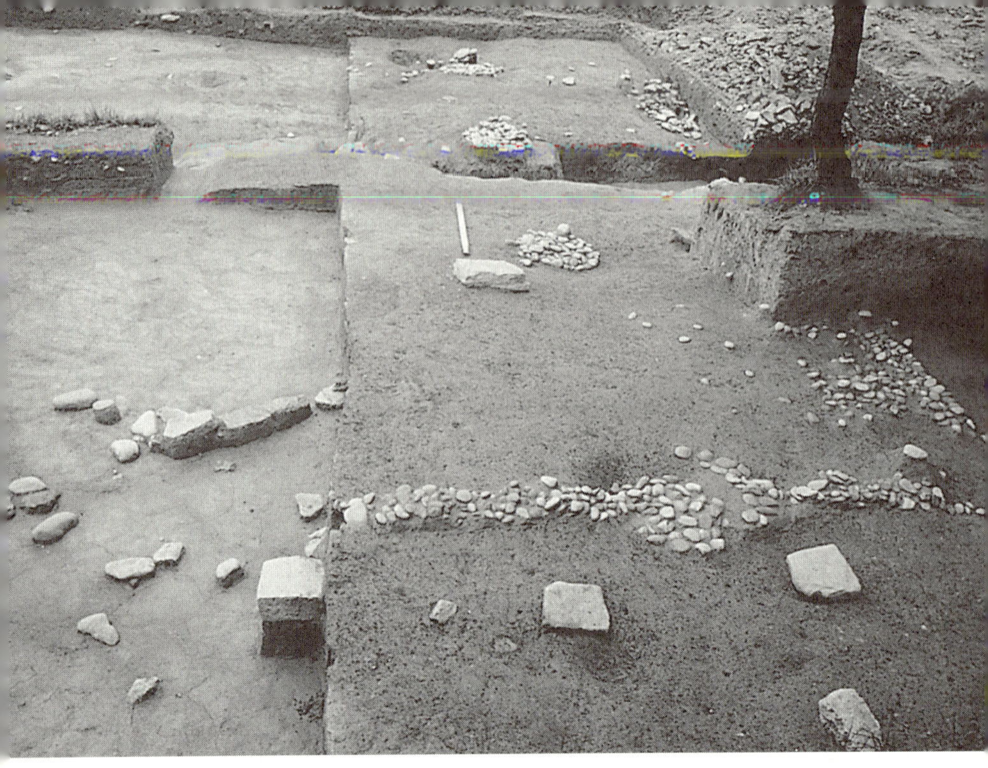

<사진 13> 몽촌토성에서 드러난 최고(最古)의 적심석을 갖춘 지상 건물지 모습

㎝ 가량 성토한 위에 축조된 것으로 한성기 백제유적에서는 처음으로 확인된 구조가 정연한 지상건물지 예로서 매우 중요하다.

축조방식을 보면, 기단 윤곽을 따라 폭 30㎝, 깊이 40㎝ 가량을 파낸 다음 그 속에 주먹만한 크기의 자갈을 채워 基壇 적심을 조성하고 다시 기단 위 기둥이 들어설 부분에는 직경 70~80㎝ 크기의 柱礎 積心石을 배치하였다. 주간 거리는 정면이 5.5m, 측면이 3m 가량 된다.

건물지는 기복이 있는 이 일대 자연 지형을 약 1m 이상 성토 정면한 다음 조성된 것으로, 견고한 기초방식과 더불어 많은 노력을 들여 성토한 점 등으로 미루어 매우 격이 높은 건물임을 알 수 있다.

한편, 이 건물지 구지표면 약 50㎝ 아래에서 드러난 장방형 건물지는 기단 적심만이 일부 남아 있는 동북향 건물로서 정확한 규모는 파악하지 못하였으나 단변이 약 3m, 장변은 최소 15m 가량 되는 지상건

①

<사진 14> 한성백제 도성 출토 막새기와 모습.
　　　① 풍납토성 출토, ② 몽촌토성 출토

②

물지였다.

지금까지 이것 이외의 한성기 지상건물지가 확인된 바 없어 구체적인 비교 검토는 어려우나, 최근 발굴조사된 漢沙里 유적 등에서 보듯이 당시 민가는 모두 아직 수혈주거지로 되어 있는 점(林炳泰 外 1994 ; 任孝宰 外 1994)에서 이 건물의 높은 위상을 충분히 짐작할 수 있다. 따라서 이는 몽촌토성이 당시 왕성이었을 가능성을 뒷받침해 주는 고고학적 근거로 보기에 부족함이 없다.

판축성토대지는 위의 적심 건물지로부터 동쪽으로 약 25m 가량 떨어진 지점에서 드러난 10×10m의 방형 유구이다. 네변의 방향이 앞의 적심석을 갖춘 건물지 각 변과 평행하게 되어 있어 서로 마주 보도록 배치된 것임을 알 수 있어 후술할 池塘址와 더불어 일종의 정원과 같은 곳에 세워진 臺榭址로 추정된다.

축조기법은 먼저 기반토인 암반풍화토를 파낸 다음 점성이 강한 점토와 암반풍화토를 교대로 다져 성토한 방식이며, 조사 당시 드러난 대지의 상면은 오랜 침식으로 인해 현지형과 같이 남쪽으로 경사져 있어 당초 이 대지의 정확한 높이는 알 수 없었다.

이 유구의 축조시점은 한성 I기 말, 즉 기원후 4C후반 경을 상한으로 하고 있다. 구조물이 축조되기 이전 이 일대에 퇴적되어 있던 유물 포함층 일부가 유구 내부 성토를 위한 터파기 굴광에 의해 파괴되었으며, 이 유물 포함층에서 나온 유물들이 한성 I기 말에 해당되기 때문이다.

지당지는 성내 서남지구에서 2개소 확인되었다. 그 중 1개소는 앞의 적심 건물지 및 판축대지와 더불어 고지대에 위치하고 있고, 또 다른 하나는 남문지 부근의 저지대에 위치한다.

고지대의 지당지는 長徑 약 30m, 短徑 약 15m의 타원형 평면을 이루고 있으며, 깊이는 일정치 않으나 가장 깊은 곳은 약 2m 가량 된다.

전모가 드러나지 않았으나 전술한 적심 건물지, 판축대지와 관련된 造
景池로 鑿池된 것으로 추정된다. 이 일대가 표고 30m 가량 되는 고지
대인 점으로 보아 자연적으로 형성될 수 있는 가능성은 상정할 수 없
기 때문이다. 천지에 관한 기록은 앞서 보았듯이『삼국사기』백제본기
辰斯王 7(391)년조에 보이고 있으며, 발굴조사시 지당 내부 퇴적토에서
수습된 토기의 연대도 대략 이 무렵과 일치하고 있다. 이 지당은 몽촌
토성이 고구려에 의해 함락된 이후에 조성된 것으로 판단되는 온돌시
설을 갖춘 건물지(金元龍 外 1989)가 만들어지면서 매립되었는데, 이러
한 인위적 폐기 때문인지는 잘 알 수 없으나 호안석축과 같은 부대시
설이 전혀 확인되지 않았다.

　남문지 부근 저지대 연못지 역시 그 일부분만이 조사되었는데, 평
면 형태는 동남-서북을 장축으로 하는 부정형에 가까운 한 변 길이
약 20m의 방형으로 되어 있다. 연못의 가장자리에서 완만한 경사를 이
루면서 점차 깊이가 깊어져 중심부의 깊이는 약 1m 가량 된다. 당초부
터 그랬는지는 알 수 없으나 호안석축 등의 시설은 역시 확인되지 않
았다.

　내부 퇴적토에서 출토된 유물로 보아 이 연못은 몽촌토성이 고구려
에 장악된 이후에도 그대로 존속하고 있었던 것으로 추정되며, 자연매
몰에 의해 완전히 평면화된 시점은 조선 초 무렵으로 판단된다.

　이 연못은 앞의 고지대 지당과 달리 인공축조가 아니었을 가능성이
있는데, 몽촌토성 각 문지는 人馬의 통로 뿐 아니라 지형 구조상 성내
에서 집수된 雨水 등의 배수로 역활도 겸하지 않을 수 없으므로 문지
부근에는 일종의 遊水池가 형성될 가능성이 높기 때문이다. 특히, 남문
지 부근은 북문지, 동문지 등과 달리 문지 부분이 성내부 저지대보다
약간 높을 뿐만 아니라 부근에 해자가 없기 때문에 성내에서 집수된
빗물이 그대로 성밖으로 배수되기 어렵다. 이처럼 자연적으로 형성된

유수지에 약간의 인공을 가해 만들어진 연못이었을 것으로 추정된다.

이 지당지는 성내에서의 위치로 보면 앞서 본『삼국사기』백제본기 毗有王 21(447)년조 "宮南池"와 관련될 가능성이 있으나 그 이상의 근거는 없다.

군사용 건물지로 추정되는 시설물은 동문지와 인접한 동남지구 성벽위에서 확인되었다. 이곳은 자연구릉 정상부에 해당되어 성벽 위이면서도 제법 넓은 평탄면으로 되어 있기 때문에 防戍 시설이 입지하기에 적합한 곳이다. 이곳에서 확인된 2채의 수혈건물은 성내에서 발견된 여타의 수혈주거지보다 규모가 클 뿐 아니라 鐵鉾, 鐵鐏(창물미), 鐵刀 등의 무구류가 다수 출토되어 일상 주거지가 아님을 알 수 있다. 구조가 비교적 잘 남아 있는 88-2호 건물지를 보면, 길쭉한 6각형의 한 꼭지점 부분에 逆凸자형 출입구를 낸 형태로서 장변 약 6m, 단변 약 4m의 규모로 되어 있다. 2개의 장변에는 벽선을 따라 약 50㎝ 간격으로 각각 10개씩의 기둥구멍이 배치되어 있고, 4개의 단변 벽면에는 각각 4~5개씩의 기둥구멍이 있으나 주거지 내부 바닥면에는 기둥구멍이 확인되지 않았다. 거의 수직으로 굴착된 기둥구멍의 형태는 한변의 길이가 20~50cm인 방형이며 깊이는 20~30㎝ 가량 되는데, 각 모서리에 위치한 기둥구멍이 크고 변에 배치된 기둥구멍은 그보다 작게 되어 있다.

주거지 내부에는 기둥구멍이 없으면서 벽면을 따라서는 상당히 촘촘하게 배치함으로써 보다 넓은 내부 공간 확보를 의도하였던 것으로 생각된다. 그리고 하중을 많이 받는 모서리 부분에는 굵은 기둥을 둔 반면 그 사이에는 가는 기둥을 세웠는데, 이로 보아 여기의 기둥들은 천장부의 하중을 지탱하는 역할과 함께 벽체를 구성하는 골조 기능도 하였던 것으로 보인다. 이러한 특징적인 구조는 다수의 인원이 기거하기에 적합하게 기획된 것으로서 아마도 군사용으로 추정되는 이 건물의 기능과 관련이 있을 것이다.

주거지 내부에서는 특별한 시설물이 발견되지 않았으나, 뒷벽 부분에는 기둥구멍이 많고 벽면에서 약 1m 가량 주거지 내부로 들어온 지점에도 구멍들이 나타나고 있어 당초 어떤 시설물이 있었을 것으로 추정할 수 있다. 이 부분의 바닥면에서 다수의 소토가 확인된 것으로 미루어 이는 화덕과 같은 시설의 흔적일 가능성이 높다. 이러한 화덕시설은 堡壘유적인 九宜洞유적(華陽地區遺蹟發掘調査團 1977)에서도 확인된 바 있는데, 구의동의 화덕시설 구조는 편평한 판석을 양쪽에 세우고 그 위를 판석을 올려 온돌 고래와 같이 진흙을 발라 덮은 형태로 되어 있었다.

지금까지 몽촌토성내 주요 시설물들에 대해 살펴보았다. 거의 대부분 고지대에서 확인된 것이어서 이를 통해 당시 몽촌토성의 완전한 모습을 그려 보기에는 미흡한 점도 있다.

그러나 이 무렵 도성 주변 촌락유적인 미사리 등(林炳泰 外 1994 ; 任孝宰 外 1994)에서 드러난 유구들과 비교해 보면 분명한 격차를 느낄 수 있는 것도 사실이다. 적심석을 갖추고 있는 지상건물, 와당으로 장식된 기와, 그리고 塼, 지당과 같은 조경시설, 망대나 군사용 건물로 대표되는 防戍施設 등의 존재는 앞에서 살펴본 중국청자 및 금동과대 금구 등의 위신재와 더불어 이곳이 왕성임을 시사하는 고고학 자료로 평가될 수 있을 것이다.

이러한 필자의 견해에 대해 몽촌토성에는 여성 관련 유물이 보이지 않았다는 점을 들어 풍납토성을 도성으로 보아야 한다는 반론을 제기하는 이가 있다. 이러한 반론 자체가 한성기 백제 도성제에 대한 이해 불충분에 있으므로 자세히 대응할 필요를 느끼지는 않는다. 다만 고고학적 관점에서 과연 그러한 논의가 성립될 수 있는가에 대해 잠시 생각해 보기로 한다.

　장신구와 같은 극히 제한된 일부의 유물을 제외한 대부분의 고고학 유물을 대상으로 그 사용자의 성별을 정확히 가리기는 지극히 어려우며, 특정 局所 공간 이외에 적어도 몽촌토성 정도의 공간규모를 가지고 있는 고고학 유적 전체를 대상으로 그러한 내용이 밝혀진 예는 찾아 볼 수 없으므로 이와 같은 접근 자체가 현실적 의미를 가지기 어렵다. 그럼에도 불구하고 보다 현실적인 관점으로 돌아와서 볼 때 과연 풍납토성에서는 몽촌토성에 비해 여성용품이 풍부한가 하면 그렇지도 않다. 따라서 이러한 반론은 적어도 고고학적으로는 성립되기 어려운 단순 주장일 뿐이라 하겠다.

제 6 장
백제의 성장과정

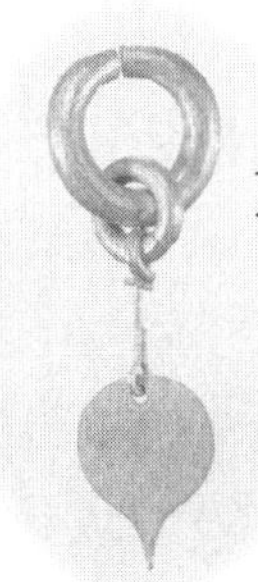

제 6 장
백제의 성장과정

본 장에서는 앞서 제 3장에서 제 5장에 걸친 논의 과정에서 밝혀진 백제 국가의 성립 시점을 토대로 한강유역에서의 백제 국가형성 과정을 정리해 보고 문헌사료와의 비교검토를 통하여 국가형성을 주도한 세력의 계통 또는 출자와 관련한 문제도 검토해 보고자 한다. 이 과정에서 종래 백제 건국세력의 출자문제와 관련하여 항상 논의되는 石村洞 基壇式積石塚에 대한 필자의 새로운 관점도 제시할 것이다.

그리고 국가성립 이후 백제 국가의 성장과정에 대해서도 아울러 검토해 볼 것이다. 이와 관련해서는 고대국가의 중요한 특징 가운데 하나인 국가성장에 따른 영역 확대과정을 중심으로 살피고자 한다.

1. 백제 건국세력의 계통과 기단식적석총

백제 건국과정을 언급하고 있는 거의 모든 국내외 문헌사료에서 공히 관찰되는 사항은 그 건국 주도세력이 북으로부터 내려와 한강유역에 정착하였다는 것이며, 『三國史記』 百濟本紀 溫祚王條에 보이는 일련의 건국설화, 同書 蓋鹵王 18년조에 수록된 北魏에 보낸 表文 내용, 그리고 백제왕실의 姓氏 등에서 일관되게 보이는 것은 그들의 뿌리가 고구려 건국세력과 관련된 扶餘系라는 점이다.

앞서 여러 장에 걸쳐 자세히 본 것처럼 백제 국가의 성립시기는 3세기 중후반 무렵이다. 그런데 그 무렵 고구려와의 밀접한 관련성을 나타내 주는 고고학 자료는 찾아볼 수 없었다. 그리고 후술하듯이 국가 성립 이전 단계에서도 고구려적 요소를 찾기 어려운 점은 마찬가지이다.

그렇다면 이러한 고고학 자료와 문헌사료 내용 사이의 괴리를 어떻게 좁혀야 할지가 문제이다. 서론에서 밝혔듯이 고고학 자료와 문헌사료가 시공적으로 일치하는 경우 고고학 자료 해석에 우선적으로 고려하여야 하는 준거는 역시 역사기록이기 때문이다. 이러한 전제를 염두에 두고 당면한 문제에 대한 접근을 위해 제 2장에서 이미 자세히 살펴본 바 있는 한강유역의 백제 선행 基層文化의 흐름을 상기해 보기로 하자.

한강유역에는 대략 기원전 100년 무렵 중도유형문화의 특징적 토기 가운데 하나인 경질무문토기와 더불어 철기가 출현한다. 이는 낙랑을 통해 들어온 발달된 漢代 철기문화의 소산이다. 『삼국사기』 백제본기 온조왕조의 기사와 紀年을 그대로 따른다면, 온조집단은 이 무렵 이러한 철기문화를 소지하고 한강유역을 점유하고 있던 집단 가운데 하나였을 것이다. 그렇다면 이들은 지금까지 알려진 고고학 자료로 보는 한 한강하류 지금의 서울 부근, 특히 강남 일원에 자리하고 있었을 것으로 보아야 할 것이다.

전술한 것처럼 이 무렵 한강유역에는 馬韓과 濊系로 구분되는 두 계통의 고고학적 문화가 공존하고 있었다. 예계로 이해되는 中島類型文化와 周溝土壙木棺(槨)墓로 대표되는 중서부지역의 문화가 그것이다. 그런데 백제의 발상지라 할 서울지역에는 석촌동 3호 동쪽 고분군으로 대표되는 제 3의 묘제로서 토광목관묘가 확인되고 있기 때문이다.

서울지역에서 알려진 토광목관묘는 석촌동 3호 동쪽 고분군의 예 이외에는 아직 없어 이러한 논의에 충분한 근거로는 다소 미흡한 점도 없지 않으나 이러한 石村洞 土壙木棺墓와 中西部地方의 周溝土壙木棺(槨)墓 사이에 관찰되는 일정한 차이를 부인하기 어렵다. 우선, 석촌동 토광목관묘에는 중서부지방의 주구토광목관(곽)묘와 달리 주구가 없다. 또한, 부장토기의 내용상으로도 차이가 있어, 석촌동에서는 硬質無文土器 深鉢이 보이지 않는 데 비해 중서부지방 무덤에는 打捺文土器 壺와 함께 경질무문토기 심발이 기본 부장품으로 되어 있다42).

한편, 이러한 차이에도 불구하고 臨津江 및 漢江中上流地域의 葺石式積石墓와 비교하면 양자 모두 그 매장주체부가 토광목관이라는 점에서 상대적 동질성이 인정된다. 이와 관련해 주목되는 사항은 제 2장에서 이미 본 바 있는 『삼국사기』 백제본기 온조왕 24년조의 기사내용이다. 이 기사는 溫祚集團이 처음 한강유역에 자리잡을 때의 사정을 전하고 있는데, 마한이 온조에게 그 동북지역 100리를 할애하여 정착케 하였다는 내용이 담겨있다. 묘제상에 보이는 얼마간의 친연성이 혹 온조집단이 정착한 지금의 서울지역이 당시 마한지역이었기 때문은 아니었을까 하는 가능성을 배제할 수 없기 때문이다.

아무튼, 묘제상으로 석촌동 토광목관묘와 중서부지방의 주구토광목관(곽)묘 사이에는 일정한 차이가 있음은 이러한 검토를 통해 인정될 수 있을 것이다.

석촌동 3호 동쪽지역 토광목관묘 가운데 현재 가장 이른 것은 제 4장에서 보았듯이 2호분으로서 중서부지방의 경우와 대비하면 대략 2세기 후반 경으로 비정할 수 있다. 장차 이보다 더 연대가 이른 예들

---

42) 이러한 부장품 기종상의 차이는 지역적 차이라기 보다 시기적 차이로 이해된다. 이에 대해서는 주40)을 참조하기 바란다.

이 드러날 가능성은 충분히 있으며, 영남지방 토광목관묘의 등장시기를 감안하면 기원전 1 세기대, 즉 樂浪郡이 설치된 이후 한강유역의 중도유형문화가 형성되던 무렵까지 소급될 수 있을 것이다. 그렇다면 그 무렵은 비록 기년에 대한 신빙성 때문에 그대로 믿기는 어렵지만 『삼국사기』 백제본기의 온조 건국 시점인 기원전 18년과도 밀접하므로 필자는 이 기사가 온조집단이 처음 한강유역에 정착할 무렵의 역사적 상황을 일부 담고 있는 것으로 이해해도 좋다고 생각한다.

　이상의 검토를 통해 지금의 서울지역 일원에는 임진강유역 및 한강 중상류지역의 濊系의 중도유형문화나 한강 이남 중서부지역의 마한문화와도 그 갈래를 달리하는 석촌동 토광목관묘로 대표되는 묘제를 사용한 어떤 세력집단이 기원전후 어느 무렵부터 자리잡고 있었음을 알 수 있었다. 낙랑으로 대표되는 중국군현과의 접촉을 통해 알게 된 발달된 漢 철기문화를 소지하고 있던 이들은 결국, 기원전 1세기 무렵 북으로부터 내려와 한강유역에 정착하였던 온조로 대표되는 백제 건국 주체세력43)으로 볼 수 있겠다.

---

43) 백제 건국세력의 종족적 갈래 혹은 문화적인 계통을 확실히 보여주는 고고학 자료는 아직 없으나 『삼국사기』 등 현재 전해오는 문헌사료를 통해보는 한 부여계로 이해된다.
　이와 관련해 강인구는 석촌동 토광묘를 부여와 연결시킴으로써 백제 건국세력의 출자를 부여로 비정한 바(姜仁求 1989) 있다. 강인구의 백제 건국세력에 대한 출자관 자체에 대해서는 필자도 공감하나 그가 제시하고 있는 고고학 자료만으로 이를 증명한 것이라 하기 어렵다.
　최근 扶餘 故土 지역에서 이루어진 고고학 조사를 통해 부여 묘제의 양상이 점차 드러나고 있지만, 토광목관묘라는 점 이외에는 한강유역 물질문화와의 공통점을 찾아 볼 수 없다. 주지하듯, 토광목관묘는 초기철기문화의 파급과 함께 중국으로부터 수용된 묘제이므로 부여만의 고유 묘제는 아니다. 그러므로 이것만으로는 한강유역과 부여 사이의 적극적인 연관성을 논의하기는 힘들다.
　이러한 문제점을 염두하여 필자는 아직 백제 건국세력의 계통론에 대한 본격적인 고고학적 접근은 주저하고 있다. 그러나 현재까지 알려진 고고학 자료로 본다면 기원전후부터 백제 국가성립시점인 3세기 중후반경까지의 한강유역에 이처럼, 석촌동 토광목관묘를 근거로 기원전후 어느 무렵 온조집단이 지금의 서울지역에 정착하였더라도 3세기 중후반경에 이르기 전까지는 『삼국사기』 백제본기 기사가 전하는 것과 같은 국가단계에는 아직 미치지 못하였음은 앞의 여러 장에 걸쳐 자세히 검토해 본 바와 같다.

이후 이 세력은 한강하류 일대를 토대로 하여 점차 성장하면서 먼저 한강 중상류 및 임진강 중상류 지역 예계 집단을 그들의 영향권으로 통합하였던 것으로 보인다. 당시의 그러한 사정을 담고 있는 역사기록이 바로 『삼국사기』 백제본기 온조왕조 이래 계속되고 있는 이른바 "靺鞨"과의 전투 관련 기사들이다(박진욱 1977). 그리고 이어 마한 지역으로도 세력을 확장하면서 『삼국사기』 백제본기 온조왕조를 비롯한 일련의 對마한 관련 기사가 점차 많아지고 있는 것으로 이해된다. 서울지역 세력의 이러한 성장과정은 앞의 제 3장과 4장에서 보았듯이 고고학 자료에서도 잘 나타나고 있어 고고학 편년를 통해 『삼국사기』의 기년을 적절히 조정한다면 고고학 자료해석을 위한 중요한 맥락(context)이 될 수 있음이 입증된다.

3세기 중·후반에 이르러 마침내 서울지역 세력은 그들의 영향권에 들어온 예계 및 마한 지역을 더욱 공고히 통합하면서 聯盟王國 형태의 國家(state)단계로 성장하게 된다. 한편, 이 무렵은 토착사회에 대한 중국군현의 장악력이 현저히 약화되어 유명무실화되는 시기와도 일치되고 있어 당시 남한지역 정치 사회발전에 미친 중국군현의 영향력이 매우 컸음을 반증하고 있는 것으로도 생각된다.

이렇게 본다면 백제의 국가형성에 있어서는 내적 요인뿐만 아니라

서 고구려계 물질문화는 더욱 찾아보기 어려우므로 일단 문헌사료에 나타나는 출자관을 중시하기로 한다. 사실, 문화계통 혹은 종족적 갈래에 대한 판단 문제는 고고학 자료의 비교 검토 결과를 문헌사료와 종합해봄으로써만 비로소 가능하므로 고고학 자료 그 자체만으로 결정될 수 있는 성질의 것은 아니다.

외적요인도 매우 큰 영향을 미쳤다고 하여야 할 것이다. 이점은 비단 백제만이 아니라 남한지역의 각 정치체 성장과정 모두에 적용될 수 있을 것이다44).

아무튼, 백제 국가형성 과정이 이러하다면 지금까지 백제 건국 주체의 고구려 계통설의 확고한 고고학적 근거로 여겨지곤 하였던 석촌동 기단식적석총은 어떻게 이해되어야 하는 지가 새로운 문제로 대두된다. 앞의 제 4장에서 본 것처럼 석촌동 기단식적석총은 4세기 후반에 출현하였다. 따라서 이는 백제 국가형성 시점과 관련시킬 수 있는 고고학 자료는 아님을 알 수 있으며, 이 묘제의 계통이 고구려에 있다는 사실을 근거로 백제 건국 세력이 고구려 계통임을 주장할 수는 없게 되었다.

한편, 제 1장에서 이미 보았듯이, 이러한 기단식적석총의 출현을 그

---

44) 연구자에 따라 차이는 있으나 대략 기원전 1세기 경에 국가로 성립된 고구려와 기원후 3세기 중후반 경에야 비로소 국가단계로 성장한 백제 사이에는 무려 3세기 가량의 時差가 있다. 이러한 정치 사회적 발전 落差는 중국군현 세력으로부터 토착사회에 끊임없이 가해진 遠心力에 의해 內的要因의 發現이 저해되었던 데에 원인이 있다할 것이다. 이러한 특수한 시대적 조건을 가지고 있던 기간은 엄밀히 따지자면 낙랑 설치시기로부터 멸망시점까지인 기원전 108년부터 기원후 313년까지로 되나 대략 "原三國時代"라 부르는 고고학적 시대와 거의 일치되고 있다. 아래에서 보듯이 최근 원삼국시대의 시작과 종언 시점이 점차 소급되고 있음이 드러나고 있는 것은 이러한 관점에서 보면 충분히 예상되는 일이다. 주지하는 것처럼, 원삼국시대를 주창한 김원용은 이 기간을 기원전후 무렵부터 기원후 300년경까지의 기간으로 설정하고, 이 시대의 성격에 대해서 낙랑군을 통한 漢 철기문화의 본격적 파급으로 사회적 통합도가 증가하여 마침내 백제, 신라와 같은 실질적인 국가가 출현되기까지의 과도적인 사회라고 한 바(金元龍 1989 : 128~130) 있다. 원삼국시대를 이러한 개념으로 파악할 때 그 시작은 영남지방의 경우 창원 茶戶里의 예로 보아 기원전 1세기 후반경(李健茂 外 1989)이 되며, 한강유역에서는 기원전 100년경까지 소급될 수 있다. 그리고 원삼국시대의 마감은 곧국가 출현시기이므로 한강유역에서는 백제 국가형성 시점인 3세기 중·후반경이 된다. 이는 낙랑 설치 직후부터 토착사회에 대한 그 영향력이 무명무실해지는 시기까지의 기간과 거이 정확히 일치되고 있다.

무렵 남하해온 騎馬民族에 의해 백제 왕실이 교체되었던 사정을 나타내는 고고학 자료로 이해하여야 한다는 주장이 있다. 4세기 후반 무렵이후 기단식적석총이 백제 왕실의 묘제로 정착되고 있는 점으로 보아 그럴 개연성은 충분히 있다. 그러나 전술한 바처럼 확실한 고고학 편년체계에 의해 적절히 기년만 조정하여 이해한다면 백제의 성장 과정을 잘 반영하고 있는 것으로 볼 수 있는『삼국사기』백제본기에서는 이러한 왕실 교체를 시사하는 내용을 찾아보기 어려우며, 현재까지 전해오는 국내외 문헌사료 어디에도 이와 관련된 당시의 사정을 보다 구체적으로 보여주는 기사는 없으므로 왕실 교체가 기단식적석총의 출현과 관련해 우선적으로 고려해야할 해석의 틀이 될 이유는 없다.

　기단식적석총 등장에 대한 구체적인 해석에 앞서 우선 문헌사료에 나타나는 당시의 역사적 상황을 일별해 봄으로써 자료 해석의 모델을 모색해 보기로 하자.

　4세기 후반은 近肖古王의 활발한 정복사업에 힘입어 백제가 한반도의 覇者로 부상하던 시기이다. 고구려 平壤城을 공격하여 故國原王을 전사시키는가 하면, "大閱"시에 "黃旗"를 사용하는 등(『三國史記』百濟本紀 近肖古王 24年(369)條 : 秋九月 高句麗王斯由 帥步騎二萬 來屯雉壤…王遣太子…破之獲五千餘及…冬十一月 大閱於漢水南 旗幟皆用黃. 同書 26年條 : 王與太子 帥精兵三萬 侵高句麗 攻平壤城 麗王斯由力戰拒之中流矢死…)에서 그러한 면모를 잘 살필 수 있다. 황색은 중앙을 의미하는 방위색이자 또한 천자, 즉 황제를 상징하는 색깔임은 주지하는 바로서, 열병에서 모두 황기를 썼다함은 곧 근초고왕 스스로가 패자임을 천명하는 것으로도 볼 수(李道學 1990) 있을 것이다.

　앞의 제 4장에서 보았듯이 바로 이 무렵 석촌동 고분군에 고구려식 기단식적석총이 나타나며, 이 가운데 가장 이른 것이 근초고왕릉으로 비정되고 있는 석촌동 3호분이라는 점은 매우 주목된다. 석촌동 3호분 규모는 한 변이 50m를 넘어 集安 지역 고구려 왕릉급 적석총 가운데 최대인 太王陵과 거의 같은 규모이다. 이처럼, 백제지역에 처음 나타나는 적석총의 규모가 고구려 지역 최대급과 거의 같고 그 주인공이 당시 고구려를 제치고 동아시아의 패자로 부상하고 있었던 근초고왕이었다는 사실은 매우 흥미롭다.

묘제는 여타 문화요소에 비해 전통성이 매우 강하기 때문에 그 변화는 곧 문화 계통상의 변화로 해석되어 온 것이 지금까지의 일반적 관점이었다. 그러나 앞서 제 4장에서 본 웅진시기 백제 왕실의 변천에서 잘 드러나듯이 왕을 비롯한 사회 상층부의 묘제는 정치 외교적 상황과 같은 비교적 특수한 요인에 의해서도 얼마든지 바뀔 수 있음을 알 수 있다.

잘 아는 것처럼 무령왕릉은 중국 梁나라 帝陵格式을 따른 전실분이다. 일반적 관점으로 보면, 이 무덤의 주인공은 문화 계통상으로 양과 관련된 인물일 것이라는 해석이 예상되지만 買地券에 의해 밝혀진 무덤 주인공 무령왕은 양과 문화 계통적 관련을 가지고 있는 인물이 아님은 두말할 나위 없다. 그리고 지금 논의하고 있는 기단식적석총 역시 4세기 후반 이후 한성시기에는 백제 왕실의 묘제로 채택되어 왔으나 웅진 천도 직후부터는 당시 금강유역 토착 귀족들의 묘제였던 횡혈식석실묘로 대체되었음은 제 4장에서 전술한 바와 같다. 그러나 이러한 왕실 묘제의 변화를 근거로 文周王이래의 웅진기 백제왕실이 한성기 백제왕실과는 문화 계통적으로 단절된 것으로 해석하려는 시도는 아직 없다. 앞서 제 4장에서 말한 것처럼, 웅진 천도 이후 왕실묘제로 등장하는 횡혈식석실묘는 한성의 함락과 개로왕의 피살이라는 긴급상황에 처하여 황망히 남천하였던 당시 백제왕실의 절박한 정치적 입장과 연관하여 해석될 수 있다. 도성 함락과 영토 상실로 빚어진 실추된 왕권의 유지를 위하여서는 토착세력의 적극적 지지가 절대적으로 필요하였을 것이고 이를 위한 그들과의 동질적 유대의 표현으로서 그들의 묘제를 왕실묘제로 채택하였던 것으로 볼 수 있다.

무령왕은 천도 이후 이처럼 안정되지 못하였던 왕권을 비로소 안정시키고 사비 천도의 기반을 다진 중요한 인물이다. 어느 정도 안정을 회복한 왕실의 권위를 더욱 높이고 왕권 강화를 가속화하기 위해서는 지금껏 그들의 협조를 유도하기 위해 취하였던 토착세력과의 동질적 유대를 지양하고 우위적 차별화를 선언할 필요성이 등장한다. 왕권과 왕실의 우월성을 천명하는 정치적 상징행위가 바로 양 제릉 영조격식에 따라 전축분을 자신의 릉으로 채택하는 조치로 나타난 것이다. 이러한 것이 가능했던 역사적 배경은 물론 책봉과 조공이라는 당시 국제질서였다. 그러나 이러한 사정이 이때가 처음이 아니라 한성시기 이래 빈번하였음에도 불구하고 중국측 묘제가 왕실 묘제로 채택된 선례는 없었다. 이러한 점으로 미루어 무령왕릉이 전축분으로 나타난 근본적 원인은 역시 양을 축으로 하는 국제정치적 구심력을 이용해 백제왕실을 토착 귀족세력과 차별화하려는 무령왕의 의지로 보인다.

이로써 묘제 변화는 항상 문화 계통적 관점으로만 해석되어서는 안되며, 국내외의 정치적 역학관계와 같은 여러 가지 요인에 의해 더 잘 설명될 수 있는 경우가 적지 않음을 알게 되었다. 그리고 이러한 관점은 문헌사료에 나타나는 당시의 역사 상황을 고려한 자료해석에서 얻어진 것이므로 석촌동 기단식적석총에 대한 해석에 있어서도 우선적 준거가 되기에 충분하다.

석촌동 기단식적석총의 출현에 대한 문화 계통적 관점에서의 해석은 백제왕실의 교체로 귀착될 가능성이 가장 높지만, 이러한 해석을 가능케하는 적극적인 역사기록이 뒷받침되지 않는 한 문화 계통적 관점으로만 접근할 이유가 없다. 4세기 후반 경 고구려를 능가하는 패자로 군림하게 된 근초고왕대의 백제왕실이 어떤 정치적 역학관계를 배경으로 인해 고구려 왕실묘제를 자신들의 묘제로 채용하였을 가능성을 생각할 수 있다.

이와 관련해 상정해 볼만한 해석의 틀 가운데 對等政體間 交互作用說(peer polity interaction theory)이 있다. Renfrew에 따르면, 서로 대등한 정치체 사이에는 전쟁, 猜忌的 경합, 非 물질문화의 전이, 기술혁신의 전달, 물자교역의 증대 등의 현상을 수반하는 일련의 상호작용이 나타나며 이를 통해 정치체의 성장이 촉진되는 예가 있다(Renfrew 1986)고 한다.

고구려는 분명히 그 사회발달 정도가 백제에 비해 앞서 가고 있었으나 4세기 중엽이후부터는 백제가 대등한 상대로 성장함에 따라 양자간에는 이러한 상호작용의 상정이 가능할 것으로 생각된다. 근초고왕대 이후 고구려와의 잦은 전쟁, 고구려식 기단식적석총의 출현, 건국설화상의 유사함 등의 현상은 대등정체간 교호작용에서 특징적으로 나타나는 현상들과 잘 대응되고 있어 우연으로 보기에는 공교로운 점이 많다. 고구려와 백제의 뿌리깊은 경쟁의식, 특히 부여계 공동 후예으로서의 라이벌의식의 발로로 볼 수도 있을 것이다. 즉 부여계승의 장자적 지위를 누려왔던 고구려를 4세기 후반 경 백제가 정치·군사적으로 능가하게 되면서 부여계의 적통적 지위를 확보하게 되었다는 표방으로서 당시의 고구려 왕실묘제를 자신들의 묘제로 채용하였을 가능성이 있다45). 그리고 백제건국 주체가 고구려계통임을 말해주는

---

45) 석촌동 기단식적석총의 출현을 고구려와 백제 사이의 대등정체간 교호작용으로 이해함에 있어 다음과 같은 점이 문제로 제기될 수 있다. 우선, 扶餘의 共同 後裔로서 嫡統에 대한 라이벌 의식의 결과 기단식적석총이 등장한 것이라면 이것이 부여의 묘제라야 보다 자연스럽지 않은가라는 점이 지적될 수 있다. 물론 그렇다면 논지전개가 더욱 쉬울 것이다. 그러나 고구려 역시 부여족의 후예로 자처하고 있었으나 그들의 묘제는 부여와 같지 않다. 따라서 이 경우 문제가 되는 것은 특정 문화요소의 원류가 아니라 대등정체간 교호작용이 일어나는 해당 정치체 사이에서 상대적으로 우위에 있는 관념적, 물질적 문화가 대응 정치체로 파급, 수용된 예로서만 이해되면 문제가 없을 것이다. 다음은

것으로 해석되어 오던 두 나라 건국설화 상의 유사성이나 동명묘의 공존에서 나타나는 공통 始祖觀 등도 대등정체간 교호작용의 한 특징인 非物質文化의 轉移(symbolic entrainment)를 통한 동질화의 결과로 설명될 수 있는 여지가 있다.

이상의 검토를 통해 알게된 백제의 국가형성 과정을 요약하면 대략 〈표 8〉과 같이 정리될 수 있다.

2. 한성기 백제의 영역 변천과 그 성격

한성백제의 영역과 관련된 문헌사료로는 『삼국사기』 백제본기 온조왕 13년조에 전하는 "劃定疆場 北至浿河 南限熊川 西窮大海 東極走壤"의 기사가 있음은 주지하는 바이다. 그러나 이것은 결코 『삼국사기』 기년인 기원전 5년 무렵의 백제 영역일 수는 없음은 두말할 나위 없다.

종래 이 기사에 보이는 지명들을 구체적으로 어디에 비정하여야 하느냐와 같은 문제를 통해 백제 영역의 범위를 이해하려는 노력이 있었으나 기년에 대한 확정이 선행되지 않는 한 그러한 논의는 의미를 가지기 어렵다. 사정이 이러하므로 한성기 백제 영역문제에 접근하기 위해서는 고고학 자료의 시공적 분포 양상을 활용하는 방법이 현재로서는 효과적이라 생각된다.

제 1장에서 보았듯이, 정치체의 내적 긴장이 높고 정치체 간 경쟁이 심하였던 것으로 보이는 삼국시대는 물질문화 양식상의 통일성 확인과 그 공간적 분포범위 파악을 통해 정치체의 영역을 추정할 수 있다. 따라서 여기서는 제 3장에서 검토한 夢村類型 土器, 즉 百濟土器의 공간적인 분포를 통해 한성기 백제의 영역을 알아보기로 한다. 한성기

과연 적대적인 관계에 있는 정치체의 묘제를 수용할 수 있는가에 대한 의문이 있을 수 있다. 이는 대등정체간 교호작용이 일어나는 주요 계기 가운데 하나가 전쟁이라는 점을 상기하는 것만으로도 이해 가능할 것이다.

백제토기는 제 3장에서 논의한 것처럼 漢城 I期와 漢城 II期로 구분 가
능하므로 여기서는 이러한 시기구분에 입각하여 각시기의 백제 영역
을 살펴보기로 한다.

　지금까지 알려진 각 유적 출토 한성기 백제토기의 시공간적 분포를 토
대로 한성 I기와 한성 II기의 영역을 추정해 보면〈도면 14〉와 같다46).

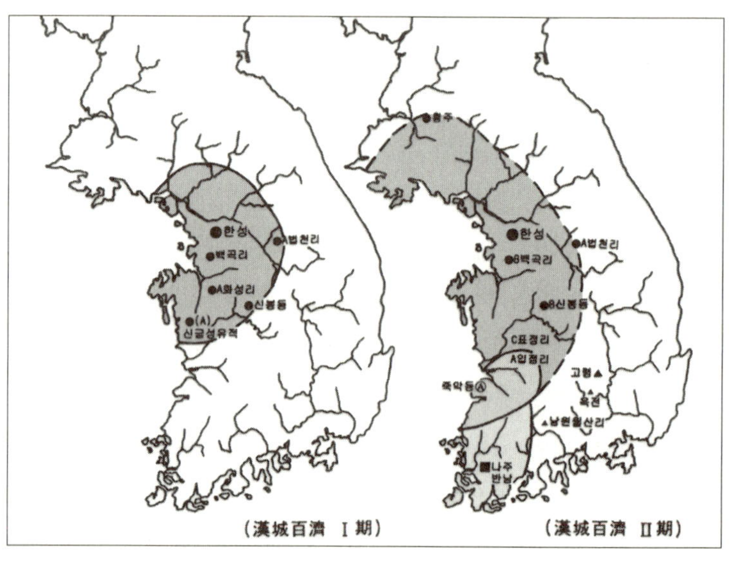

〈도면 14〉 한성백제의 영역 변천

46) 백제의 영역변천과 관련한 토기의 확산현상으로서 매우 주목되는 것 가운데
　하나는 타날문 심발형토기의 시·공간적 분포 정형이다. 타날문 심발형토기는
　표면처리 기법 및 기종구성 내용상의 차이를 근거로 승문 타날후 횡침선을 두
　르거나 승문을 타날한 서울을 중심으로 하는 한강유역군과 격자문이 타날된
　중서부 이남 지역군으로 나뉘어 지는데, 시간의 경과와 함께 한강유역군의 승
　문계 심발형토기가 주변 지역의 격자계 심발형토기를 대체하는 정형성을 나타
　내고 있다. 경기도 화성지역 등 중서부 북부지역에 승문계가 등장하는 시기는
　대략 3세기 중엽경이며, 천안·청주 등 중서부 남부지역에는 4세기 중엽경, 영
　산강유역등 호남지방에는 5세기 후반경에 각각 승문계가 나타나면서 토착 격
　자계가 점차 소멸되는 양상을 보이고 있다(도면 15 참조)(朴淳發 2001b).

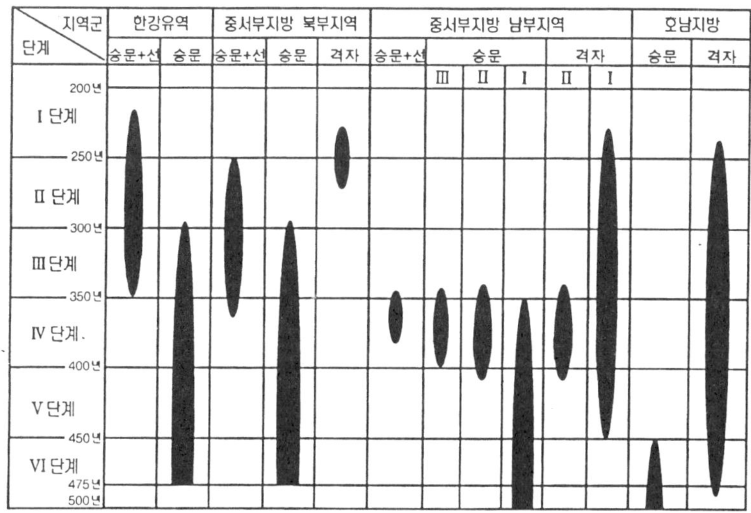

<도면 15> 심발형토기 종합변천양상

<표 8> 백제의 건국과 성장과정

절대년대	고고학적 자료			정치체의 발달단계
B.C18년 0 —	石村洞土壙墓	葺石式積石墓	中島類型文化 濊系	漢江流域 百濟建國主體 勢力의 定着
—				濊系 諸 政治體 統合
A.D100 —				馬韓 諸 政治體 統合
—				
200 —	夢村類型 土器 大形封土土壙墓 夢村土城 · 風納土城			**國家 段階 政治體**의 (聯盟王國) 出現
300 —	基段式塚石塚			高句麗를 능가하는 覇者적인 地位 確保
400 —				

한성 I기의 백제 영역은 東으로 原州, 南으로는 天安과 洪城을 잇는 선 以北까지로 볼 수 있다. 그러나 북방계선에 대해서는 현재까지 알려진 이 무렵의 유적이 거의 없으므로 확실치 않다. 다만 제 2장과 4장에서 보았듯이 중도유형문화의 분포 범위 및 『삼국사기』 백제본기에 보이는 백제와 "靺鞨", 즉 예계 세력과의 전투관련 기사 내용 등의 검토를 통해 대략 開城에서 漣川을 연결하는 선 이남으로 추정할 수 있다(朴淳發 1996a).

한성 II기의 영역은 I기에 비해 남방으로 더욱 확대되어 錦江 하구 건너 益山지역까지 이르게 되지만 동쪽으로는 한성 I기와 별로 달라진 게 없다. 한편 북쪽으로는 한성 I기에 비해 훨씬 확장되어 黃州 출토 백제토기의 예(崔鍾澤 1990)에서 보듯이 한 때 帶方故地 대부분을 포함하는 범위였을 것으로 추정된다. 이는 근초고왕대의 최대강역과 관련되는 것으로 판단된다.

이처럼 한성기 몽촌유형 토기 분포에 의해 추정한 공간범위를 대략 당시 백제의 영역으로 보아도 좋다면, 모두에 언급한 『삼국사기』 백제본기 온조왕 13년조에 기록된 강역은 "熊川"을 지금의 금강으로 비정할 때 대략 한성 I기 말 무렵의 사정을 전하고 있는 것으로 볼 수 있다.

이렇게 보면 북방으로의 영역 확장에 비하여 남방으로의 확장은 한성 II기가 되어도 益山 일대까지밖에 이르지 않은 것으로 드러나 토기 양식에 의해 추정한 남방계선에 대해서는 쉽게 이해되지 않는 점이 있다. 아마도 이 이면에는 후술할 당시 지방통치체제상의 차이, 즉 해당지역과 백제 중앙과의 관계상의 차이와 같은 요인이 내재하고 있었을 것으로 보인다.

그러면 이 문제와 관련하여 한성기 백제 중앙과 각 지방의 관계를 고고학 자료를 중심으로 살펴보기로 한다.

특정 정치체에 통합되어 있는 각 지역들의 위상은 그 지역 최상위 계층의 중앙에 대한 위상에 반영되어 있는 것으로 보아도 좋을 것이다. 이러한 전제가 받아들여진다면 중앙과 지방 또는 지방과 지방간의 관계는 각 지역 최상위 계층의 성격이나 위상을 파악해봄으로써 어느 정도 이해할 수 있을 것이다. 그리고 이는 고고학적으로 각 지역 중심 분묘군의 규모나 부장품의 질과 량 등에 대한 검토를 통해 접근할 수 있다.

지금까지 한성기 백제 영역 안에서 발견된 주요 고분군은 제 4장에서 보았듯이 石村洞 및 可樂洞 고분군, 法泉里 고분군, 白谷里 고분군, 花城里 고분군, 新鳳洞 고분군, 笠店里 고분군 등이 있으며47), 그리고 고분은 아니지만 이 문제와 관련해 중요한 자료로 생각되는 유적으로 夢村土城, 風納土城, 神衿城 백제유적 등이 있다. 이하 각 유적별로 그 양상을 살펴보기로 하되 특히, 해당지역 최상위 계층의 위상을 엿볼

---

47) 이들 고분군 이외에 화성 馬霞里 고분군(湖巖美術館 1998), 천안 龍院里 고분군(이남석 2000) 등에 대한 조사 보고서가 공표되었다. 기 보고된 마하리 고분군의 조성 시기는 3세기 말~4세기 전반경이며, 용원리 고분군은 대략 4세기 전반~5세기 초엽경으로 비정된다. 용원리에서는 銀象嵌環頭大刀와 金銅製單鳳環頭大刀가 출토되어 당시 백제의 중앙과 이 지역 사이의 관계를 파악하는 데에 매우 중요한 자료가 되고 있다. 반출 토기의 형식으로 보아 은상감환두대도는 4세기대임이 분명하며 금동단봉환두대도는 4세기 후반경으로 비정될 수 있다. 금동제 단봉환두도와 반출한 토기 가운데 한성기 백제양식 토기의 대표적 기종인 直口短頸壺가 포함되어 있어 그 연대뿐 아니라 한성백제의 중앙과의 관계도 확인할 수 있다. 은상감환두도에는 環頭部 및 柄頭金具에 각각 波狀線 및 唐草文이 시문되어 있는데, 문양의 형태가 4세말~5세기초로 비정되는 천안 화성리 A-1호 출토 환두대도보다 古拙하나 4세기 중엽경으로 비정되는 傳신봉동고분군 출토품보다는 얼마간 앞서는 것으로 판단되므로 4세기 후반의 어느 무렵으로 비정 가능하다.
한성기 백제 4세기 중엽~5세기 초에 걸쳐 나타나는 환두대도들의 제작지는 369년 무렵에 백제에서 제작되어 倭王에 전달된 七支刀의 존재등으로 보면 상감환두대도는 백제에서 만들어졌을 것으로 보이는데, 용원리 출토품은 그러한 사실을 뒷받침해주는 근거라 하겠다.

수 있는 威信財(Prestige goods)[48]의 계통과 연대를 중심으로 검토해 보기로 한다.

먼저, 한성기 백제의 중앙인 한성지역에서 드러난 위신재 양상을 살펴보자. 풍납토성에서 출토된 것으로 전해지는 靑銅製鐎斗의 존재는 일찍부터 알려져 있으나, 1980년대 후반 이후 실시된 석촌동, 몽촌토성 등의 발굴조사를 통해 西晉 전문도기, 東晉 청자호, 벼루, 흑유병 등 다수의 중국 陶瓷器들이 새로 확인된 바(夢村土城發掘調査團 1985 ; 金元龍·林永珍 1986 ; 金元龍 外 1988 ; 金元龍 外 1989) 있고, 그 밖에 풍납토성 부근에서 출토된 것으로 전하는 금동과대(李道學 1991b)도 이에 포함된다.

풍납토성 출토 초두는 후술할 법천리 것과 더불어 한반도지역 출토 동진제 초두 가운데 이른 예에 속한다. 集安 七星山 96호 積石塚(張雪岩 1979)에서도 동진제 초두가 나왔으나 뒤에 보는 바와 같이 세부 형태 비교를 통해 보면 풍납토성 것보다 이르지 않기 때문이다.

초두는 술을 데우는 溫酒器의 일종으로서 전한대에 출현하여 남북조시대에 특히 성행하였으나 唐 이후에는 더 이상 보이지 않는다 한다(孫機 1991 : 325). 이 가운데 풍납토성 예와 같은 이른바 三獸脚龍首柄 초두는 前漢 말 이후부터 동진대까지 집중되는데 그 예들을 모아 보면 대략 〈표 9〉와 같다.

---

48) 위신재의 구체적인 내용은 그 성격상 그것이 통용되는 사회에 따라 각기 다를 터이지만 하나의 공통점은 일상용품에 비해 그것에의 접근 또는 취득의 기회가 사회적 요인에 의해 제한되므로 상대적 희소성이 높다는 것이다. 이러한 관점에서 보면 위신재로 쓰였을 가능성이 가장 높은 것은 역시 外來品일 것이다. 그러나 産地에 관계없이 그 기능이 소지자의 신분이나 계층 등을 상징하는 사회적 유물(Sociofact)은 이에 포함된다.

〈표 9〉 晉代 三獸脚龍首柄 초두의 출토예

유 적 명	시 기	특 징	출 전
山東 沂水縣 荊山	西漢末	圓底	馬璽倫 1985
折江 衢縣 街路村	元康8년(298)	抹角平底,脚의接地角이60° (鐵製). 灰釉錢文陶器共伴.	崔成實 1974
湖北 漢陽縣 蔡甸	下限 西晉	抹角平底,다리 접지각75° 脚 上端 獸面飾.	程欣人 1966
山東 牟平縣 崑崙山	東晉初	배부른 抹角平底,寫實的인 龍首표현,접지각63°,脚 上端 獸面飾.	林仙庭·宋協禮 1994
南京 象山7號 墓	322년(추정)	약간 배부른 抹角平底,접지각70°.	袁俊卿 1972
南京 象山5號 墓	358년	약간 배부른 抹角平底,접지각79°	袁俊卿 1972
南京 鄧府山	東晉	약간 배부른 抹角平底,접지각76°	尹煥章 1955
集安 七星山96號赤石冢	東晉	抹角平底,접지각 약90°	張雪岩 1979
風納土城	320년대	약간 배부른 抹角平底,접지각69°, 寫實的인 龍首표현,	國立中央博物館藏
法泉里1號石槨	350년 전후	약간 배부른 抹角平底,접지각79°, 비교적 寫實的인 龍首표현.	金元龍 1973

〈사진 15〉 풍납토성 출토로 알려진 청동제 초두

이를 보면 초두 형태에는 일정한 시기적인 변화가 감지되고 있다. 우선 이른 시기의 초두는 대체로 저부 형태가 圓底인데 비해 늦은 것은 抹角平底로 나타나고 있음을 알 수 있다. 그리고 초두의 다리가 접지면과 이루는 각도 역시 그와 더불어 점차 커지고 있음을 관찰할 수 있다. 즉 이른 시기 초두의 다리는 늦은 시기 것에 비해 상대적으로 밖으로 퍼져 시각적으로 안정감을 주고 있다. 한편 山東 荊山과 湖北 漢陽 출토품은 다리 상단에 짐승 얼굴 모습의 장식이 있는데, 이 두 초두는 나머지 예에 비하면 상대적으로 그 제작시기가 이르므로 脚 상단의 獸面裝飾 역시 이른 시기 초두의 한 특징으로 보아도 좋을 것이다.

이와 같은 초두 형태 변화상을 염두에 두고 한성기 백제유적 출토 초두를 보면, 풍납토성 초두는 산동 형산 초두와 南京 象山 7호분 출토 초두 사이에 위치시킬 수 있겠다. 법천리 출토 초두는 풍납토성 초두에 비해 접지각이 커진 점으로 보아 그 보다 얼마간 늦게 보아야 하는 형태인데, 대략 남경 상산 5호분 출토품과 南京 鄧府山 출토품 그룹에 포함시킬 수 있다. 이상과 같은 관찰을 기준으로 풍납토성과 법천리 출토 초두의 연대를 추정해 보면 각각 4세기 전반과 중엽 경으로 비정할 수 있으며, 그 계통은 논의과정에서 이미 드러났듯이 동진에 있다.

灰釉錢文陶器는 1985년도 몽촌토성 발굴조사를 통해 처음으로 확인된 이래 최근 홍성 신금성 백제유적에서도 또 다시 출토되었다(李康承 外 1994)[49]. 전문도기의 성행시기는 대략 西晉代로 알려져 있는데(夢村土城發掘調査團 1985), 위의 표에서 이미 보았듯이 浙江省의 懼縣 街路村 晉墓에서 이른 시기 초두와 함께 출토된 바가 있다(崔成實 1974). 여

---

49) 1999~2000년에 걸쳐 한신대학교 박물관에 의해 조사된 風納土城 내부 경당연립지구 재건축사업 지역에서 西晉 錢文陶器를 비롯한 다수의 東吳~西晉代 施釉陶器가 출토되었다(權五榮 2001 참조).

기 진묘는 '元康 8(298)年' 銘 전이 확인되어 중요한 편년 기준이 된다. 이러한 서진대 전문도기가 몽촌토성 뿐 아니라 홍성 신금성에서도 출토되는 것으로 보아 당시 한성기 백제와 서진 사이에는 상당히 활발한 교류가 있었던 것으로 판단된다[50]. 이러한 교류는 이후시기에도 계속되고 있었음은 두말할 나위 없는데, 전술한 동진 초두의 존재는 물론이고 몽촌토성 및 석촌동 고분군 등에서 다수 확인된 古越瓷가 이를 잘 말해 주고 있다.

한성백제와 晉 사이의 교류 정도를 짐작케 하는 또 하나의 중요한 물증으로는 제 5장에서 자세히 설명한 바 있는 몽촌토성 출토 금동과 대금구를 들 수 있다. 전술하였듯이 4세기 초엽을 더 내려오지 않는 진대의 과대금구로서 당시 3품 이상 고급무관이 패용하던 것이므로 한성기 백제에서 이러한 과대를 패용하였던 주인공은 아마도 최고위급 중앙귀족으로 볼 수 있다.

지금까지 살펴 본 이러한 유물들의 위신재로서의 등급은 논의과정에서 이미 짐작할 수 있듯이 당시로서는 모두 최상급에 해당되는 것으로 보인다. 이들이 대부분 진대의 유력귀족 무덤의 부장품으로 출토되고 있는 점(袁俊卿 1972)을 통해 충분히 알 수 있다. 그러므로 이러한 위신재들은 한성 백제와 晉 사이의 공식적 대외교섭 과정을 통해 들어왔을 것으로 보아야 할 것이다. 앞의 제 3장에서 보았듯이 백제 국가형성과 관련하여 『晉書』帝紀, 馬韓傳, 張華傳 등에 나타나는 일련

---

50) 『晉書』東夷列傳 馬韓條 기사에는 이 무렵의 對西晉 교섭의 주체가 馬韓으로 되어 있으나, 현재까지 드러난 고고학자료에 근거하는 한 여기 마한은 국가단계로 성장하면서 對外交涉權을 실질적으로 장악하게 된 한강유역의 百濟로 판단된다(제 3장 주25) 및 제 5장 참조). 중국에서의 錢文陶器 분포는 현재까지 알려진 자료로 보는 한 浙江, 江蘇 등 揚子江 유역에 집중되고 있어 3세기 말~4세기 초에 걸친 中原地方 및 東北地方의 政情 불안으로 인해 당시 백제의 對外 交涉先이 잠시 江南地方으로 이행되고 있었을 것으로도 볼 수 있다(朴淳發 1999 참조).

〈사진 16〉 연대가 알려진 서진(西晋) 전문도기
① 태강(太康) 9(서기 288)년묘 출토품, ② 원강(元康) 8(서기 298)년묘 출토품

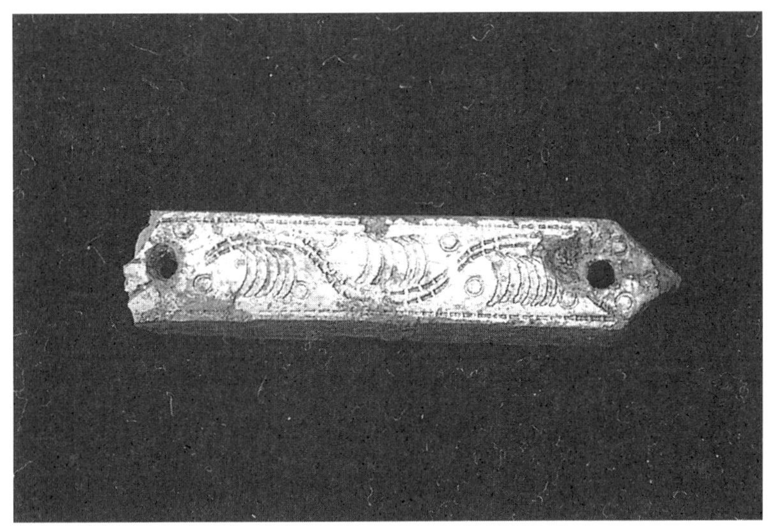

〈사진 17〉 몽촌토성 출토 금동과대금구

의 對 서진교섭 주체로 표기된 마한이 바로 이 무렵 국가단계로 성장하였던 한강유역의 百濟로 이해하여야 하는 것은 이러한 점에서도 그 타당성이 입증된다.

法泉里 고분은 1, 2호분 2기밖에 알려진 것이 없으나 그 출토품(金元龍 1973) 가운데 동진제 靑磁羊形器, 청동초두 등 상급 위신재가 포함되어 있어 일찍부터 주목을 받아왔다. 그러나 매장문화재 신고에 의한 사후 탐문조사밖에 이루어지지 않아 고분의 구조에 대해서는 자세하게 알려진 바가 없을 뿐만 아니라 출토품의 유구별 일괄성 여부에 대해서도 얼마간의 이견이 없지 않다. 법천리 일대에는 신고된 위의 2기 이외에도 고분이 더 있었을 가능성이 있을 것으로 생각된다51).

---

51) 법천리 고분군은 국립중앙박물관에 의해 1999년도 이후 2000년, 그리고 2001년에 걸쳐 지금까지 모두 3차례의 발굴조사가 진행되었다. 정식 보고서는 미간이나 원삼국시대 토광목곽묘, 백제시대 횡혈식석실묘, 횡구식석실묘 등 다수의 고분과 더불어 주거지 등도 확인되었다.

아무튼, 사후 조사결과에 의해 그 출토품을 살펴보면, 1호분에서는 청동초두, 木心鐵板被鐙子, T자형 투조문이 있는 飾履로 추정되는 金銅片(崔秉鉉 1992 : 745), 鐵劍, 鐵鉾, 그리고 토기 호 등이 나왔으며, 2호분에서는 청자양형기, 한성 I기의 直口短頸壺, 深鉢形土器 등이 공반되어 있었다. 2호분 출토 청자양형기는 南京 象山 7호분(322년) 출토품과 거의 같은 형식이어서 이 고분의 연대가 상한을 300년경으로 하는 4세기 전반 또는 중엽으로 비정할 수 있는 근거가 된다(岡內三眞 1983). 1호분은 전술한 청동초두의 연대로 보아 대략 4세기 중후엽 경으로 추정할 수 있다. 이러한 연대관으로 보면 법천리 2호분은 한성 I기에 해당되고 1호분은 한성 II기 초에 해당된다.

원주 법천리 일대는 백제 국가형성 이전시기에는 예계지역이었으나 백제가 국가단계로 성장하면서 이 지역 예계세력들은 백제의 영향권으로 편제되고 있었음은 제 2장과 4장에서 살펴본 바와 같다. 법천리 2호분 시점인 4세기 중엽 경에는 한성 백제 중앙 양식의 토기인 몽촌유형이 부장되고 있는 점으로 보아 백제 영역이 이곳까지 포함됨을 알 수 있는데, 여기에 격이 높은 위신재로 볼 수 있는 청자양형기가 부장되어 있음은 매우 주목된다. 청자양형기는 청동초두 등과 더불어 진대 고위 귀족 무덤에만 부장되는 고급 위신재의 하나이므로 법천리 2호분 피장자의 위상은 당시 한성 백제에서는 중앙귀족에 필적하는 정도로 볼 수 있다.

이 지역의 이러한 위상은 1호분으로 대표되는 한성 II기에도 그대로 유지되었을 것으로 보인다. 전술한 1호분 부장품 가운데 청동초두, 금동 식리 등의 존재가 이를 잘 말해준다.

지금까지 알려진 금동 식리에는 고구려 집안지역 출토품(魏存成 1994), 신라지역 皇南大塚 南墳·北墳, 金冠塚, 金鈴塚, 銀鈴塚, 壺杅塚, 天馬塚, 飾履塚, 皇吾洞 4호분 등의 왕릉급 고분 출토품들, 대구 飛山洞 37호분,

內塘洞 55호분, 칠곡 黃桑洞 1호분, 양산 夫婦塚, 경산 林塘古墳 등의 고분 출토품이 있으며, 백제지역에서는 武寧王陵, 익산 笠店里 1호분, 나주 新村里 9호분 乙棺, 伏岩里 3호분 등에서 출토된 바 있다. 이러한 출토 예에서 충분히 짐작되듯이 위신재로서 식리의 위상은 거의 최상급에 속한다.

법천리 1호분 금동편이 金銅飾履[52]임에 틀림없다(崔秉鉉 1992 : 745)면, 이 고분의 연대로 보아 남한지역에서는 가장 이른 예에 해당되는 것으로 볼 수 있다. 위에서 본 금동식리 출토 고분 가운데 가장 이르게 상대 편년되는 황남대총 남분의 구체적인 연대에 대해서는 이견이 있지만, 그 가운데 연대를 올려보는 입장을 따르더라도 4세기 중·후엽경이므로(崔秉鉉 1992 : 347~367) 법천리 1호분보다 더 이르지는 않기 때문이다.

그러면 법천리 지역이 이처럼 높은 위상을 유지하고 있었던 배경에 대해 잠시 생각해보기로 하자. 이는 아무래도 이 지역이 당시 한성 백제의 對 예계지역 진출과 관련한 교두보적 역할을 담당하고 있었을 가능성과 무관하지 않았던 것으로 보인다.

百濟의 성장과정은 전술한 것처럼 濊系세력과 馬韓세력의 통합과정이라 해도 좋으므로 백제가 嶺西地方으로 영역을 확장함에 있어서 법천리지역은 매우 긴요하며, 이 지역의 이러한 전략적 위치가 바로 법천리 1·2호분 출토 위신재의 위상으로 나타난 것으로 이해할 수 있을 것이다.

---

52) 여기 금동식리가 백제계의 위신재였는지 여부에 대해서는 아직 확실한 근거는 없으나 법천리 지역이 한성백제의 영역에 소속되었던 점은 법천리 2호분 출토 토기의 양식으로 보아 확실하므로 시기적으로 이 보다 약간 후행하지만 같은 한성기인 법천리 1호분 피장자 역시 그러할 것으로 보는데에는 문제가 없다. 이러한 점으로 미루어 법천리 1호분 출토 금동식리는 한성백제계의 위신재로 보고자 한다.

천안 花城里 고분군은 1969년도 매장문화재 신고에 의해 이곳에서 출토된 고월자 天鷄壺와 盤口瓶이 수습되고 이것이 1976년도에 학계에 소개되면서 주목을 받기 시작하였다(三上次男 1976). 그 후 이와 공반된 일괄유물이 함께 검토되면서 이들이 4세기 중후반 무렵의 토광목관묘에서 출토되었을 것으로 추정되기에 이르렀다(小田富士雄 1982). 이와 같은 유적의 중요성에 따라 1991년도에 발굴조사가 실시된 결과 모두 9기의 한성백제 토광목관 및 목곽묘를 확인하게 되어 이 고분군에 대한 보다 자세한 면모를 알 수 있게 되었다(金吉植 外 1991).

제 4장에서 이미 보았듯이 화성리 고분군의 연대는 한성 I기가 중심이 되며, 일부는 한성 II기 초엽 경에 비정된다.

화성리 고분 피장자의 위상을 말해주는 위신재로는 매장문화재로 신고된 동진 청자와 더불어 1991년도 발굴조사시에 출토된 鐵地銀象嵌 唐草文 環頭大刀를 들 수 있다. 동진제 청자는 법천리 예에서 이미 보았듯이 당시 한성 백제 최상급 위신재에 해당되는 것으로 볼 수 있다.

한편, 銀象嵌 환두대도는 백제지역에서 정식발굴조사를 통해 확인된 것으로는 이것이 처음이기 때문에 그 제작시기 및 계통 등에 대한 얼마간의 검토가 필요하다.

한성기 백제에 象嵌技法이 존재하고 있었음은 七枝刀의 존재를 통해 잘 알 수 있는데, 동진 太和 4(369)년에 백제에서 제작되어 倭王에게 증여된 것으로 보는 견해가 지배적이므로(李道學 1990) 4세기 중후엽경에는 이미 상감기법이 사용되고 있었던 것으로 보는 데는 문제가 없다. 화성리 출토 철제은상감 환두대도는 이러한 추정의 타당성을 입증하는 자료이기도 하다. 한성기 철제은상감 환두대도의 또 다른 예로는 傳 청주 신봉동출토품이 있는데, 여기에는 금과 은이 함께 상감되어 있다(具滋奉 1989). 문양의 내용은 화성리에 비해 단순하여 직선과 파상선만으로 구성되어 있다. 환두의 형태도 화성리가 타원형인데 비해

<사진 18> 한성기 백제 각지 출토 중국 도자기 각종
① 몽촌토성 출토 서진(西晉) 전문도기편, ② 석촌동 3호 기단식적석총 출토 동진(東晉) 청자호편, ③ 석촌동 3호분 동쪽 고분군 출토 청자사이호, ④ 풍납 토성 출토품, ⑤-⑦ 몽촌토성 출토품, ⑧ 강원도 원주 법천리 고분군 출토 청자양형기, ⑨ 천안 용원리 횡혈식석실묘 출토 남조 송(宋) 청자 완

원형을 이루고 있어 제작시기상 얼마간 차이가 있을 것으로 생각된다.

　백제지역 출토 환두대도를 보면 원형에 가까운 환두를 가진 것이 시기적으로 앞서, 3세기 전반~중엽경의 원삼국 유적인 천안 청당동 고분군(韓永熙·咸舜燮 1993) 출토품 가운데서 그러한 예를 다수 확인할 수 있다. 이로 미루어 전 신봉동 출토 상감환두대도가 화성리 것에 비해 얼마간 선행하는 형식으로 볼 수 있다. 상감환두대도가 나온 화성리 A-1호분의 연대는 보고자의 견해에 따르면 4세기 중후반 경으로 된다. 이렇게 본다면 화성리 환두대도보다 이른 형식인 전 신봉동 대도는 이보다 이른 4세기 중엽경까지 소급해 보아도 좋을 것으로 생각된다.

　이로써 한성 I기 말~II기 초 무렵에는 이미 상감기법이 철제 환두대도나 칠지도 등에 보이고 있음을 알 수 있다. 이러한 상감기법의 계통은 갑자기 판단하기 어려우나 고구려지역에서는 아직 그 예가 확인된 적이 없는 점으로 미루어 현재로서는 아무래도 東晉 등 南朝와의 교류를 통해 들어왔을 가능성이 가장 높다. 한성 백제의 상감기법은 이후 주로 가야지역으로 파급된 것으로 보이는데, 高靈 池山洞 32호분, 陜川 玉田 35, 67-A, 70, M4호분, 昌原 道溪洞 6호석곽분, 南原 月山里 M1-A수혈식석곽분 등에서 출토된 예들(李午憲 1996)이 그것이다. 이러한 가야지역 고분의 연대는 대략 5세기초~6세기초에 걸치고 있어 한성II기에서 웅진기 초에 해당됨을 알 수 있다. 그러나 신라지역에서는 호우총 출토예에서 보듯이 6세기 이후에야 비로소 이러한 상감기법이 나타난다.

　아무튼 신라 가야지역에서 상감환두대도가 부장된 고분들은 거의 대부분 해당지역 중심고분군의 상위 계층 무덤들이다. 이러한 점으로 보아 당시 상감환두대도가 지닌 위신재로서의 위상이 상당히 높은 것임을 알 수 있다.

이상의 논의를 통해 한성 I기 말~II기 초 무렵의 천안지역 위상은 법천리와 거의 같은 수준의 최상급에 해당됨을 알 수 있다. 이 무렵 천안 지역이 차지하는 이러한 위상은 당시 한성 백제가 마한지역으로 영역을 확대하고 있었던 사정과 관련하여 설명될 수 있음은 두말할 나위 없다. 즉 이 무렵 천안지역은 백제가 그 이남 마한지역으로 척경함에 있어 거점적 위치에 해당되었으므로 이 지역 세력에게 높은 위상의 위신재를 사여하였던 결과로 이해할 수 있다[53]. 이러한 지역 위상은 한성 II기 이후가 되면 다소 낮아졌을 것으로 추정되는데, 이는 對마한지역 전진기지로서의 전략적 역할이 감소되는 것과 궤를 같이 할 것이기 때문이다.

청주 新鳳洞 고분군은 1982년부터 조사되기 시작하여, '90년, '92년, '95년 등 일련의 추가조사가 실시되면서 모두 228기의 토광목관, 목곽묘와 더불어 3기의 횡혈식석실묘가 확인된 대규모 고분군이다(李隆助・車勇杰 1983 ; 車勇杰 外 1990 ; 이원복 외 1990 ; 車勇杰 外 1995 ; 金成明 外 1993).

신봉동 고분군의 축조 개시 연대에 대해 보고자들은 3~4세기초 무렵까지 올려보고 있으나(李隆助・車勇杰 1983 ; 車勇杰 外 1990) 앞서 제4장에서 보았듯이 석촌동 토광목관묘 부장 토기 조합상을 기준으로 보면 한성 I기 말에서 한성 II기 전 기간에 걸치고 있음을 알 수 있다.

한성 I기에 해당되는 고분은 그 수가 많지 않을 뿐 아니라 부장품 또한 거의 토기나 약간의 철기밖에 없어 위신재를 논의하기는 어려우

---

53) 천안 지역이 가지는 위상은 최근 발굴조사된 용원리 고분군을 통해서 다시 한 번 입증되었다. 이곳에서는 東晋製 黑釉 天鷄壺, 金銅單鳳環頭大刀, 銀象嵌環頭大刀 등과 함께 한성양식 백제토기 가운데 위신재적 성격이 높은 黑色磨研土器가 출토되었다(李南奭 2000 참조). 용원리 고분군과 화성리 고분군은 인접하고 있지만, 용원리에서 보이는 이러한 위신재의 질과 양으로 보아 화성리에 비해 상위 고분군이었던 것으로 판단된다.

나, 앞서 본 전 신봉동 출토 금은상감환두대도의 존재를 감안하면 천안지역과 대체로 비슷하였을 가능성이 있다. 그러나 동진제 청자와 같은 최상급 위신재는 아직까지 출토된 예가 없으며, 천안과 청주가 지리적으로 인접하고 있는 점으로 보면 한성 I기에는 천안지역의 위상이 청주지역보다 더 높았을 것으로 생각된다.

그러나 한성 II기 이후 신봉동의 지역 위상은 점차 제고되고 있었음이 엿보인다. 이 무렵 신봉동 고분군의 최상급 위신재로는 三葉環頭大刀를 들 수 있다. 삼엽환두대도는 마구, 금동이식 등과 공반되고 있어, 이 지역에서는 최상위 계층의 위신재임이 분명하다. 그렇다면 당시 백제에서 삼엽환두대도가 가지는 위신재로서의 위상은 어느 정도였는지에 대해 살펴보기로 하자.

환두대도의 등급은 龍鳳環頭大刀를 정점으로 삼엽환두대도, 素環頭大刀 순으로 점차 낮아지는 것으로 알려져 있는데(穴澤和光·馬目順一 1975), 이들은 다시 그 재질에 따라 용봉환두대도는 금, 금동, 은 등으로 구분되고 삼엽환두대도는 금, 은, 철 등으로 세분된다. 백제지역에서 나온 용봉환두대도는 현재까지 나주 신촌리 9호 을관 출토 銀粧單鳳環頭大刀가 가장 이른 예[54]이다. 이 고분의 편년은 연구자에 따라 다소 차이가 있으나 5세기 중엽~말에 이르는 시기로 보아 좋을 것이다. 이후 6세기초 무령왕릉에서 최상위급 용봉환두대도인 金粧龍鳳環頭大刀가 확인된다. 이 무렵의 용봉환두대도를 중국 책봉체제로의 편입에 따른 것으로 보는 견해(穴澤和光·馬目順一 1975 : 262)가 유력하지만, 아무튼 이러한 용봉환두대도는 왕의 신분을 상징하는 것임에는 틀림없

---

54) 1998년 천안 용원리 고분군에서 金銅單鳳環頭大刀가 출토되었다(李南奭 2000). 이 유물이 부장된 제 1호 수혈식석곽묘의 조영시기는 반출한 직구단경호로 보아 대략 4세기 후반경으로 비정된다. 그러므로 현재까지 알려진 것 가운데는 이것이 가장 이른 시기의 백제 금동단봉환두대도이며, 신촌리 9호 을관 출토 은제단봉환두대도의 제작지가 백제임을 시사하는 중요한 자료이다.

다. 신라지역에서도 이러한 양상은 동일한데, 천마총, 식리총, 호우총 등에서 출토된 것이 그것이다. 한편 신촌리 9호 을관과 같은 용봉문환두대도는 금장용봉문환두대도보다는 한 등급 아래이므로 왕에 버금가는 신분을 나타내는 것으로 볼 수 있을 것이다. 이러한 지위를 당시 한성백제로부터 받았는지 아니면 중국과 직접 교섭한 결과인지는 대단히 중요하므로 금후 엄밀한 검토가 있어야 할 것이다(도면 16 참조)55).

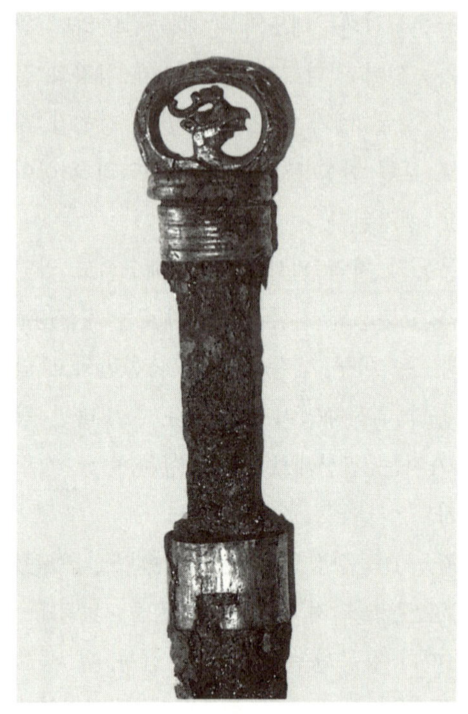

〈사진 19〉 천안 용원리 고분군(1호 석곽묘) 출토 금동봉황문환두대도
(함께 나온 한성양식 백제토기 직구단경구형호로 보아 4세기 후반경으로 비정됨.)

---

55) 천안 용원리 고분군에서 4세기 후반경에 이미 금동단봉환두대도가 출토됨으로써 신촌리 9호분 출토 환두대도의 계통이 백제일 가능성은 극히 높아졌다. 영산강유역은 대략 5세기 중엽경까지 나주 潘南고분군 조영집단을 중심으로 일정한 수준의 정치적 통합력을 유지하고 있었던 것으로 추정되는 바 당시 백제토기와는 다른 榮山江流域樣式 토기의 존재(도면 17 참조)나 大形甕棺을 매장주체부로 하는 집단분구분의 존재 등에서 그러한 사정을 엿볼 수 있다. 그러나 이러한 이 지역의 정치적 통합 이면에는 환두대도와 같은 백제계 위신재의 존재에서 잘 나타나듯이 백제와의 관계를 유지함으로써 가능하였던 것으로 이해된다. 한성기 백제와 영산강유역 세력들 사이의 그러한 관계를 필자는 백제중심의 支配的 同盟關係로 부르고 있다. 웅진기 이후 백제의 적극적인 南方政策이 구현되면서 이러한 관계는 붕괴되고 그에 따라 반남세력의 정치적 통합력도 와해되어 6세기 전반경 마침내 백제의 직접 지배하에 편제된다(朴淳發 2000a ; 2000b 참조).

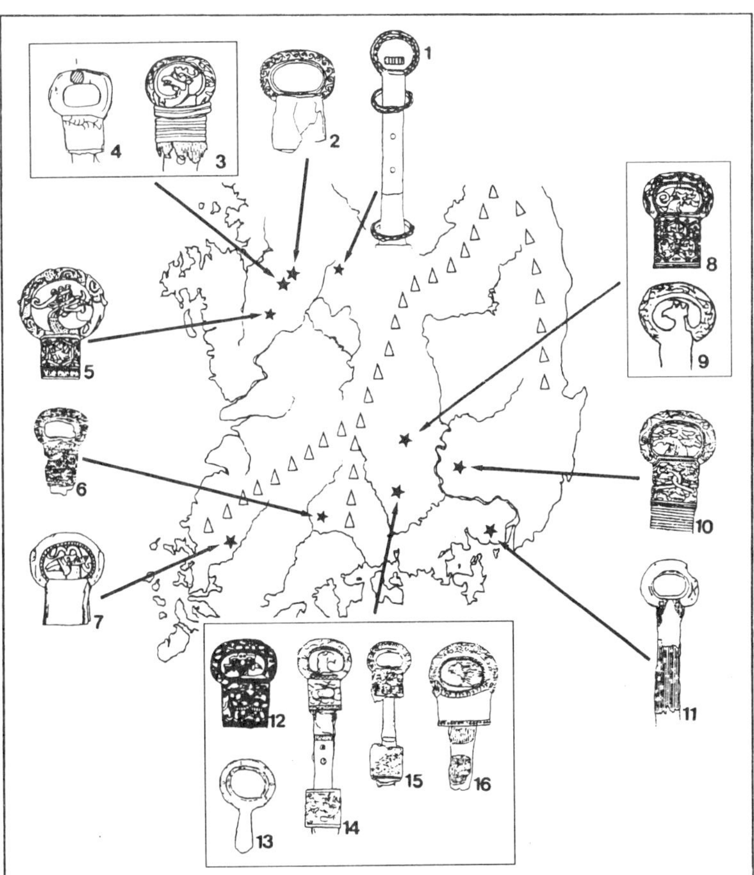

1. 傳 淸州 新鳳洞(李午憲 1998) 2.天安 花城里 A-1號(金吉植 外 1991) 3.天安 龍院里 1號石槨(李南奭 2000) 4.天安 龍院里 5號 石槨(李南奭 2000) 5.公州 武寧王陵(文化財管理局 1973) 6.南原 月山里 M1-A號墳(全榮來 1983) 7.羅州 新村里 9號墳(徐聲勳 外 1988) 8.高靈 池山洞 39號墳(穴澤和光・馬目順一 1975) 9.高靈 池山洞 32NE-1號墳(金鍾徹 1981) 10.昌寧 校洞 10號墳(穴澤和光・馬目順一 1975) 11.昌原 道溪洞 6號 石槨(李午憲 外 1992) 12.陜川 玉田 M3號墳(趙榮濟・朴升圭 1990) 13.陜川 玉田 M67-A號墳(李午憲 外 1992) 14.陜川 玉田 M35號墳(李午憲 外 1992) 15.陜川 玉田 M70號墳(趙榮濟 1988) 16.陜川 玉田 M4號墳(趙榮濟 1993)

〈도면 16〉 환두대도의 분포로 본 한성기 백제와 주변 정치체와의 관계

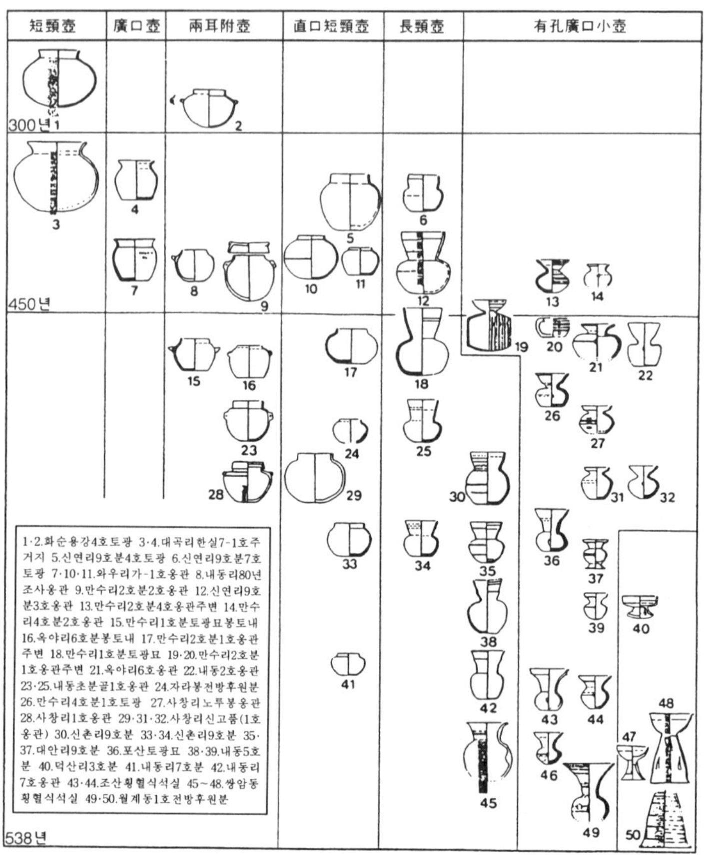

〈도면 17〉 영산강유역 토기 편년

그러면 이제 신봉동 고분군의 위상을 가늠해 보기 위해 삼엽환두대도에 대해 검토해보기로 하자. 삼엽환두대도는 환두의 형태가 방형에 가까운 것과 타원형인 것으로 대별되는데, 이들 각 형태 환두대도의 출토지나 분포상의 집중도로 보면 전자는 신라계통, 후자는 백제계통일 가능성이 매우 높다. 그러나 이에 대한 자세한 논의는 본고의 논지와 관계가 적을 뿐 아니라 그럴 여유가 없으므로 여기서는 우선 그 출토 예들만을 들어보기로 한다.

환두가 타원형인 삼엽환두대도의 가장 이른 형식은 平壤兵器廠址 출토품을 들 수 있는데 환두부의 재질은 銅地金粧으로 되어있다. 이러한 동지금장 삼엽환두대도는 大邱 內塘洞 55호분에서도 확인된다. 재질의 등급상으로 보면 삼엽환두대도 가운데서는 제 1급이다. 내당동 55호분(野守 建·小泉顯夫 1923)에서는 앞서 살펴본 식리와 더불어 금동관 등 다수의 위신재가 공반된 점으로 보아 대구지역 首長墓에 해당하므로 동지금장 삼엽환두대도의 위신재로서의 위상이 상당히 높은 것임을 가늠케 한다. 동지금장 다음 등급에 해당되는 것으로는 鐵地銀粧 삼엽환두대도를 들 수 있는데, 釜山 福泉洞11호분, 羅州 新村里 9號 乙棺 등의 예가 있다. 복천동 11호분은 10호분과 함께 주부곽을 이루는 이 지역 수장층 무덤으로서 금동관, 단갑, 철정 등 다량의 부장품이 매납되어 있고 그 연대는 5세기 중엽경으로 비정된다(鄭澄元·申敬澈 1983). 나주 신촌리 9호 을관은 전술한 바와 같이 영산강유역 수장묘임은 물론이다. 이로써 철지은장 삼엽환두대도의 위상을 충분히 짐작할 수 있을 것이다.

철지은장 다음 등급에 해당되는 것이 신봉동 고분군에서 출토된 鐵製 삼엽환두대도이다. 신봉동에서는 82－14호, 90－12호, 92－54호, 87호분 출토품 등 모두 4개의 철제 삼엽환두대도가 나왔는데, 주로 마구, 금동이식 등과 공반된다. 신봉동과 동일한 철제 삼엽환두대도는 부산 괴정동 5, 12, 39호분에서도 나온 바 있다(具滋奉 1987 : 46). 괴정동 고분군은 복천동 고분군으로 대표되는 부산지역 최상위급 중심고분군보다는 다소 격차가 있는 고분군이다.

이상의 검토로써 신봉동 철제 삼엽환두대도는 금장용봉문환두대도(王級)－은장용봉환두대도－동지금장삼엽환두대도－철지은장삼엽환두대도(이상 지역 수장급) 다음에 해당되어, 현재까지 알려진 자료로 보는 한 대략 제 3단계 정도의 위상을 가지고 있는 것으로 볼 수 있다. 이보다 하위에 素環頭大刀, 大刀 등이 더 있는 점에 비추어 보면 한성 Ⅱ기 당시 이 지역 최상계층이 차지하고 있던 위상은 그렇게 낮은 것은 아니라고 볼 수 있다. 비록 출토지역이 백제는 아니지만 철지은장과 동지금장 환두대도는 모두 금동관 등의 위신재를 수반하고 있어 그 소유자들은 어느 정도 독자적인 지역 정치기반을 가지고 있는 수장들일 가능성이 농후한 데에 비해 신봉동 피장자의 위상은 그보다는 낮으므로 이 무렵 청주지역은 한성 백제의 한 지방으로 편제된 것으로 볼 수 있다. 그러나 앞서 본 천안 화성리 고분에서 나타나는 한성 I기 이후의 위상 저하에 비추어 본다면 신봉동의 이러한 위치는 다소 주목되는 면도 있다. 이는 아마도 이 지역이 對신라방면 진출의 중요 거점 가운데 하나였던 점과 관련될 것으로 이해된다.

홍성 神衿城 백제유적은 1989년이래 '90, '92년 등 모두 3차례 발굴조사가 실시되었다. 그 결과 3세기 말~4세기 초 무렵의 한성 I기에서부터 5세기 중엽 무렵까지의 한성 Ⅱ기에 걸쳐 형성된 생활유적임이 밝혀졌다(李康承 外 1994). 출토 토기로 보면 비교적 이른 시기부터 이 지역은 한성 백제 영역으로 편제되었음을 알 수 있다.

당시 이 지역의 위상을 가늠해 볼 수 있는 유물로는 회유전문도기편을 들 수 있다. 제 5장에서 보았듯이 몽촌토성 등 당시 도성지역에서 이것이 확인된 이외에는 여기 출토품이 유일한 만큼 그 위신재로서의 등급은 매우 높은 것음을 알 수 있다. 따라서 당시 거의 최상급으로 볼 수 있는 이러한 유물이 한성 I기 이른 시기에 홍성지역에 나타나는 배경에 대해서는 잠시 살펴볼 필요가 있을 것이다.

이와 관련해, 우선 이 유적이 淺水灣으로 통하는 포구에 인접해 있다는 점이 주목된다. 서해안에 가까운 이러한 입지는 뒤에 볼 화성 白谷里 고분군의 경우와도 유사하다. 한성기 백제 중앙의 유적들에 대한 검토를 통해 이미 잘 알고 있듯이 당시 백제는 서진 또는 동진과 활발한 대외교섭을 유지하고 있었던 만큼 그 교통로가 되는 서해연안 지역의 중요성은 충분히 인식되고 있었을 것이다. 한성 I기 초기에 이미 홍성지역이 백제의 영역으로 통합되었던 데에는 이러한 당시의 상황과 관련있을 것으로 보인다.

한편 이 무렵 홍성 이북 내륙지역에서는 아직 한성 I기로 편년될 수 있는 유적의 존재가 분명하지 않은 점과 대비되는데, 앞서 보았듯이 천안 화성리 고분군의 연대는 이보다 늦은 한성 I기 말~II기 초에 해당된다. 이러한 일련의 고고학적 정황은 한성백제가 마한지역으로 진출하는 과정과 관련하여 시사하는 바가 있다. 즉 한성백제의 마한지역 진출은 전방위적이고 면적인 것이 아니라 해안을 통한 橋頭堡的 據點 確保方式으로 진행되고 있었을 가능성이(成正鏞 1994) 높다는 것이다. 한성으로부터 멀리 떨어진 신금성 유적에서 서진 전문도기가 출토되고 있는 사실은 이러한 측면으로 보면 보다 잘 이해될 수 있을 것이다. 다시 말하면, 당시 홍성지역이 전문도기로 대표되는 높은 지역 위상을 가지게 된 이면에는 마한지역 진출에 있어 이곳이 가지는 교두보적 역할을 중요시하였기 때문이 아닐까 하는 것이다56). 그러나 그 이후 이곳의 위상은 저하되었음은 여기의 토기상에 잘 나타나고 있다.

---

56) 서해안 지역에 대한 백제의 진출이 내륙지역보다 상대적으로 이를 것이라는 추정을 뒷받침해 주는 고고학자료는 군산 駕島貝塚 조사를 통해서도 확인된다. 3세기 후반~4세기 초로 비정되는 한강유역군의 승문계 심발형토기가 출토되고 있는 점이 그것이다. 백제지역의 타날문 심발형토기는 서울중심의 한강유역 승문계와 여타 중서부 이남지역의 격자계로 나뉘며, 시간의 경과와 함께 점차 한강유역의 승문계가 격자계를 대체하는 정형성을 보이고 있다(朴淳發 2001b). 가도패총이 위치한 군산지역이 이처럼 이른 시기에 이미 승문타날 후 횡침선이 돌려진 한강유역 승문계가 등장하고 있는 데 비해 내륙지역에서는 아직 격자계가 尙存하고 있는데, 이는 한강유역의 백제가 내륙지역으로의 영역확장에 앞서 해안지역을 중시한 결과로 이해되어도 좋을 것이다.

위신재적 성격이 있는 기대 등과 같은 기종이 몽촌토성으로 대표되는 중앙 지역 유적에 비해 현저히 낮은 비중을 보이는 것이 그 예이다.

화성 白谷里 고분군은 1970년도 매장문화재신고에 의해 처음으로 알려진 한성기 백제 고분군(金元龍 1971)으로 최근 1993년도에 실시된 발굴조사를 통해 보다 구체적인 내용이 소개된 바(韓國精神文化硏究院 發掘調査團 1994) 있다. 백곡리 일대에 분포하고 있는 고분은 산의 능선상에 축조된 직경 10m 내외의 얕은 봉분을 가지고 있는 橫口式石槨墓 또는 竪穴式石槨墓이다. 한성백제 지역에서 봉분을 가지고 있는 것으로는 석촌동, 가락동 등지의 고분군을 제외하면 거의 찾아보기 어려운 만큼 비록 봉분의 규모는 작지만 여기 피장자의 위상이 결코 낮지 않았을 가능성을 보여주고 있다. 그리고 매장 주체부의 구조가 석촌동, 가락동, 신봉동, 화성리 등과 달리 수혈식석곽 또는 횡구식석곽으로 되어있는 점도 주목되는데, 이와 동일한 양상을 보이는 횡구식 또는 수혈식석곽묘 고분군은 최근 이와 인접한 지역인 화성군 봉담면 馬霞里에서도 발견되어 발굴조사 된 바 있음은 제 4장에서 전술한 바와 같다. 마하리 유적은 이곳 백곡리로부터 직선거리로 20㎞ 내외에 위치하고 있어 거의 같은 지역으로 볼 수 있다. 이러한 점으로 보면 당시 경기 서남부 해안지역은 한성 백제의 중앙지역과 달리 횡구식 또는 수혈식석곽묘가 주묘제57)였음을 알 수 있다.

백곡리 출토 유물 가운데 피장자의 위상을 짐작하는데 참고가 되는

---

57) 마하리 고분군에서 토광목곽묘가 확인되었는데(湖巖美術館 1998), 현재까지 알려진 바로는 이 묘제가 수혈식석곽묘에 선행하는 것으로 이해된다. 그러므로 이 지역의 주묘제가 수혈식석곽이라는 표현은 적절치 않다. 토광목곽묘에서 수혈식석곽묘로의 이행이 있었으며, 그 시기는 대략 4세기 초엽 또는 전반경임을 보여주는 것으로 이해되어야 할 것이다. 그러나 현재까지의 자료로 보는 한 석곽묘의 등장이 가장 이른 지역임은 분명한데, 그러한 점에서 석곽묘는 이 지역의 주묘제로 인식되어도 좋을 것이다.

것으로는 札甲, 馬具, 大刀 등이 있다(韓國精神文化研究院發掘調査團 1994). 대부분 교란된 상태이어서 구체적인 모습은 자세히 알 수 없으나 고분의 조영시점은 부장 토기상으로 보아 대략 4세기 중엽~5세기 초 무렵의 한성 Ⅱ기에 해당되며, 출토유물로 본 고분의 위상은 전술한 신봉동 고분군과 거의 대등한 것으로 볼 수 있다. 이러한 이 지역의 위상은 신금성 백제유적 논의 과정에서 전술한 것처럼 한성 백제에 있어서 서해연안 지역이 지니는 중요성과 관련된 것으로 추정된다. 서해항로의 중요 거점 가운데 하나인 南陽灣이 바로 이에서 멀지 않은 곳임을 감안하면 그러한 점은 충분히 상정될 수 있다.

익산 笠店里 고분군(文化財硏究所 1989)은 인접한 雄浦里 고분군(圓光大學校博物館 1992)과 더불어 금강 하구 남안에 위치하고 있는 한성기 말 또는 웅진기 초에 해당하는 5세기 중후반에 걸치는 이 지역 중심고분군이다. 이 가운데 이 지역 최상위 계층의 위상을 잘 나타내 주는 것이 입점리 1호 횡혈식석실묘이다. 여기서는 金銅飾履, 金銅冠帽, 金銅製耳飾 등 최상급 위신재와 더불어 六朝 靑瓷 四耳壺, 馬具 등이 출토되어 이 무렵 지방고분 가운데서는 가장 높은 위상을 보여주고 있다.

출토유물의 계통을 엿볼 수 있는 것으로는 우선 馬具가 있는데, 楕圓形板轡의 형식으로보면 대체로 낙동강서안의 가야지역과 유사하다(金斗喆 1991 : 42). 그러나 偏圓魚尾形 杏葉은 창녕 교동 7호분, 황남대총 남분·북분, 은령총, 금령총, 지산동 44호분 등에도 유례가 있어(李尙律 1993 : 126~128) 낙동강 동안의 신라양식과의 친연성이 두드러진다[58]. 한편 토기 가운데 廣口長頸壺와 같은 기종은 광주 月桂洞 1호 전

---

58) 입점리 1호분 출토 마구를 신라양식과 친연성이 있다고 본 견해는 잘못이다. 최근 천안 용원리 고분군에서 출토된 劍菱形 杏葉(李南奭 2000)은 입점리 마구가 백제계임을 강력히 시사하기 때문이다. 고령, 합천 등 대가야지역의 검릉형 행엽이나 해남 월송리 행엽 등은 용원리 출토품으로 대표되는 한성기 백제 마구에서 기원을 찾아야 할 것이다.

방후원분 출토품(林永珍·趙鎭先 1994)과 흡사한데, 월계동 전방후원분의 토기상에는 백제적 요소인 삼족기, 기대 등과 더불어 가야적 요소를 보이는 三角透窓高杯 등이 공존하고 있다. 이로써만 보면, 입점리 1호분 부장품 구성에는 비백제계가 우세한 것으로 보인다. 그러나 같은 고분군 내의 나머지 고분이나 인접 웅포리고분과 같은 보다 하위 계층의 무덤에서는 고배, 삼족기 등 분명한 백제계 토기가 주류를 이루고 있다. 뿐만 아니라 익산 新龍里 요지(全州市立博物館 1987)에서 출토된 토기들이 한성기 말~웅진기 초에 걸친 시기의 여러 기종들로 구성되어 있는 점에서도 이 지역의 기조는 역시 백제계로 보아야 한다. 그리고 六朝 靑瓷壺와 같은 외래품 또한 입점리세력의 독자적 대외교섭의 결과로는 보기 어려우므로 그 분여 주체는 역시 한성 백제 또는 웅진 백제의 중앙으로 보지 않을 수 없다.

이러한 관점에서 보면, 입점리 1호 피장자로 대표되는 입점리 집단은 기본적으로는 분명 백제와의 관계를 유지하고 있었으나, 그런 한편으로 가야 및 영산강류역 세력과도 일정하게 관련을 가지고 있었던

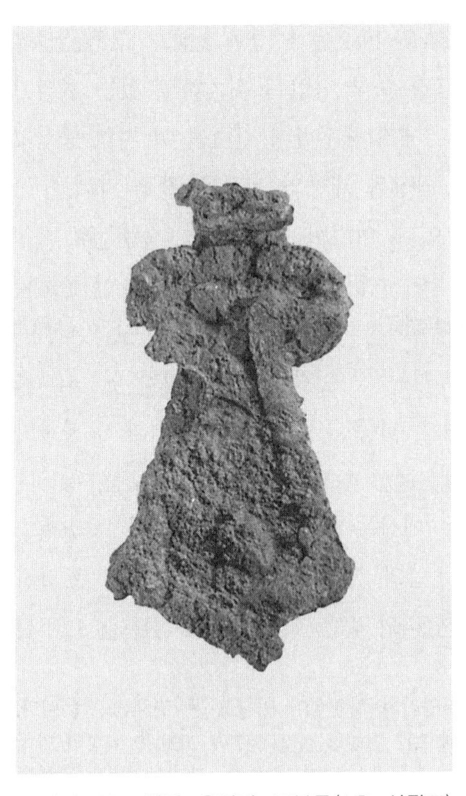

〈사진 20〉 천안 용원리 고분군(1호 석곽묘)
출토 철제 행엽

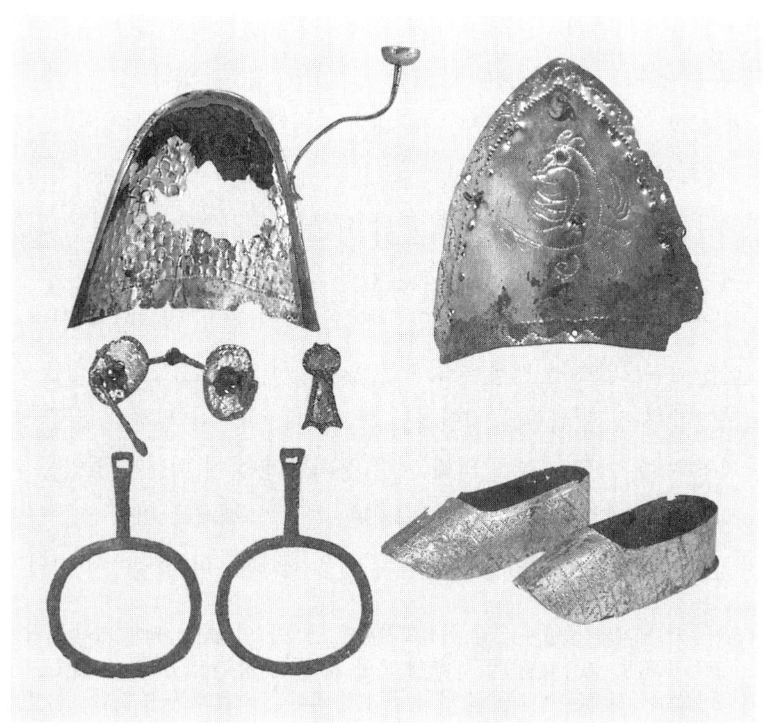

〈사진 21〉 익산 입점리 1호 횡혈식석실묘 출토 위신재 각종

것으로 볼 수 있다. 이는 곧 입점리 세력이 아직 완전하게 백제에 예속되어 있지 않았음을 시사해 주는 것인데, 이 점은 함께 출토된 금동관모의 존재에서도 어느 정도 엿보인다. 백제지역에서 출토된 금동관으로는 나주 반남고분군의 신촌리 9호 을관을 제외하고는 아직 이것이 유일한데, 이 두 고분의 축조연대 또한 거의 같은 점이 주목된다. 신촌리 9호분 을관의 피장자는 전술한 용봉환두대도의 검토 과정에서 이미 말한 것처럼 영산강유역의 수장으로 볼 수 있다. 그렇다면 입점리 고분의 피장자도 그에 버금가는 존재로 볼 수 있을 것이다. 다만 토기상에서 백제적인 기조를 훨씬 많이 유지하고 있는 점으로 보면

신촌리 9호분 을관 피장자보다는 지역의 전통적 기반이라는 측면에서 백제 중앙과의 관계가 보다 공고한 세력으로 볼 수 있다.

입점리, 웅포리고분군에서 나타나는 이러한 계통적 다면성은 그 정도의 차이는 있으나 연산 表井里 고분군(安承周·李南奭 1988)에서도 엿보이는데 이 곳의 부장품은 거위 대부분 토기로만 구성되어 있어 지역의 위상은 입점리에 비해 낮았던 것으로 보인다.

입점리로 대표되는 금강 남안 지역의 이와 같은 성격은 한성백제 말까지도 이 일대는 백제 중앙과의 관계에서 어느 정도 독자성을 유지하였던 사정과 관련된 것인지도 모르겠다. 바꾸어 말하면, 금강 이남지역은 그 이북 지역에 비해 지방 통치방식 상에 차이가 있었을 가능성이 높다. 다소 성급한 판단이지만, 한성기 백제의 직접지배 영역은 금강이북에 국한되었을 가능성이 매우 높다59). 이 지역에서 그다지

---

59) 한성기 백제의 중앙과 금강 이남지역과의 관계를 이해하는 데에 있어 중요한 단서가 되는 것은 蓋鹵王이 北魏에 보낸 表文(『三國史記』 百濟本紀 蓋鹵王 十八年條)에 등장하는 "弗斯侯"의 존재이다. 불사는 지금의 全州 일원으로 비정되는 곳인데, 표문을 올렸던 472년 이전 이곳에 王族인 '餘禮'가 侯로 봉해졌음을 알 수 있다. 왕족이나 중앙귀족을 특정지역에 王 또는 侯로 봉하는 王·侯制는 한성기 말에 이어 웅진기 東城王代(『南齊書』 百濟條 : 490, 495년)에 본격적으로 시행되고 있는데, 그 대상 지역은 당시 백제가 영역적 지배를 관철하려는 영산강유역을 포함한 전북지역에 비정된다. 왕·후제는 현지 首長을 통한 간접적인 지역지배의 다음 단계에 해당하는 보다 직접적인 지방지배로 이해되므로, 472년 이전 어느 시기에 전주일원은 백제의 직접지배 영역으로 이행되고 있었음을 알 수 있다(朴淳發 2000d 참조). 왕후제 시행과 병행하여 軍事據點도 마련하고 있었음을 보여주는 고고학 자료가 최근 全北 完州郡 鳳東邑 龍岩里 배매산성 조사를 통해 드러났다. 출토 토기자료로 보아 이 유적은 한성기 말 최초 木柵이 설치된 후 土壘로 교체되고 있었다(2000년 全北大學校 博物館 現場 說明會 資料).
입점리 1호분 출토 위신재를 소유한 피장자로 대표되는 수장은 군사적 거점을 기반으로 중앙에서 파견된 弗斯侯와는 양립하기 어려움은 물론이다. 토착 수장 가족묘로서의 횡혈식석실묘의 등장은 간접지배 단계의 정치사회적 상황을 반영하고 있음은 주 39에서 이미 말한 바 있는데, 왕후제는 그러한 간접지배를 극복한 이후 중앙에 의한 직접지배로 나아가는 무렵의 한시적 지방지배 방

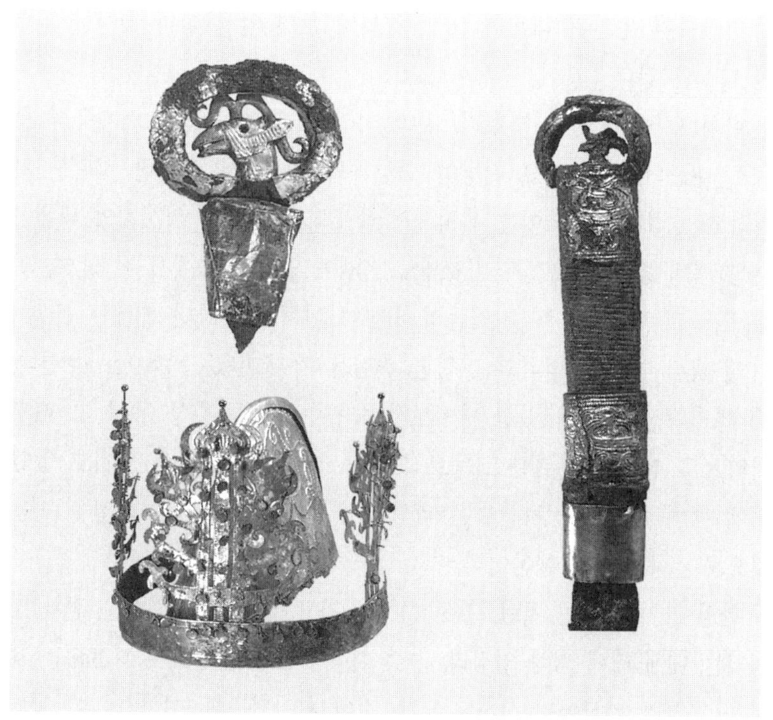

〈사진 22〉 나주 신촌리 9호분 을관(乙棺) 출토 위신재 각종

멀지 않은 부안 죽막동 제사유적에 나타나는 이 무렵의 유물상에 가야, 왜, 토착 요소가 혼재된 점도(國立全州博物館 1994 ; 朴淳發 1995c) 이러한 이 지역의 성격을 간접적으로 뒷받침해주는 고고학적 근거일 것이다.

식이기 때문이다. 그러므로 입점리 1호분 피장자가 누렸던 수장적 지위는 적어도 472년 이전임은 분명하며, 이러한 점에서 필자는 이 고분의 조영시기를 웅진기 초가 아니라 한성기 말로 비정하고 있다.

아무튼, 한성기 말에 해당하는 입접리 1호분 및 배매산성과 같은 고고학자료와 문헌사료에 보이는 불사후의 존재를 종합해 보면, 대략 472년에 얼마간 앞서는 5세기 후반경의 금강 이남 지역에 대한 백제의 지배는 아직 완전한 직접지배 단계에는 이르지 못하였음을 알 수 있다.

　지금까지 논의된 내용을 요약, 정리해 보면 앞서 이미 제시한 〈도면 14〉와 같다.

　한성 I기에는 원주 법천리, 천안 화성리, 홍성 신금성 백제유적 등으로 대표되는 각 주요 지방이 중앙과의 관계에서 유력한 지위를 차지하고 있었다. 이는 이들 유적에서 출토되는 최상급 위신재의 내용이 한성 백제 중앙의 그것과 비교해도 손색이 없는 점등에서 잘 알 수 있다. 그리고 이 무렵 이 지역들의 위상이 이처럼 높았던 데에는 한성 I기의 백제 영역의 범위와 밀접한 관련을 가지고 있는 것으로 보인다. 즉 영역확장 과정에 있던 당시로서는 원주, 천안, 홍성 등이 그 배후 지역으로 진출하기 위한 교두보적 또는 거점적 중요성을 가지고 있었기에 백제 중앙으로부터 높은 위상의 위신재로 나타나는 대접을 받은 것으로 볼 수 있기 때문이다.

　한성 II기에 오면 천안, 홍성 등이 가지고 있던 지역 위상은 점차 강하되는 데에 비해 익산 입점리, 청주 신봉동 고분군 등으로 대표되는 새로운 지역의 위상이 부상하고 있는 점이 확인되는데, 이 역시 이 무렵 백제의 남방 경역 확대와 관계 있다. 그러나 법천리의 경우는 한성 I기과 거의 변함없이 한성 II기에도 여전히 그 위상이 유지되고 있는 데, 이로 미루어 당시까지 동쪽 경역에는 큰 변화가 없었을 가능성이 많다.

　그리고 각 지역의 상대적 위상을 각지 중심고분 출토 위신재의 등급으로 가늠해 보면 대략 A, B, 2단계 정도의 등급을 설정할 수 있다(도면 14). 금장용봉환두대도를 왕급에 해당되는 위신재로 설정한다면, 금동관모, 금동식리, 은제단봉환두대도 등이 나온 신촌리 9호분은 상당한 독자성이 확보된 정치체의 수장으로 이해할 수 있다. 이에 비추어 보면 비록 대도는 확인되지 않았으나, 금동관이나 식리가 부장된 입점리 1호분, 청동초두와 식리가 부장된 법천리 1호분은 당시 백제 영역내에 편제된 지역으로서는 A급 위상으로 평가할 수 있다.

한편 대도의 등급으로 보면, 용봉환두대도 다음이 삼엽환두대도인데, 이 가운데 銅地金粧 또는 鐵地銀粧으로된 삼엽환두대도는 비록 백제지역은 아니지만 금동관과의 공반예가 다수 확인되고 있으므로 동지금장 또는 철지은장 삼엽환두대도가 부장된 무덤의 피장자들도 A급으로 볼 수 있을 것이나 아직 이에 해당하는 한성기 유적은 그 예가 없다. 이보다 한 단계 아래로 보이는 철제삼엽환두대도는 신봉동고분군에서 다수 확인되고 있는 바, 전술한 점을 감안하면 신봉동의 지역위상은 B급으로 상정할 수 있겠다.

각 지역의 위상을 이렇게 구분하면 A급 위상을 가진 지역의 배후지역이나 그 외곽지역은 한성기 백제의 직접지배 영역이라기 보다는 그 지역 수장의 자율권이 어느 정도 인정되는 간접지배 영역으로 볼 수 있을 것이다.

이러한 고고학적 검토결과로 보는 한 한성기 백제의 실질적 직접지배 영역은 대략 남으로는 금강을 경계로 그 이북지역에, 그리고 동으로는 한강상류 영서지방 이서 지역으로 볼 수 있다. 한편, 북방 경역을 추정할 만한 고고학 자료는 거의 없어[60] 자세하지 않은데, 근초고왕대의 최대 강역을 기준으로 한다면 한 때 황주지역까지 포함되었을 것으로 생각된다. 그렇지만, 간접지배 영역까지 포함하면 한성기 백제 영역은 이 보다 훨씬 넓었을 것이다. 이에 대해서는 지금까지 알려진 고고학 자료만으로는 아직 자세히 검토하기 어렵다. 다만 남쪽방면으로만 본다면 대략 익산 등 금강 하구 이남에서 노령산맥 이북까지의 지역이 이에 해당될 가능성이 높다.

---

60) 이와 관련하여 최근 경기도 包川 자작리 유적에서 출토된 4세기 후반경의 東晉 靑瓷片이(宋滿榮 2001 참조) 주목된다. 도성지역 이외의 취락유적에서 이러한 위신재가 발견된 것은 처음인데, 이로 보아 한성 II기 무렵 이 지역은 상당히 높은 위상을 유지하고 있었던 것으로 이해되며, 나아가 그 무렵 백제의 북방 강역 추정의 근거로써 중요하다.

결 론

　지금까지 한강유역에서의 百濟 國家形成 과정을 고고학 자료를 통하여 살펴보았다. 여기서는 앞의 여러 장에 걸쳐 검토된 내용을 요약 정리함으로써 본 연구의 결론으로 삼고자 한다.

　백제 국가라는 역사적 정치체의 성립시점과 형성과정을 고고학적으로 구명하는 것을 목표로 한 본 연구의 성공적 수행을 위해 먼저 이 주제와 관련된 앞선 연구들을 살펴보고 그 한계와 내포된 문제점들을 적출해 보았다. 이는 본 연구에 적용할 수 있는 적절한 방법을 모색하기 위함에서 였다.

　기존 연구가 안고 있는 대부분의 문제는 백제 국가형성의 공간적 토대였던 한강유역의 고고학 편년체계가 확립되어 있지 않은 상태에서 고고학 자료를 자의적이고 편의적으로 해석하고 있는 데에 기인하고 있음을 알 수 있었다. 따라서 한강유역 고고학 자료를 대상으로 보다 객관적인 편년체계를 수립하는 것이 선결과제임을 알게 되었다.

　이를 위해 본격적 정착농경문화를 기반으로 하는 지석묘 사회 이후 한강유역 제 고고학적 문화단계의 시간적 위치를 점검해보고 아울러 그 사회 성격에 대해서도 검토해 보았다.

　支石墓社會는 기원전 800년에서 300년경 사이에 존속했던 것으로 비정되며, 한강유역에서는 대략 반경 3.5km의 범위를 터전으로 한 32개 가량의 단위 사회가 존재하고 있었음이 확인되었다. 이 무렵 사회는 지석묘의 피장자로 추정되는 世帶共同體의 長을 중심으로 한 血緣共同體 사회이거나 보다 유력한 핵심적 세대공동체를 중심으로 몇 개의 세대공동체가 결합된 農耕共同體의 長을 정점으로 하는 邑落(Village)社會로 보았다.

기원전 300년 이후의 粘土帶土器 文化가 대표하는 細形銅劍期 사회는 재래의 지석묘 사회가 요녕지방으로부터 새로이 파급된 점토대토기 문화에 의해 재편된 사회로서, 남한지방에서는 "韓"사회의 성립과 관련된다. 현재까지 알려진 고고학적 자료의 공간분포 양상으로 추정해 보면 이 사회는 종래의 지석묘 사회 단위 집단을 2~3개 가량 통합한 반경 7~8km 내외의 범위를 점유한 10여 개의 정치체로 이루어져 있었다. 이 정치체들은 『三國志』東夷傳 등에 보이는 "國"으로 볼 수 있지만, 여기의 "국"은 邑落統合(Town)단계로서 아직 국가단계의 사회는 아니었다.

한강유역의 철기문화는 樂浪郡으로 대표되는 漢 철기문화의 본격적 영향으로 기원전 100년경에 시작되며, 中島類型文化가 이를 대표한다. 한국 고고학 시기구분 상으로 原三國時代에 해당하는 중도유형문화는 한강 및 임진강 중·상류유역을 중심분포지역으로 한다. "呂"자형 혹은 "凸"자형 평면의 주거지, 葺石式積石墓, 中島類型土器 등의 물질문화요소에서 중서부 이남의 원삼국문화와 차별된다. 『三國史記』百濟本紀의 기록을 따르면 이는 濊系의 문화라고 할 수 있다. 한편 石村洞 3호분 동쪽지역 土壙木棺墓群으로 대표되는 한강하류역, 특히 지금의 서울 강동구, 송파구 지역의 묘제는 이 예계의 즙석식적석묘와 뚜렷한 차이를 보여주고 있어 양자를 동일문화계통으로 보기는 어렵다. 이러한 차이는 백제 국가형성의 주체가 어느 집단이었는가 하는 문제와 관련된다고 볼 수 있다. 한편, 이 무렵 한강 이남의 중서부지방은 馬韓地域으로 보아야 될 것이다. 즉 한강유역의 원삼국문화는 韓 및 濊系의 다양한 집단으로 구성되어 있었다고 여겨지므로 본 연구에서는 이 단계의 사회를 韓·濊系 사회로 지칭하였다.

이 무렵의 사회 성격에 대해서는 『삼국지』 동이전이 비교적 자세히 전하고 있는데, 그에 따르면 대략 각 "國" 마다 "主帥"가 있으나 邑落에 뒤섞여 살고 있어 읍락을 제대로 다스리지 못하고 아직 城郭도 없는 사회로 묘사되고 있다. 이러한 모습은 앞선 세형동검기 사회와 크게 다르지 않다.

이러한 한강유역 고고학 편년체계를 토대로 이제 백제 국가형성 문제에 대해 구체적으로 접근하기 위해서는 본 연구에 적용하기 알맞은 국가 개념을 설정할 필요가 있었다. 일반적으로 국가(state)란 그 권력이나 권위의 원천이 친족체계보다 우월한 상위조직에 기반을 두고 있는 일련의 機構複合體(complex of institutions)로서, 基本資源(basic resourses)에 대한 차별적이고 위계적 접근, 公共執行에의 복종과 영역의 방어 등을 주요한 특징으로 한다고 일컬어진다. 그러나 이러한 개념적 정의는 매우 추상적이며, 한국사라는 특정 역사환경의 산물인 백제의 국가형성 구명을 위해서는 무엇보다도 한국사에서의 국가성립에 대한 이해를 필요로 한다.

한국사에서의 정치체 발달 과정은 邑落段階 → 邑落統合段階(「國」段階 ; 國邑段階 ; 小國段階) → 聯盟王國(小國聯盟段階 → 部體制段階) → 集權的 貴族國家(集權國家)로 정리해볼 수 있다. 본 연구에서는 연맹왕국을 국가(state)단계의 시작으로 보았다. 연맹왕국의 특징들 가운데 중요한 것으로는 대외교섭 창구의 일원화, 우월적 중앙 정치엘리트 계층의 형성, 대외군사행위를 통한 영역확장 등을 들 수 있는데, 특히 여기의 영역확장 현상에 주목하여 이 단계를 영역국가로도 부른다.

이러한 국가 개념을 기준으로 百濟라는 국가단계 정치체의 형성에 대한 구체적인 고고학적 접근을 시도함에 있어 중요한 방법론적 관건은 그러한 정치 사회적 현상이 과연 어떠한 고고학 자료에 반영된 것으로 볼 수 있는가 하는 실천적 문제에 대한 해결이다. 이와 관련해 본 연구에서는 아래와 같은 이유로 특정 토기양식의 형성과 분포 양상, 대형분묘의 출현, 성곽의 등장이라는 3가지 고고학적 현상이 국가체의 형성을 보여주는 지표임을 확인할 수 있었다.

첫째, 특정 土器樣式의 형성 및 분포의 통일성이다. 원론적으로 볼 때 물질문화상에 나타나는 양식의 형성이나 공간적 분포양상이 곧바로 국가단계 정치체의 성립을 반영하는 것은 아니다. 그러나 일반적 관점에서 말할 때 일정한 지역범위 내에서의 특정 양식으로의 통일 및 서로 다른 지역간의 물질문화 양식의 대비 현상은 집단간의 경쟁이 심하면 심할수록 그리고 또한 집단내의 사회적 긴장이 강하면 강할수록 그 정도가 증가되는 경향이 있다. 나아가 고구려, 신라, 가야 등의 예에서 보듯 우리나라 삼국시대의 경우에는 토기양식 분포권과 정치영역이 거의 일치하고 있다. 이러한 점으로 미루어 특정 양식 토기의 형성 및 그러한 양식의 공간적 지배는 국가단계 정치체의 형성과 밀접한 관련이 있을 것으로 보았다.

둘째, 大形封土를 가진 墳墓의 출현이다. 일반적으로 볼 때 특정 분묘의 봉토 규모나 부장품 등은 그 피장자의 社會的 人性(social personality), 즉 性, 연령, 사회적 신분 등을 상징적으로 반영한다. 따라서 특정시점에 만들어진 여러 분묘 사이에 보이는 규모나 부장품의 질·량 차이를 비롯한 분묘축조에 들어간 勞動費用(labor cost)의 차이는 결국 사회구성원 사이의 사회적 인성의 차이 또는 基本資源에의 차별적 접근의 총합으로서의 계층의 분화정도를 반영한다. 그러므로 특정 시점에 이르러 대형분묘가 등장하는 현상은 대형분의 피장자를 정점으로 하는 사회내의 분화정도가 이전 시기 보다 현저하게 높아졌음을 보여주는 지표가 된다. 대형분과 일반 구성원의 무덤사이에 노동비용 차이가 크면 클수록 대형분의 주인공을 정점으로 하는 피라밋구조 사회조직의 저변이 그만큼 커지고 계층분화가 심화되었음을 나타내는 것이다. 그러나 국가단계의 정치체의 성립을 직접 말해주는 대형분의 절대규모를 계량적으로 특정하기는 어렵다. 다만 신라·가야 지역의 사례로 보아 현재도 봉분을 쉽게 알 수 있는 정도의 高塚墳의 출현은 국가단계 정치체의 등장을 시사하는 것으로 볼 수 있다. 이러한 최상위급 대형분이 특정 지역에 밀집 분포하여 하나의 묘역을 형성하는 사실은 해당 정치체내에서 이 피장자들이 계속해서 우위를 점하였음을 말해준다. 즉 이러한 묘역의 형성은 묘역점유집단의 독점적 지위의 반영이자 정치엘리트가 집중하였던 특정 정치체의 중심지임을 말해주는 증거라 할 수 있다.

셋째, 城郭의 출현이다. 중국의 경우 성곽의 출현은 일반적으로 原初國家(prestine state) 형성의 근거로 이해하고 있다. 築城에는 대규모의 인력이 동원되므로 자원과 인력을 효율적으로 관리할 수 있는 행정조직이 뒷받침되지 않으면 안 된다. 국가형성기에 등장하는 성곽은 정치체의 규모확대와 더불어 지배집단의 통치를 효율적으로 보좌하기 위해 필연적으로 요구되는 관료조직 및 정치엘리트의 거주중심이기도 하다. 이러한 성곽의 성격은 『삼국사기』백제본기나 『삼국지』동이전 등의 문헌사료에서도 확인된다. 『삼국사기』백제본기에는 都城을 비롯한 일련의 성곽 축조 내용이 보이지만 그 보다 앞선 시기의 사정을 보여주고 있는 『삼국지』동이전 한조에는 "성곽이 없다"고 하여 국가의 성립과 성곽의 출현이 밀접한 관련이 있음을 보여주고 있다.

이러한 국가단계 정치체의 출현을 반영하는 3가지 고고학 자료를 한강유역의 고고학 편년체계와 대비 검토해보았다.

먼저, 토기양식의 형성과 그 공간 분포양상이라는 측면에서 본 한강유역에서의 국가단계 정치체의 출현을 검토한 결과 다음과 사실을 확인할 수 있었다.

국가단계 정치체로서 백제에서 제작·사용한 토기를 "百濟土器"라 정의한다면, 그것은 3세기 중엽경 새로이 등장하는 高杯, 三足器, 直口短頸壺, 直口廣肩壺 등 일련의 기종으로 구성된 夢村類型 토기양식의 형성으로 나타나며, 그 初現 器形은 黑色磨研土器로 제작되고 있는 특징을 보여주고 있다.

흑색마연토기는 종래 자세한 검토 없이 고구려토기의 영향으로 등장하는 기술적유형으로 인식되어 백제 건국 세력이 고구려 계통임을 말해주는 고고학적 근거의 하나로 이해되어 왔다. 그러나 토기질, 기종, 기형, 문양 등 여러 요소들을 종합적으로 검토해본 결과 이는 당시 고급 용기의 보편적 소재였던 칠기의 재질감을 토기에 전용한 결과로 보이며, 몽촌유형을 구성하는 가장 특징적인 기종의 하나인 직구단경호나 직구광견호등은 중국의 後漢晚期~西晉代에 걸쳐 널리 유행하던 것으로서 당시 국가성립 단계로 진입한 한강유역 백제가 이들과 활발한 교섭을 유지하는 가운데 수용되었던 것으로 보인다. 이후 흑색마연토기의 각 기종들은 灰色軟質土器, 灰靑色硬質土器로 이어지나, 특히 흑색마연토기 초현 기종들은 한성기 백제 지배층의 위신재적 토기양식으로 정착된다.

한편, 한강유역 백제토기의 편년은 토기질과 기형의 상관관계 검토를 통해 흑색마연토기 및 회색연질토기 각 기종과 기형들로 구성된 漢城 I期와 회청색경질토기 각 기종과 기형으로 구성된 漢城 II期로 구분할 수 있으며, 그 절대연대는 각각 3세기 중엽~4세기 중엽, 4세기 후반~5세기 중후반 경으로 비정된다.

다음, 大形墳墓의 출현을 통해 한강유역에서의 국가단계 정치체의 형성을 검토해 본 결과 아래와 같은 사실들을 확인할 수 있었다.

원삼국시대 한강유역 및 중서부 지방은 묘제에 의해 크게 3지역으

로 구분된다. 종래 無基壇式積石塚으로 불리우던 葺石式積石墓가 중심
이 되는 임진강 및 한강 중상류지역의 濊系지역, 석촌동 3호분 동쪽
고분군에서 확인된 土壙木棺墓 중심의 국가성립 이전 단계 백제지역,
그리고 周溝土壙墓를 중심 묘제로 하는 중서부 지방의 馬韓지역이 그
것이다.

이러한 한강유역 원삼국시대 基層文化를 토대로 서울지역에서 대형
분묘인 木棺封土墳이 출현하면서 비로소 국가단계의 정치체가 등장하
며, 그 시점은 전술한 몽촌유형 토기양식의 형성시기와 같은 3세기 중
후반 경이다. 이 시기는 또한 한강유역 묘제 변천상으로 볼 때 즙석식
적석묘 및 주구토광묘가 소멸되는 시점과도 거의 일치되고 있어 이
무렵 등장한 백제 국가의 중심지인 서울지역에서 대형분이 집중 출현
하는 현상과 좋은 대조를 보여 주고 있다.

마지막으로, 城郭의 출현을 검토해 본 결과 夢村土城과 風納土城 등
현존 성곽은 모두 3세기 중후반 경에 축조되었음이 확인되어 전술한
몽촌유형 토기양식의 형성 시점 및 목관봉토분 출현 시점과 거의 정
확히 일치되고 있음을 알 수 있었다. 따라서 성곽의 출현을 통해서도
한강유역에서의 국가단계 정치체, 즉 백제 국가의 성립 시점은 3세기
중후반 경으로 비정될 수 있다.

한편, 한성기 백제 都城 위치 비정 문제와 관련하여 문헌사료 및 고
고학 자료를 종합 검토한 결과 한성기의 도성제는 몽촌토성과 풍납토
성 등 2개의 성으로 구성되어 있으며, 전자는 王城인 "南城"이고 후자
는 국가의 핵심기능을 수행하던 士庶人들이 거주하던 "北城" 또는 "大
城"으로 각각 비정될 수 있었다.

이로써 한강유역에서의 연맹왕국 단계 국가의 형성은 구체적으로
흑색마연토기로 대표되는 새로운 夢村類型 土器樣式의 형성, 정치엘리
트 집단의 집중현상을 반영하는 석촌동·가락동 고분군에서의 大型墳

의 출현, 그리고 몽촌토성 및 풍납토성 등 城郭 출현과 같은 고고학적 현상으로 나타나며, 그 시점은 이 3가지 고고학적 지표가 일치하는 기원후 3세기 중후반 무렵임을 밝힐 수 있었다.

3세기 중후반 경은 『晉書』 東夷傳에 기록된 일련의 對西晉 交涉記事와 몽촌토성 출토 西晉代 錢文陶器 등이 말해주듯이 한강유역의 정치체가 樂浪이나 帶方 등 중국 군현의 羈屬을 벗어나 중국 본토와 직접 교섭을 시도하던 시기이기도 하다. 이 무렵은 군현세력이 한반도 남부지방의 토착세력에 대한 통제력을 거의 완전히 상실해 가던 때로서 백제 국가형성이 군현세력의 추이와 밀접하였음을 보여주고 있다.

이상 한강유역의 고고학 자료 검토를 통해 드러난 백제 국가의 형성시점을 토대로 그간 자주 문제가 되었던 백제 건국세력의 계통문제, 영역확장 과정 등과 관련된 내용들을 정리해보았다.

백제 건국세력은 현재 전해오고 있는 문헌사료의 내용과 한강유역의 고고학 자료를 종합해 볼 때, 대략 기원전후 어느 무렵에 발달된 漢 鐵器文化를 소지하고 북으로부터 南下해와 한강유역에 정착한 집단 가운데 하나로 볼 수 있다. 『삼국사기』 백제본기에 따르는 한 그것은 溫祚集團이었을 것이며, 석촌동 3호 동쪽 고분군에서 드러난 원삼국단계의 토광목관묘는 바로 이들과 관련되는 묘제로 이해된다.

한편, 그간 백제 건국세력의 출자 또는 계통과 관련해서 뿐 아니라 백제의 王室交代論이나 征服國家論 등과도 연관되어 해석되어 왔던 석촌동 基壇式積石塚은 그 출현시기가 4세기 후반경으로 확인됨에 따라 백제 국가 성립시점의 주도세력 계통과는 무관함을 알 수 있었다.

그렇지만 기단식적석총의 이러한 시간적 위치로 보면 왕실교대설과는 모순되지 않아 그 고고학적 근거로 해석될 수도 있다. 그러나 묘제의 변화를 반드시 문화 계통적으로 볼 수 없을 뿐 아니라 문헌사료 상에도 왕실교대론 또는 정복국가론과 연관지어 볼 만한 자료는 확인되지 않는다. 따라서 현재로서는 보다 적극적인 해석을 하기에 어려움이 있으나, 기단식적석총이 출현하던 4세기 후반경이 백제가 고구려를 압도하고 동아시아의 覇者로 부상하던 近肖古王代와 일치하고 있는 점으로 보아 '對等政治體間 交互作用說'의 입장에서 당시 치열했던 백제와 고구려 사이의 정치·군사적인 경쟁관계를 통해 고구려 묘제가 채택되었을 가능성은 남아 있다.

끝으로 국가성립 이후 한성기 백제의 영역은 한성 I기에는 동으로 원주, 남으로 천안~홍성을 연결하는 선 이북, 북으로는 개성－연천을 잇는 선 이남의 범위였으나, 한성 II기에는 I기에 비해 남방으로 더욱 확대되어 錦江 이남에 까지 이르고 북으로는 한때 帶方故地의 대부분이 포함되었던 것으로 볼 수 있다.

그리고 한성백제 영역에 포함된 각 지역의 위상, 즉 중앙과의 관계를 그 지역 유적 출토 威信財 등급을 토대로 살펴 본 결과 金銅冠, 金銀裝環頭大刀, 中國製 輸入瓷器와 같은 최상위급 위신재가 분포하는 지역은 주로 당시 백제 영역의 외곽에 위치하고 있음을 확인할 수 있었다. 그러한 높은 등급의 위신재가 분포하고 있는 곳은 당시 영역확장 과정에 있던 백제 중앙정부의 입장에서는 전략적으로 중요한 거점지역이었을 것으로 생각되며, 이러한 관점으로 보면 그 배후지역이나 외곽지역은 한성 백제 중앙의 직접지배 영역이라기보다는 자율권이 어느 정도 인정되던 간접지배 영역이었을 가능성이 매우 높다.

參考文獻

1. 史 料

『三國史記』百濟本紀
『三國志』魏書 東夷傳
『晉書』
『通典』
『舊唐書』
『日本書紀』

2. 國文 著書 및 論文

姜仁求 1977, 『百濟古墳研究』, 一志社.

______ 1989, 「漢江流域 百濟古墳의 再檢討」, 『韓國考古學報』22.

姜賢淑 1989, 「伽倻石槨墓 研究試論」, 『韓國考古學報』23.

孔錫龜 1989, 「安岳3號墳의 墨書銘에 대한 考察」, 『歷史學報』121.

具滋奉 1987, 『三葉環頭大刀의 一考察』, 嶺南大學校 大學院 碩士學位論文.

______ 1989, 「傳 新鳳洞 出土 素環頭大刀 紹介」, 『淸州大學校 博物館報』3.

權五榮 1986, 「初期百濟의 성장과정에 관한 일고찰」, 『韓國史論』15.

______ 1996, 『三韓의 國에 대한 研究』, 서울大學校 大學院 博士學位論文.

權鶴洙 1994,「漢城百濟時代의 한강유역」,『제11회 한국상고사학회학술발표
　　　　회 : 고고학상으로 본 한강』, 한국상고사학회.

金基雄 1968,「韓國支石墓小考」『友石史學』1.

김대웅역 1991,『가족 사유재산 국가의 기원』, 도서출판 아침 (Fridrich Engels
　　　　1884, Der Ursprung der Familie, des Privareigentums und des
　　　　Staates)

金斗喆 1991,『三國時代 轡의 研究』, 慶北大學校 大學院 碩士學位論文.

金秉模 1977,「芳荑洞古墳群」,『考古學』4.

_____ 1992,『韓國人의 발자취』, 集文堂.

金成南 2001,「中部地方 3-4世紀 古墳群 細部編年」,『百濟研究』33.

金暘玉 1987,「硬質無文土器試論」,『崔永禧先生華甲記念韓國史論叢』.

金元龍 1965,『韓國史前遺蹟·遺物地名表』, 國立서울大學校 考古人類學叢刊 第
　　　　二冊.

_____ 1967a,『風納里包含層調查報告』, 서울大學校 考古人類學科.

_____ 1967b,「三國時代 開始에 對한 考察」,『東亞文化』7.

_____ 1973,『韓國考古學槪說』(初版), 一志社.

_____ 1975,「百濟建國地로서의 漢江下流地域」,『百濟文化』7,8 合輯.

_____ 1986,「夢村土城의 有文金具」,『東國大學校 開校 80周年紀念論文集』.

金元龍·李熙濬 1987,「서울石村洞3號墳의 年代」,『斗溪李丙燾博士九旬紀念韓國
　　　　史論叢』.

金崙禹 1989,「廣開土王의 南下征服地에 대한 一考」,『龍巖車文燮博士回甲記念
　　　　史學論叢』.

金廷鶴 1967,「韓國 無文土器文化의 研究」,『白山學報』3.

金哲埈 1982,「百濟建國考」,『百濟研究』特輯號.

盧重國 1978,「百濟王室의 南遷과 支配勢力의 變遷」,『韓國史論』4.

_____ 1988,『百濟 政治史 研究』, 一潮閣.

_____ 1990,「目支國에 대한 一考察」,『百濟論叢』2.

都宥浩 1962,「신천 명사리에서 드러난 고조선 독널에 관하여」,『문화유산』
　　　　62년 1호.

文安植 1995, 『百濟 聯盟王國 形成期의 對中國郡縣關係研究－韓·魏間의 武力 衝突을 중심으로－』, 東國大學校 大學院 碩士學位論文.

朴淳發 1989a, 『漢江流域 百濟土器의 變遷과 夢村土城의 性格에 對한 一考 察』, 서울大學校 大學院 碩士學位論文.

_____ 1989b, 「漢江流域 原三國土器의 樣相과 變遷」, 『韓國考古學報』23.

_____ 1989c, 「夢村土城 發掘調査 槪報」, 『제13회 한국고고학전국대회 발표 요지』, 한국고고학회.

_____ 1992, 「百濟土器의 形成過程－漢江流域을 中心으로－」, 『百濟研究』23.

_____ 1993a, 「漢江流域의 靑銅器·初期鐵器文化」, 『한강유역사』, 民音社.

_____ 1993b, 「우리나라 初期鐵器文化의 展開過程에 對한 약간의 考察」, 『考 古美術史論』3.

_____ 1994, 「漢城百濟 成立期 諸墓制의 編年檢討」, 『先史와 古代』6.

_____ 1995a, 「甲川의 古代文化」, 『갑천의 문화유산』, 대전서구문화원.

_____ 1995b, 「漢江流域 原三國 및 百濟土器」, 『The Second Pacifi Basin International Conference on Korean Studies;Archaeology Seminar 1994』, 東北亞細亞考古學研究會.

_____ 1995c, 「竹幕洞遺蹟 出土 土器의 性格과 年代에 대하여」, 『扶安竹幕洞 祭祀遺蹟(국립전주박물관 개관 5주년 기념학술Symposium 발표 요지문집)』, 國立全州博物館.

_____ 1996a, 「漢城百濟 基層文化의 性格－中島類型 文化의 性格을 中心으 로－」, 『百濟研究』26.

_____ 1996b, 「漢城百濟의 中央과 地方」, 『百濟의 中央과 地方』, 第8회百濟研 究國際學術大會 發表論文集, 忠南大學校 百濟研究所.

_____ 1996c, 「百濟의 國家形成과 百濟土器」, 『第2回 百濟史 定立을 위한 學 術세미나 發表要旨文集』, 百濟文化開發研究院.

_____ 1996d, 「百濟都城의 變遷과 特徵」, 『重山鄭德基博士華甲記念 韓國史學論 叢』.

_____ 1997, 「前期 馬韓의 時·空間的 位置에 대하여」, 『馬韓史의 새로운 인 식』, 忠南大學校 百濟研究所.

______ 1999, 「漢城百濟의 對外關係」, 『百濟研究』30.

______ 2000a, 「4~6世紀 榮山江流域의 動向」, 『百濟史上의 戰爭』, 忠南大學校 百濟研究所.

______ 2000b, 「百濟의 南遷과 榮山江流域 政治體의 再編」, 『韓國의 前方後圓墳』, 忠南大學校 百濟研究所.

______ 2000c, 「墓制의 政治·社會的 含意」, 『荷谷金南奎敎授停年紀念史學論叢』, 史學論叢刊行委員會.

______ 2000d, 「榮山江流域 前方後圓墳의 意義」(朝鮮學會 創立 50周年記念 심포지엄 發表論文)

______ 2001a, 「帶頸壺一考」, 『湖南考古學報』13.

______ 2001b, 「深鉢形土器考」, 『湖西考古學報』4·5合集.

박진욱 1978, 「백제·신라에 이웃하였던 靺鞨에 대하여」, 『역사과학』78년 3 기.

______ 1987, 「비파형단검문화의 발원지와 창조자에 대하여」, 『비파형단검문화에 관한 연구』, 과학,백과사전출판사.

徐聲勳 1980, 「百濟器臺의 研究」, 『百濟研究』11.

徐榮洙 1988, 「古朝鮮의 위치와 강역」, 『韓國史市民講座』2.

成正鏞 1994, 『漢城百濟期 中西部地域 百濟土器의 樣相과 그 性格』, 서울大學校 大學院碩士學位論文.

______ 1998, 「錦江流域 4-5世紀 墳墓 및 土器의 樣相과 變遷」, 『百濟研究』28.

孫晉泰 1948, 「朝鮮 「돌멘」에 관한 調査研究」, 『朝鮮民俗文化研究』, 乙酉文化社.

宋滿榮 1997, 「中西部地方 無文土器文化의 展開」, 『崇實史學』10.

申敬澈 1986, 「新羅土器의 發生에 對하여」, 『韓日古代文化의 諸問題』, (財)韓日交流基金.

______ 1989, 三韓,三國,統一新羅의 釜山, 『釜山市史』1, 釜山市史編纂委員會.

申鐘煥 1996, 「淸州 新鳳洞出土遺物의 外來的 要素에 關한 一考 -90B-1號墳을 中心으로-」, 『嶺南考古學報』18.

申熙權 2001, 「風納土城의 築造技法과 性格에 대하여」, 『風納土城의 發掘과 그 成果(한밭大學校 開校 第74週年記念 學術發表大會 論文集)』, 한밭

大學校 鄕土文化硏究所.

沈光注 1988,『二聖山城에 대한 硏究』漢陽大學校大學院 碩士學位論文.

沈正輔 1995,『韓國邑城의 硏究』, 學硏文化社.

安承周 1975,「百濟古墳의 硏究」,『百濟文化』7,8 合輯.

______ 1976,「論山 表井里 百濟古墳과 土器」,『百濟文化』9.

安在晧 1996,「無文土器時代 聚落의 變遷－住居址를 통한 中期의 設定」,『碩吾 尹容鎭敎授停年退任紀念論叢』.

兪元載 1993,『中國正史百濟傳硏究』, 學硏文化社.

______ 1994,「<晉書>의 馬韓과 百濟」,『韓國上古史學報』17.

尹善姬 1987,「三國時代 銙帶의 起源과 變遷에 대한 硏究,『三佛金元龍敎授 停 年紀念論叢』II.

李健茂 1992,「松菊里型 住居分類試論」,『擇窩許善道先生停年紀念韓國史學論叢』.

李根雨 1996,「熊津時代 百濟의 南方境域에 대하여」,『百濟研究』27.

李基白 1959,「百濟王位 繼承考」,『歷史學報』11.

李基白·李基東 1982,『韓國史講座』I [古代篇], 一潮閣.

李基東 1982,「百濟王室交代論에 대하여」,『百濟研究』特輯號.

______ 1987,「馬韓領域에서의 百濟의 成長」,『馬韓·百濟文化』10.

李南珪 1982,「南韓 初期鐵器文化의 一考察－특히 鐵器의 金屬學的分析을 中心 으로－」,『韓國考古學報』13.

李南奭 1992,「百濟初期 橫穴式石室墳과 그 淵源」,『先史와 古代』3.

李道學 1990, 百濟 七支刀 銘文의 再解釋,『韓國學報』가을.

______ 1991a,『百濟集權國家 形成過程研究』, 漢陽大學校 大學院 博士學位論文.

______ 1991b,「百濟의 交易網과 그 體系의 變遷」,『韓國學報』여름.

______ 1992, 百濟漢城時期의 都城制에 관한 檢討,『韓國上古史學報』9.

______ 1993,「百濟初期史에 관한 文獻資料의 檢討」,『韓國學論叢』23.

李東熙 1995,『南韓에서 發見된 高句麗系積石塚에 대한 一考察』, 成均館大學校 大學院 碩士學位論文.

李丙燾 1936,「三韓問題의 新考察」,『震壇學報』6.

______ 1976,『韓國古代史研究』, 博英社.

李炳銑 1988, 『韓國古代國名地名研究』, 서울 亞細亞文化社.

李尙律 1993, 「三國時代 杏葉 小考」 『嶺南考古學』13.

李鮮馥 1988, 『고고학개론』, 이론과 실천사.

李五憙 1996, 「古代鐵製의 象嵌技法 및 材質에 대한 科學的 研究」, 『湖巖美術館 研究論文集 』1.

李榮文 1993, 『全南地方 支石墓 社會의 研究』, 韓國教員大學校 大學院 博士學位論文.

李鍾旭 1976, 「百濟의 國家形成」, 『大邱史學』11.

＿＿＿ 1986, 「百濟初期史 研究史料의 性格」, 『百濟研究』17.

李淸圭 1995, 『濟州島 考古學 研究』, 學研文化社.

李賢惠 1976, 「三韓의 '國邑'과 그 成長에 대하여」, 『歷史學報』69.

＿＿＿ 1984, 『三韓社會形成過程研究』, 一潮閣.

李賢惠 1996, 3세기 馬韓과 伯濟國, 『百濟의 中央과 地方』, 第8回 百濟研究 國際學術大會發表論文集, 忠南大學校 百濟研究所.

李弘鍾 1991, 「中島式土器의 成立過程」, 『韓國上古史學報』6.

李熙濬 1995, 「토기로 본 大伽耶의 圈域과 그 변천」, 『加耶史研究 – 대가야의 政治와 文化』, 경상북도.

＿＿＿ 1998, 『4~5세기 新羅의 考古學的 研究』, 서울大學校 大學院博士學位論文.

＿＿＿ 2000, 「대구지역 古代 政治體의 形成과 變遷」, 『嶺南考古學』26.

林炳泰 1969, 「漢江流域 無文土器 年代」, 『李弘稙博士回甲記念韓國史學論叢』.

＿＿＿ 1996, 『韓國 靑銅器文化의 研究』, 學研文化社.

林永珍 1987, 「石村洞 一帶 積石塚系와 土壙墓系 墓制의 性格」, 『三佛 金元龍教授 停年退任記念論叢』.

＿＿＿ 1994, 「漢城時代 百濟의 建國과 漢江流域 百濟古墳」, 『百濟論叢』4.

＿＿＿ 1995, 『百濟漢城時代古墳研究』, 서울大學校 大學院 博士學位論文.

任孝宰 1976, 「石村洞百濟 初期古墳의 性格」, 『考古美術』129·130合輯.

張寅成 1998, 「중국 고대 障塞의 출현과 형태」, 『百濟研究』28.

池賢柄 1995, 「江原 嶺東地方의 初期鐵器時代 – 집자리유적을 중심으로 –」, 『제

　　　　　　13회 한국상고사학회 학술발표회 : 고고학상으로 본 강원도』,
　　　　　　한국상고사학회.

千寬宇 1976,「三韓의 國家形成(下)」,『韓國學報』3.

＿＿＿＿ 1989,『古朝鮮史·三韓史研究』, 一潮閣.

崔夢龍 1981,「全南地方 支石墓 社會와 階級의 發生」,『韓國史研究』35.

崔夢龍·權五榮 1985,「考古學的 資料를 통해 본 百濟初期의 領域考察」,『千寬
　　　　　　宇先生 還曆記念 韓國史學論叢』.

崔秉鉉 1988,「新羅 石室古墳의 研究」,『崇實史學』5.

＿＿＿＿ 1992,『新羅古墳研究』, 一志社.

＿＿＿＿ 1994,「墓制를 통해 본 4-5世紀 韓國古代社會-漢江 以南 地方을 中
　　　　　　心으로-」,『韓國古代史論叢』6.

崔盛洛 1993,『韓國 原三國文化의 研究』, 學研文化社.

崔鍾圭 1982,「陶質土器의 成立前夜와 展開」,『韓國考古學報』12.

崔鍾澤 1990,「黃州出土百濟土器例」,『韓國上古史學報』4.

한경구·임봉길 譯 1995,『정치인류학』, 一潮閣.(Ted C. Lewellen 1983, Political
　　　　　　Anthropology : An Introduction, Bergin ＆Garvey
　　　　　　Publishers.)

翰林大學校 아시아文化研究所 1986,『江原道의 先史文化』.

咸舜燮 1995,「考察」,『淸堂洞II』, 國立中央博物館.

황기덕·김섭연 1983,「우리나라 고대야금기술」,『고고민속논문집』8.

3. 國文 報告書

姜元杓 2001,「淸原郡 芙江里遺蹟 調査槪報」,『湖西地方 新羅文化의 理解(제3회
　　　　　　호서고고학회 학술대회 발표요지)』, 湖西考古學會.

慶北大學校 博物館 1990,『原三國時代 文物展』

考古美術編輯室 1963,「金浦郡內 支石墓」,『考古美術』第4卷 8號

國立公州博物館 1996,『정지산의 비밀(현장설명회자료)』.

國立全州博物館 1994,『扶安 竹幕洞 祭祀遺蹟』.

國立中央博物館 1968,『靑銅遺物圖錄』.

___________ 2000,『原州 法泉里 古墳群 －第2次 學術發掘調査－』(現場說明會 資料).

權五榮 2001,「풍납토성 경당지구 발굴조사의 성과－9호·44호·101호·196호 유구를 중심으로－」,『風納土城의 發掘과 그 成果(한밭大學校 開校 第 74週年記念 學術發表大會 論文集)』, 한밭大學校 鄕土文化研究所.

權五榮 外 1989,「여주·이천지역 지표조사보고」,『신암리II』, 國立中央博物館.

權五榮·韓鳳奎 1988,「용인군 지표조사」,『신암리I』, 國立中央博物館.

金吉植 1993『松菊里V』, 國立公州博物館.

金吉植 外 1991,『天安花城里 百濟墓』, 國立公州博物館.

金武龍 1961a,「坡州 交河面의 支石墓」,『考古美術』第2卷 1號.

_____ 1961b,「漣川郡 漣川面 支石墓群」,『考古美術』第2卷 5號.

_____ 1961c,「龍仁 慕賢面 支石墓」,『考古美術』第2卷 9號.

_____ 1961d,「京畿 始興郡內 支石墓」,『考古美術』第2卷 11號.

金秉模 外 1988,「廣州春宮里古墳 및 周邊地域發掘調査報告(1次), (2次)」,『板橋－九里·新葛～半月間 高速道路 文化遺蹟 發掘調査報告』, 忠北大學校 博物館.

金秉模·高才元 1994,『多栗里,堂下里 支石墓 및 住居址』, 漢陽大學校博物館.

金秉模·崔虎林 1985,『光明鐵山洞支石墓』, 漢陽大學校博物館.

김성남1999,「화성 마하리고분군 발굴조사 성과」,『고고학을 통해 본 가야(제23회 한국고고학전국대회 발표논문집)』, 韓國考古學會.

金成明 外 1993,「淸州 新鳳洞B地區 2次發掘調査報告」,『考古學誌』5.

金聖範 1992,「軍事保護區域內 文化遺蹟 地表調査報告－京畿道漣川郡篇－」,『文化財』25.

金元龍 1964,『新昌里 甕棺墓址』, 서울大學校 博物館.

_____ 1966,「水石里 先史時代 聚落住居址 調査報告」,『美術資料』11.

_____ 1971,「華城郡 麻道面 白谷里 百濟古墳과 土器類」,『百濟研究』2.

______ 1973, 「原城郡 法泉里 石槨墓와 出土遺物」, 『考古美術』120.

______ 1978, 「草芝里 別望貝塚 發掘報告」, 『半月地區遺蹟發掘調査報告』, 半月地區遺蹟發掘調査團.

金元龍・林永珍 1986, 『石村洞3號東쪽 古墳群 整理 調査報告』, 서울大學校 博物館.

金元龍・任孝宰・林永珍 1987, 『夢村土城－東北地區 發掘調査報告書－』, 서울大學校博物館.

______ 1989, 『石村洞 1・2號墳』, 서울大學校博物館.

金元龍・任孝宰・朴淳發 1988, 『夢村土城－東南地區 發掘調査報告書－』, 서울大學校博物館.

金元龍・任孝宰・朴淳發・崔鍾澤 1989, 『夢村土城－西南地區 發掘調査報告書－』, 서울大學校博物館.

金載元・尹武炳 1967, 『韓國支石墓研究』, 國立中央博物館.

리순진 1974, 「운성리유적 발굴보고」, 『고고학자료집』4.

明知大學校博物館 1990, 『安養 坪村의 歷史와 文化遺蹟』.

夢村土城發掘調査團 1984, 『整備・復元을 위한 夢村土城發掘調査報告書』.

______ 1985, 『夢村土城 發掘調査報告書』.

文明大 1988, 「廣州 春宮里 桐寺址發掘調査報告書」, 『板橋－九里・曷～半月間 高速道路 文化遺蹟 發掘調査 報告』, 忠北大學校博物館.

文化財管理局 1977, 『文化遺蹟總覽』.

文化財研究所 1994, 『漣川 三串里 百濟積石塚 發掘調査報告書』.

文化財研究所 1985, 『月城垓子試掘報告書』.

문화재연구소 1989, 『익산입점리고분』.

朴漢高・崔福奎 1982, 「中島 積石塚 發掘報告」, 『中島發掘調査報』, 中島先史遺蹟發掘調査團.

百濟文化開發研究院 1984, 『百濟土器圖錄』.

釜山大學校 博物館 1988, 『釜山老圃洞遺蹟』.

______ 1995, 『蔚山檢丹里마을遺蹟』.

裵基同 1984, 「堤原陽坪里A地區遺蹟發掘調査報告」, 『忠州댐 水沒地區文化遺蹟

發掘調查綜合報告書』I, 忠北大學校 博物館.

白弘基 1991,「冥州郡 安仁里 住居址 發掘調查略報告」,『第15回 韓國考古學 全國大會 發表要旨』, 韓國考古學會.

사회과학원 고고학연구소 전야공작대 1978,『고고학자료집』5.

사회과학원출판사 1966,『중국동북지방의 유적발굴 보고 : 1963–1965』.

徐五善・權五榮 1990,「天安清堂洞遺蹟發掘調查報告」,『休岩里』, 國立 中央博物館.

徐五善・權五榮・咸舜燮 1991,「천안청당동제2차발굴조사보고서」,『松菊里』IV, 國立中央博物館.

徐五善・李浩炯 1995,『下鳳里』I, 國立公州博物館.

徐五善・咸舜燮 1992,「天安清堂洞第3次發掘調查報告書」,『固城貝塚』, 國立中央博物館.

서울大學校 博物館 1991,『高陽郡 花井地區 文化遺蹟 地表調查 報告書』.

서울大學校 博物館・서울大學校考古學科, 1975,『石村洞 積石塚 發掘調查報告』.

石村洞發掘調查團 1987,『石村洞古墳群發掘調查報告』.

石村洞遺蹟發掘調查團 1984,『石村洞3號墳(積石塚)復元을 爲한 發掘報告書』.

孫寶基 1986,「廣州 宮坪里遺蹟 發掘報告」,『中部高速道路 文化遺蹟 發掘調查報告書』, 忠北大學校 博物館.

宋滿榮 2001,「포천 자작리유적 발굴조사 개요」,『제44회 전국역사학대회 고고학부 발표자료집』, 韓國考古學會.

申千湜・嚴翼成 1990,「支石墓遺蹟」,『山本地區 文化遺蹟 發掘調查報告書』, 明知大學校博物館.

安承周・李南奭 1988,『論山表井里百濟古墳 發掘調查報告書』, 百濟文化開發研究院.

圓光大學校 馬韓・百濟文化研究所 1999,『益山 栗村里 墳丘墓 發掘調查 略報告』.

圓光大學校 博物館 1992,『益山 雄浦里 古墳群 2次 發掘調查 略報告書』.

尹武炳 1978,『大清댐 水沒地區 發掘調查 報告書(忠南)』, 忠南大學校博物館.

尹炳鏞・宋桂鉉 1988,『釜山老圃洞遺蹟II』, 釜山直轄市立博物館.

尹世英 1974, 可樂洞百濟古墳 第 一・二號墳 發掘調査略報,『考古學』3.

尹世英・李弘鍾 1994,『渼沙里』第5卷, 渼沙里 先史遺蹟 發掘調査團・京畿道公營
　　　　　開發事業團.

尹容鎭 1984,「中原 荷川里 F地區 遺蹟發掘調査報告」,『忠州댐 水沒地區 文化遺
　　　　　蹟發掘調査報告書(II)』.

李康承・朴淳發 1995,「新石器 및 靑銅器時代 遺蹟調査」,『屯山』, 忠南大學校博
　　　　　物館.

李康承・朴淳發・成正鏞 1994,『神衿城』, 忠南大學校博物館.

　　　　　　　　　　　　　　1996,『天安長山里遺蹟』, 忠南大學校博物館.

李康承 外 1987,『保寧 校城里 집자리』, 國立扶餘博物館.

李健茂 外 1980,『中島』I, 國立中央博物館.

　　　　　1989,「義昌 茶戶里遺蹟 發掘進展報告(I)」,『考古學誌』1.

　　　　　1993,「昌原 茶戶里遺蹟 發掘進展報告(III)」,『考古學誌』5.

李南奭 1995,『南館里遺蹟』, 公州大學校 博物館.

　　　　1997,『汾江・楮石里 古墳群』, 公州大學校 博物館.

　　　　2000,『天安龍院里古墳群』, 公州大學校 博物館.

李南奭・徐程錫 2000,『天安斗井洞遺蹟』, 公州大學校 博物館.

李達勳 外 1994,『寶文山城遺蹟 發掘調査 報告書』, 大田直轄市.

이원복 외 1990,「청주 신봉동B지구 널무덤 발굴조사보고」,『淸州 新鳳洞 百
　　　　　濟古墳群 發掘調査報告書』, 忠北大學校博物館.

李隆助 1988,「始興 富谷里 支石墓 發掘調査報告」,『板橋－九里・新葛～半月間
　　　　　高速道路文化遺蹟 發掘調査 報告』, 忠北大學校博物館.

李隆助・車勇杰 1983,『淸州新鳳洞 百濟古墳群 發掘調査報告書』, 忠北大學校博
　　　　　物館.

李殷昌 1967,「大田市 槐亭洞 出土 一括遺物 調査略報 」,『考古美術』65號.

李浩官・趙由典 1974,「楊坪郡 兩水里 支石墓 發掘調査報告」,『八堂・昭陽댐
　　　　　水沒地區 遺蹟發掘 綜合調査報告書』, 文化財管理局.

林炳泰 1974,「楊州郡 鎭中里 先史遺蹟 發掘報告」,『八堂・昭陽댐 水沒地區 遺
　　　　　蹟發掘 綜合調査報告書』, 文化財管理局.

林炳泰・崔恩珠・金武重・宋滿榮 1994,『渼沙里』第3卷, 渼沙里先史遺蹟 發掘調査團・京畿道公營開發事業團.

任世權 1977,「春川 溫依洞 無文土器遺蹟」『史叢』21・22 合輯.

林永珍・趙鎭善 1994,『光州 月桂洞 長鼓墳.雙岩洞 古墳』, 全南大學博物館.

任孝宰 外 1988,「始興 三里 支石墓 發掘調査報告」,『板橋－九里・新曷～半月間 高速道路文化遺蹟發掘調査 報告』, 忠北大學校博物館.

任孝宰・崔鍾澤・林尙澤・吳世筵 1994,『渼沙里』第4卷, 渼沙里先史遺蹟 發掘調査團・京畿道公營開發事業團.

全吉姬 1959,「龍仁 駒城面 所在 Dolmen 調査報告」『史苑』1.

全北大學校 博物館 1989,『細田里』－圖面・圖版編－.

全榮來 1984,「地名表－靑銅器III」,『韓國考古學地圖』, 韓國考古學硏究會.

全州市立博物館 1987,『益山 新龍里 百濟土器 窯址 發掘調査報告書』.

鄭永鎬 1974,「楊坪郡 上紫浦里 支石墓 發掘報告」,『八堂・昭陽댐 水沒地區 遺蹟發掘 綜合調査報告書』, 文化財管理局.

鄭澄元・申敬徹 1983,『東萊福泉洞古墳群Ⅰ』, 釜山大學校 博物館.

趙東杰 1968,「春川地方의 先史社會 考察」,『春川教大論文集』4.

秦弘燮・崔淑卿 1974,「楊坪郡 上紫浦里 支石墓 發掘報告」,『八堂・昭陽댐 水沒地區 遺蹟發掘 綜合調査報告書』,文化財管理局.

車勇杰・趙詳紀 1994,「淸州 松節洞 古墳群 : 1次 92年度 發掘調査報告書」,『漣川 三串里百濟積石塚 發掘調査報告書』, 文化財研究所.

＿＿＿＿＿＿ 1996,『淸州 新鳳洞 古墳群(1995年度 調査)』, 忠北大學校博物館.

車勇杰 外 1990,『淸州 新鳳洞 百濟古墳群 發掘調査報告書』, 忠北大學校博物館.

車勇杰 外 1994,『淸州 松節洞 古墳群』, 忠北大學校 博物館.

車勇杰 外 1995,『淸州 新鳳洞 古墳群』, 忠北大學校 博物館.

최기룡 1992,「꽃가루 분석」,『자연과 옛사람의 삶』,한국선사문화연구소.

崔夢龍 外 1984,「堤原 桃花里地區遺蹟 發掘調査報告」,『忠州댐 水沒地區 文化遺蹟 發掘調査 綜合報告書』I, 忠北大學校博物館.

崔茂藏 1978,「楊上里支石墓發掘調査報告」,『半月地區遺蹟發掘調査報告』, 半月地區遺蹟發掘調査團.

崔秉鉉・柳基正 1997,『大田 九城洞 遺蹟』, 韓南大學校 博物館.

崔福奎 外 1987,『平昌郡의 歷史와 遺蹟』, 江原大學校 博物館.

崔盛洛 1988,『海南郡谷里貝塚II』, 木浦大學校 博物館.

崔淑卿 1988,「廣州 春宮里 建物址 發掘調査報告」,『板橋-九里・新葛~半月間 高速道路文化遺蹟 發掘調査 報告』, 忠北大　　　學校博物館.

忠南大學校 博物館 1993,『扶餘 東南里 遺蹟 發掘調査 略報告』.

　　　　　　　　 1995,『保寧 寬倉里 住居遺蹟 發掘調査 略報告』.

　　　　　　　　 1997,『월드컵蹴球 專用球場 建設敷地內 文化遺蹟 地表調査 報告』.

河鎭鎬 1996,「慶州市 舍羅里 古墳群 發掘調査槪報」,『신라고고학의 제문제』 (창립20주년기념 제20회 한국고고학전국대회 발표요지문집), 韓國考古學會.

韓國文化財保護財團 1999,『淸原 梧倉遺蹟(I)』

　　　　　　　　 2000a,『淸原 主城里遺蹟(IV)』.

　　　　　　　　 2000b,『淸原 梧倉遺蹟』.

韓國精神文化研究院 1994,『華城白谷里古墳』.

韓國土地公社 土地博物館2000,『연천군의 역사와 문화유적』.

韓炳三 1968,「새로 발견된 細形銅劍」,『考古學』1.

韓炳三・金鍾徹 1974,「楊坪郡 上紫浦里 支石墓(石棺墓) 發掘報告」,『八堂・昭陽댐 水沒地區 遺蹟發掘綜合調査報告書』, 文化財管理局.

한신大學校 博物館 1994,『九里市 仁倉地區 文化遺蹟 및 民俗調査報告書』.

漢陽大學校 博物館 1995,『永松里 先史遺蹟』.

韓永熙・咸舜燮 1993,『淸堂洞』, 國立中央博物館.

韓永熙 外 1989,『김해양동리고분발굴조사보고서』, 문화재연구소.

咸舜燮・金在弘 1995,『淸堂洞II』, 國立中央博物館.

湖巖美術館 1995,『利川孝養山遺蹟』.

　　　　　 1998,『馬霞里 古墳群』.

華陽地區遺蹟發掘調査團 1977,『華陽地區遺蹟發掘調査報告』.

黃龍渾 1974,「양평군문호리지구유적발굴보고」,『八堂・昭陽댐 水沒地區遺蹟

發掘 綜合調查報告書』, 文化財管理局.

　　　　1978, 「楊上里・月陂里遺蹟 調查報告」, 『半月地區遺蹟發掘調查報告』, 半月地區遺蹟發掘調查團.

4. 日文 文獻

鮎貝房之進 1934, 「百濟古都案內記」, 『朝鮮』11月號(第234號).

岡內三眞 1983, 「東アジア史上における百濟前期古墳の位置」, 『展望アジアの考古學』(樋口隆康敎授退官記念論集).

輕部慈恩 1971, 『百濟遺蹟の研究』, 吉川弘文館.

谷 豊信 1986, 「樂浪土城址出土の土器(下)－樂浪土城研究その4 －」, 『考古學研究室研究紀要』第5號, 東京大學文學部考古學研究室.

都出比呂志 1989, 「古代文明と初期國家」, 『古墳時代の王と民衆』古代史復元6, 講談社.

東潮・田中俊明 1989, 『韓國の古代遺蹟』2, 百濟・伽倻篇, 中央公論社.

東潮・田中俊明 1995, 『高句麗の歷史と遺蹟』, 中央公論社.

梅原末治・藤田亮策 1947, 『朝鮮古文化綜鑑』1, 朝鮮總督府.

武末純一 1997, 「考古學からみた弁韓・辰韓と倭」, 『新羅文化』14輯, 東國大學校新羅文化研究所.

白井克也 1992, 「ソウル・夢村土城出土土器編年試案－いわゆる百濟前期都城論關連ひて－」, 『考古學研究室研究紀要』第11號, 東京大學文學部考古學研究室.

榧本杜人 1958, 「朝鮮先史墳墓の變化過程とその編年」『考古學雜誌』第43卷 2號. (榧本杜人, 1977, 『朝鮮の考古學』, 同朋舍).

三上次男 1976, 「漢江流域發見の四世紀越州青磁と初期百濟文化」, 『朝鮮學報』81.

小田富士雄 1982, 「越州青磁를 伴出한 忠南의 百濟土器」, 『百濟研究』忠南大學校開校30周年記念特輯號, 忠南大學校百濟研究所.

小泉顯夫 1937, 平壤神社前 高句麗時代門址, 『昭和十二年度古蹟調查報告』.

野守健・小泉顯夫 1931, 「慶尙北道達城郡達西面古蹟調查報告」, 『大正十二年度朝鮮古蹟調査報告』, 朝鮮總督府.

有光敎一 1959, 『朝鮮磨製石劍の硏究』, 京都大學出版部.

尹煥 1989, 「漢江下流流域における百濟橫穴式石室」, 『古文化談叢』20(中), 九州古文化硏究會.

定森秀夫 1989, 韓國ソウル地域出土三國時代土器について, 『橫山浩一先生退官記念論文集Ⅰ : 生産と流通の考古學』.

井上宗和 1992, 『城』, 法政大學出版局.

朝鮮古蹟硏究會 1936, 『樂浪王光墓』.

朝鮮總督府 1916, 『朝鮮古蹟圖報』3卷.

朝鮮總督府 1925, 『大正十一年度古蹟調査報告』.

朝鮮總督府 1935, 『昭和二年度 古蹟調査報告』第二冊.

穴澤和光·馬目順一 1975, 「龍鳳文環頭大刀試論」, 『百濟硏究』6, 忠南大學校 百濟硏究所.

橫山將三郎 1930, 「京城府外鷹峰遺跡報告」 『史前學雜誌』第2卷 5號.

_________ 1953, 「ソウル近郊の史前遺跡」 『愛知大學文學論叢』56.

5. 中文 文獻

耿鐵華 外 1984, 「集安高句麗陶器的初步硏究」, 『文物』1984 – 1期.

廣州市文物管理委員會 外 1981, 『廣州漢墓』, 文物出版社.

佟達·張正岩 1989, 「遼寧撫順大伙房水庫石棺墓」, 『考古』1989 – 2期.

遼寧省文物考古硏究所 1994, 『遼東半島 石棚』, 遼寧科學技術出版社.

馬璽倫 1985, 「山東沂水縣荊山西漢墓」, 『文物』1985 – 5期.

孫機 1991, 『漢代 物質文化資料圖說』, 文物出版社.

楊鳩霞 1995, 「安徽歙縣西村東漢墓」, 『考古』1995 – 11期.

王健群 1984, 『好太王碑硏究』, 吉林人民出版社.

袁俊卿 1972, 「南京象山5號,6號,7號墓淸理簡報」, 『文物』1972 – 11期.

魏存成 1994, 『高句麗考古』, 吉林大學出版社.

劉森淼 1994, 「湖北漢陽出土的晉代鎏金銅帶鉤」, 『考古』1994 – 10期.

尹煥章 1955, 「南京鄧府山古殘墓二次至四次淸理簡介」, 『文物參考資料』1955－11期.

李宗山・王興明・尹曉燕 1996, 「河北遷安于家村一號漢墓淸理」, 『文物』1996－10期.

林仙庭・宋協禮 1994, 「山東车平發現十六國時期文物」, 『考古』1994－2期.

田立坤 1991, 「三燕文化遺存的初步研究」, 『遼海文物學刊』1991－1期.

程欣人 1966, 「湖北漢陽蔡甸一號墓淸理」, 『考古』1966－4期.

張雪岩 1979, 「集安縣兩座高句麗積石墓的淸理」, 『考古』1979－1期.

崔成實 1974, 「浙江衢縣街路村西晉墓」, 『考古』1974－6期.

馮先銘 外 1982, 『中國陶瓷史』, 文物出版社.

夏鼐 1972, 「晉周處墓出土的金屬帶飾的重新鑒定」, 『考古』1972－4期.

向群 1962, 「北京平谷縣西柏店和唐庄子漢墓發掘簡報」, 『考古』1962－5期.

許玉林 1993, 「遼寧盖縣東漢墓」, 『文物』1993－4期

胡方平 1993, 「試論中國古代墳丘的起源」, 『考古與文物』1993－5期.

6. 英文 文獻

Lewis R. Binford 1971, Motuary Practices : Their Study And Their Potential, *APPROACHES TO THE SOCIAL DIMENSIONS Of MORTUARY PRACTICES* Edited by James A. Brown, memoirs of the Society for American Archaeology (American Antiquity Vol. 36, Number4).

Karl W. Butzer 1982, Archaeology as human ecolgy, Cambridge Univ. Press.

Robert Chapman 1981, The emergence of formal disposal area and the 'problem' of megalithic tombs in prehitoric Europe, *THE ARCHAEOLOGY OF DEATH* EDITED BY ROBERT CHAPMAN, IAN KINNES, KLAVS RANDSBORG, Cambridge Univ.Press.

Morton H. Fried 1967, *THE EVOLUTION OF POLITICAL SOCIETY* : An Essay in Political Anthropology,Random House.

Ian Hodder 1982, Symbols in Action : *Ethnoarchaeological Studies of Material*

Culture, Cambridge University Press.

　　　　　1986, *Reading the Past : Current Approaches to Interpretation in Archaeology*, Cambridge University Press.

A. Johnson and T. Earle 1987, *The Evolution of Human Societies : From Foraging Group to Agrarian State*, Stanford University Press.

姜奉遠 1991, 「A MEGALITHIC TOMB SOCIETY IN KOREA ; A SOCIAL RECOSTRUCTION」, 『韓國上古史學報』7, 韓國上古史學會.

Robert McC Netting 1977, *Cultural Ecology*, Cummings Publishing Co.

Colin Renfrew 1973, *BEFORE CIVILIZATION*, Alfred A. Knopf.

　　　　　1986, Peer Polity Interaction And Socio-political Change, *PEER POLITY INTERACTION AND SOCIO-POLITICAL CHANGE* Edited by Colin Renfrew And John F. Cherry, Cambridge University Press.

Song Nai Rhee 1992, Secondary State Formation:The Case of Koguryo State, *Pacific Northeast Asia In Prehitory* Edited by C. Melvin Aikens and Song Nai Rhee, Washington State University Press.

James R. Sackett 1990, Style and ethnicity in archaeology : the case for isocretisim, *THE USE OF STYLE IN ARCHAEOLOGY* Edited by Margaret W.Conkey, Cambridge University Press.

Joseph A. Tainter 1978, Motuary Practices and the Study of Prehistoric Social System, Advances in *ARCHAEOLOGICAL METHOD AND THEORY* Vol.1 Edited by Michael B.Schiffer, Academic Press.

Abstract

A Study of the State Formation of Paekche

Park, Soon-bal

Most studies on the state formation of Paekche in the past have dealt with written records. However, scholars have different views over the credibility of the dates of early events which are described in the "Basic Annals of Paekche" of Samguk Sagi, one of the most important historical documents of Paekche, and disputes still continue over the exact time of the state formation of Paekche. In order to overcome the limits of historiographic studies, efforts have been made in recent years to make use of archaeological information. However, as the chronological framework for archaeological data is yet to be established, arbitrary and opportunistic interpretation of the data has compounded the confusion.

In order to overcome such difficulties in the study of state formation, this thesis first tries to establish chronological framework for archaeological records, which is one of the most basic prerequisites for the interpretation of archaeological data relevant to state formation. Without a proper chronology for archaeological remains discovered in the Han River valley that was spatial background for the state formation of Paekche, it is not only impossible to approach to the current issue by archaeological method, but it would also cause further confusion. Chronological frameworks are proposed for different phases of archaeological cultures since the dolmen society which was based on settled farming, along with brief discussion of the nature of the societies in each phase.

The dolmen societies are believed to have lasted between 800 and 300 B.C., and about 32 communities are confirmed in the Han River valley, each occupying an area with 3.5 km in radius. These societies were based on kinship with the heads of households being buried in dolmens. Some of these societies were uprak(village) societies, at the top of which were heads of the agricultural communities, that were composed of more powerful households at the center and a few other households in the periphery.

The slender bronze dagger societies after 300 B.C. were characterized by the new material culture of clay-band pottery, as the Dolmen societies were reorganized as the result of the diffusion of the new material culture with clay-band pottery from the Liaoning Province, which was related to the development of the Han society in southern Korea. Projected from the pattern of spatial distribution of archaeological remains that are known so far, these societies incorporated two or three dolmen societies of the previous phase and occupied an area with 7-8 km in radius. The total number of these societies are about ten or so. The political nature of these societies is believed to be the kuk that is described in the "Accounts of Eastern Barbarians" of Sanguozhi, or Annals of the Three States. The kuk at this time was at the stage of uprak(town), but not at the stage of state.

The Iron Age culture in the Han River valley began around 100 B.C. as the result of the diffusion of Chinese iron technology via the Naklang(Lelang in Chinese) Commandery, and it is represented by the Chungdo-type culture. According to the general chronology of Korean archaeology, the Chungdo-type culture belongs to the Proto-Three-Kingdom Period, and its sites have been found in the Han River valley and middle and upper reaches of the Imjin River. The Chungdo-type culture is different from the contemporary culture to the south, since its houses tend to be T-shaped or consist of two rectangles connected together, its burials are mound tombs with stones on the surface, and its pottery is the so-called Chungdo-style hardened undecorated pottery. According to the "Basic Annals of Paekche" of Samguk Sagi, this culture can be attributed to the Ye people. Meanwhile, the burial customs in the lower reaches of the Han River, in particular in Songp'a and Kangdong districts of Seoul, are represented by graves of wooden coffins in earthen pits that are located to the east of the Tomb No. 3 in Sokch'on-dong. These burials are much different from the stone-mound tombs of the Ye people, and it is impossible to consider them of the same cultural pedigree. Such a difference may be related to the issue of who were the major players in the state formation of Paekche. On the other hand, the area south of the Han River in mid-western Korea was controlled by Mahan. Since it is believed that the Proto-Three-Kingdom culture in the Han River valley consists of various groups of Han and Ye genealogy, the society at this stage is called the Han-Ye society in this study.

The nature of the Han-Ye society is well described in the "Accounts of Eastern Barbarians" of Sanguozhi. According to this book, each kuk had a chusu (major leader) but he could not rule properly as people scattered in and out of the uprak(village), and they did not have a walled city. This picture is not so much different from that of the earlier slender-dagger society. The main reason for the slow political development of the Han-Ye society was due to the powerful influence of the Chinese commanderies of Naklang[Lelang] and Taebang[Daifang in Chinese]. The fact that Paekche reached the level of statehood society in the mid-third century A.D. when the power of Chinese commanderies diminished testifies to their strong influence on the Han-Ye society.

On the basis of chronological frameworks for the archaeological remains in the Han River valley that are described above, this study presents the following views about the definition of state, its material evidence and the issue of the identification of indicators of state formation from archaeological data in the Han River valley.

In general, state is a complex of institutions with its source of power or authority in the superior social organization beyond kinship system, and it is characterized by differential and hierarchical access to basic resources, submission to public enforcement, and defence of territory. This conceptional definition of state is very abstract, and we need to understand state formation in Korean history in order to discuss the state formation of Paekche which is a result of specific historic environment in Korean history.

Discussions on the process of state formation in Korean history can be summarized as the following path: stage of uprak(village) – stage of integrated villages (stage of kuk, stage of kugup, or stage of small kuk) – stage of federate kingdom (stage of federate small kuk – stage of pu system) – stage of centralized aristocratic state (centralized state).

This thesis considers the stage of federate kingdom in the process of state formation as the beginning of statehood society. Some of the most important characteristics of the stage of federate kingdom include the centralized and unified control of interaction with outside societies, the centralized concentration of political elite groups, the development of definition of territoriality, and the territorial expansion through military campaign against outside societies. This stage is sometimes called territorial state with emphasis on the notion of territoriality and territorial expansion.

On the basis of the argument mentioned above, the appearance of political entity of statehood society, or the state formation of Paekche, can be confirmed by the following three archaeological indicators.

The first is the development of specific pottery style and its consistent spatial distribution. In principle, the development of a particular style in material culture or the pattern of spatial distribution does not necessarily reflect the formation of political entity of statehood society. However, it is quite possible that the stronger are the competition between groups and the social tension within a group, the greater is the tendency of stylistic unification within a region and of stylistic contrast in material remains between different regions. Moreover, as can be seen in the cases of Koguryo, Shilla, and Kaya, the distribution of pottery styles almost coincides with the political territory in the Three Kingdom period. Inferring from this, it seems that the development of a specific pottery style and its spatial domination is closely related to the formation of political entity of statehood society.

The second is the appearance of burials with large mounds. In general, the scale of mound or grave goods of a particular burial reflects the social personality of the deceased, such as gender, age, and social status. Thus, the difference in the quality and quantity of grave goods and the difference in the labor cost for the grave construction among burials built at a particular point of time reflect the difference in the social personality of members of the society and the degree of social stratification as the sum of differentiated access to basic resources. Thus, the appearance of burials with hugh mounds at a time can be regarded as an indication of much more heightened degree of social stratification than before with the buried of large mound tombs occupying the top of hierarchy. The big differences in the labor cost between graves of large mound tombs and common graves can be seen as an evidence of deepening stratification and enlarged baseline of the pyramid-shaped social hierarchy with the occupants of the large mound tombs at the top. However, it is difficult to measure quantitatively the absolute scale of large mound tombs as direct reflection of the formation of political entity of statehood society. As seen from the cases of Shilla and Kaya, the appearance of large mound tombs that can be easily recognized even now suggests the development of the political entity of statehood society. The fact that a group of large mound tombs at the upper-most echelon in size hierarcy concentrated on an area and formed a mortuary district indicates that the occupants of these tombs had continuous predominant position in the political entity of the region. In other words, the establishment of such mortuary district is a reflection of monopolized status of the users of this district and an evidence of the principal location of specific political entity on which political elites concentrated.

The third is the appearance of a walled city. In China, the appearance of a walled city is usually understood as the basis for the formation of pristine state. The construction of a walled city requires mobilization of large labor force and must be supported by administrative organization that controls effectively resources and human labor. The walled city at the time of state formation is also the area for residence of bureaucrats and political elites who are necessary for the effective assistance of the ruler in the government and expansion of political entity. Such nature of walled cities can be confirmed in historical records, such as the "Basic Annals of Paekche" of Samguk Sagi and the "Accounts of Eastern Barbarians" of Sanguozhi. While there are several accounts of construction activities of walled cities, including the capital, in the "Basic Annals of Paekche" of Samguk Sagi, the "Accounts of Eastern Barbarians" of Sanguozhi, that is believed to describe earlier situation, says that "there is no walled city", indicating that state formation is closed related to the appearance of a walled city.

On the basis of this, some of the most significant archaeological evidences for the state formation of Paekche in the Han River valley include the development of new Mongch'on pottery styles that is represented by black polished pottery, the appearance of large mound tombs among the Sokch'on-dong and Karak-dong sites as a reflection of the concentration of political elite groups, and the construction of walled cities such as Mongch'on Fortress and P'ungnab Fortress. In particular, it is interesting that all these three archaeological indicators appeared almost at the same time. Their date can be assigned to be from the middle to late third century A.D., and, thus, the state formation of Paekche and the development of Paekche as a federate kingdom occurred between the mid-third and late third century A.D.

Meanwhile, the mid-third century A.D. is the time when the political entities in the Han River valley were relieved of the control of Chinese commanderies of Lelang and Daifang and initiated direct contacts with the Chinese mainland, as seen in the accounts of contacts with Western Jin that are recorded in the "Accounts of Eastern Barbarians" of Jinshu, or Records of Jin and Western Jin pottery sherds with coin-pattern that have been found in Mongch'on Fortress. Around this time, the Chinese commanderies began to lose their control over the local powers in southern Korea, and the state formation of Paekche must have been related to the changing nature of political power of these Chinese commanderies.

The discussion of the state formation and development process of Paekche can be summarized as follows:

Although the Oncho group, who are described in the surviving historical records in Korea and China as major players in the foundation of Paekche, might have settled in the Han River valley in

18 B.C., archaeological remains show that the society at the time did not reach the statehood level.

In the mid to late third century A.D., a political entity at the level of a federate kingdom was formed in the Han River valley and the state formation of Paekche occurred at this time. Then, Paekche expanded its territory and developed further to control the area north of the Kum River at the end of the Hansong Phase I (mid to late third century – mid fourth century) and in the Hansong Phase II (late fourth century – late fifth century) Paekche reached the area south of the Kum River.

In the late fourth century Paekche once surpassed Koguryo in its strength and became the hegemonic power in Korean Peninsula. The Sokch'on-dong tombs that were built at this time are in the shape of Koguryo-style stepped stone pyramids. The construction of Koguryo-style tombs in the Paekche region should not be interpreted as the change of royal houses; considering the fierce competition between Koguryo and Paekche at the time, it could be understood as the result of peer polity interaction which involves warfare, jealous competition, transfer of non-material culture, transmission of technological innovation, and growth of commodity exchange.

補論 1

高句麗土器의 形成에 대하여

高句麗土器의 形成에 대하여

요 약

고구려토기는 泥質 태토의 저화도 소성을 특징으로 하며, 특히 磨硏이라는 특유의 정면기법을 채택하는 등 백제나 신라·가야 토기와는 많은 점에서 차이를 보이고 있다. 본고에서는 이러한 고구려토기 특유의 속성들의 형성과정에 대해 살펴 보고자 한다.

이를 위하여 다음의 몇 가지 문제에 초점을 맞추었다.

첫째, 고구려의 발상지인 渾江 및 鴨綠江 중류지역 일대 청동기시대 유적 출토 무문토기의 양상과 변천에 대한 이해, 그리고 이어지는 초기철기시대의 전개 및 토기 양상의 파악이다. 고구려토기 특유의 속성들의 출현과 관련하여 그 선행 토기문화에 대한 이해가 중요하기 때문이다.

둘째, 이러한 선행문화에 대한 이해를 바탕으로 고구려토기의 初現으로 이해되고 있는 이른바 魯南里型土器의 특징들을 추출해보고 그 형성과 관련된 여러 요소들을 살펴 보고자 한다.

셋째, 고구려토기의 변천상에 대해 일별하고자 한다. 특히 최근 한강유역을 비롯한 남한지역에서의 출토예가 증가하고 있어 이들에 대한 보다 분명한 편년적 위치 설정이 당시의 역사적 상황이해에 긴요하기 때문이다.

이러한 검토를 통해 다음과 같은 사실들을 확인할 수 있었다.

첫째, 고구려토기의 형성은 器形으로 보는 한 압록강중류지역 및 혼강유역 일대 청동기시대 토기인 공귀리유형 및 미송리형토기에서 그 연원의 일단을 찾을 수 있었다. 그리고 특유의 이질 태토와 같은 요소는 戰國末~漢初의 灰陶 제작기법과의 연관성이 확인된다. 그러므로 결국 재래의 지역전통을 바탕으로 초기철기문화와 함께 新來한 제작기술의 결합으로 이해할 수 있다.

둘째, 고구려토기의 형성 시점은 최근까지의 조사 결과로 보아 대략 기원전 200년경 무렵까지 소급 가능하다. 그러나 기종의 확대와 더불어 일정한 공간범위 내의 토기양식상의 통일성은 이 무렵까지는 뚜렷하지 않다. 이러한 토기양식의 형성과 그 공간적 확대과정은 적어도 연맹왕국단계의 국가성립과 밀접히 관련되므로 고구려토기의 형성은 곧 고구려의 연맹왕국 성립을 말해주는 고고학자료로 이해될 수 있다. 이러한 관점에서 혼강 및 압록강중류지역 일대에서의 연맹왕국의 성립시점은 대략 기원전 2세기 무렵까지 소급될 수 있으며, 이 무렵은 고구려지역의 특유의 積石塚 등장시점과도 대체로 일치된다.

셋째, 고구려토기의 시간적, 공간적 분포양상은 고구려의 영역변천을 잘 반영하고 있다. 그러므로 九宜洞을 비롯한 한강유역 고구려유적은 475년 고구려에 의한 백제 한성의 함락과 더불어 등장하며 漢江 北岸 소재 일련의 고구려 보루유적들은 신라, 백제에 의한 한강유역의 탈환시점인 553년경을 전후한 6세기 중엽경으로 비정된다.

마지막으로, 지금까지 알려진 여러 유적 출토 고구려토기 양상은 한성기 백제의 黑色磨硏土器와는 그 기형이나 변천상에 있어 판이함을 알 수 있었다. 이로써 백제토기와 고구려토기의 관련성은 더 이상 논의의 여지가 없음을 확인할 수 있다.

주요어 : 고구려토기, 니질태토, 저화도소성, 정면기법, 노남리형토기, 공귀리 유형, 미송리형토기, 연맹왕국단계

I. 머리말

고구려는 기원전 1세기 전반경인 B.C. 75년경에는 연맹왕국 단계의 국가로 성립된 것으로 이해되고 있다(李基白・李基東 1996 : 81). 고구려의 국가 성립에 대한 이러한 연대관은 고고학적 연구 결과(Rhee, Song -nai 1992)와도 일치되고 있다. 본고에서는 고구려 국가성립과 관련하여 또 하나의 중요한 고고학적인 양상으로서 고구려토기의 형성에 대해 검토해 보고자 한다. 삼국시대의 경우 특정 양식의 토기 형성

은 대략 국가단계에 이른 특정 정치체의 형성과 거의 일치되고 있음
이 최근 일련의 고고학적 연구에서 확인되고 있어(朴淳發1996 ; 李熙濬
1997) 고구려의 경우도 과연 그러한지가 주목되기 때문이다.

한편으로는 백제 건국세력의 出自를 고구려계 또는 부여계 고구려
로 파악하고 있는 것과 관련하여 이를 고고학적으로 검토할 필요를
느껴왔다. 종래 가락동 2호분 등 한강유역의 백제고분에 보이는 黑色
磨研土器를 근거로 이를 고구려토기의 영향으로 이해하여 백제 건국세
력의 고구려 출자설의 고고학적 증거로 보는 견해(金元龍 1986 : 175)
가 일반적이었으나 이러한 관점을 뒷받침할 수 있는 구체적인 고고학
적인 검토는 없었다. 필자는 종래 이와 같은 견해에 대해서는 지극히
회의적인 입장을 취한 바(朴淳發 1992) 있다. 따라서 본고는 그러한 필
자의 입장과 관련한 고고학적 검토의 의미도 가지고 있다. 다시 말하
면 고구려토기의 구체적인 모습을 살펴봄으로써 한강유역의 흑색마연
토기와의 차이점을 분명히 확인할 수 있기 때문이다.

이상의 목적을 달성하기 위하여 본고에서 다음과 같은 몇 가지 사
항들을 중심으로 검토하고자 한다.

첫째, 고구려의 발생지인 渾江 및 鴨綠江 중류지역 일대의 청동기시
대 유적들에서 확인되는 무문토기의 양상과 변천에 대한 것이다. 이는
고구려토기의 형성을 이해하기 위해서는 그 공간적인 토대가 된 이
지역의 선행문화에 대한 이해가 중요하기 때문이다.

둘째, 혼강 및 압록강 중류지역의 초기철기문화 유적의 분포와 그
출토유물에 대해 일별하고자 한다. 이 역시 청동기시대 이래 고구려의
선행문화로서 이에 대한 구체적인 검토는 고구려토기의 형성을 파악
하는 데에 있어 불가결한 전제적 작업이기 때문이다.

셋째, 이와 같은 선행문화들의 검토를 통해 고구려토기의 初現形으
로 이해되고 있는 魯南里型土器의 모습을 살펴보고, 그 형성과 관련한

여러 요소들을 알아 볼 것이다. 그리고 이러한 노남리형토기의 출현 시기와 고구려의 국가 성립 시점을 비교해 봄으로써 국가체의 형성과 노남리형토기 형성과의 관련성도 밝혀지게 될 것이다.

마지막으로, 고구려토기의 변천상을 일별하고자 한다. 이를 통해 한강유역을 비롯해 최근 남한지방에 점차 확인 예가 증가하고 있는 고구려토기의 편년적인 위치를 판단할 수 있는 기초자료를 확보할 수 있을 것이다.

그러나 이와 같은 본고의 내용은 대부분 도면과 보고서상의 記述을 토대로 할 수밖에 없는 자료접근상의 제약으로 인해 다수의 오류를 피하기 어려울 것으로 생각된다. 그럼에도 불구하고 아직까지 고구려토기의 형성과 관련한 專論이 없었으므로 금후 본격적 논의를 위한 試論的 의의는 가질 수 있으리라 생각한다.

Ⅱ. 渾江 및 鴨綠江 中流地域의 靑銅器文化 展開

필자는 우리 나라 청동기문화의 변천을 청동기의 제작 및 사용을 근거로 크게 3단계로 구분하여 이해하고 있다(朴淳發 1993a). 첫째 단계는 아직 琵琶形銅劍이나 銅斧 등 발달된 청동무기가 등장하지 않는 단계로서 靑銅刀子나 간단한 장식품만이 제작 사용되는 시기이다. 이 시기를 先銅劍期라 부르고 있다. 다음은 비파형동검을 표식으로 하는 본격적인 청동기가 제작·사용되는 단계로서 이를 琵琶形銅劍期로 부르고 있다. 마지막으로는 비파형동검이 細形銅劍으로 변천된 단계로서 이 시기를 細形銅劍期라 한다. 한반도의 각 지역별 구체적인 청동기문화의 전개과정은 다음〈표 1〉[1]과 같은데 이러한 시기구분은 혼강 및

---

1) 朴淳發 1993a 이후 한강유역 및 그 이남지역의 청동기시대 무문토기와 관련한 새로운 자료가 급격히 증가되었다. 그에 따라 기왕에 발표한 바 있는 필자의

압록강유역에도 적용 가능한 것으로 판단된다.

　이제 이를 토대로 최근까지 확인된 혼강 및 압록강 중류지역의 청동기문화의 전개를 보다 구체적으로 살펴보기로 하자. 이 지역에서 확인된 대표적인 청동기시대의 유적 및 토기문화의 내용은 다음 〈도면 1〉과 같다.

　千山山脈 이동의 요녕 동부지역 및 吉林 남부지역에 대한 청동기문화의 내용은 거의 대부분 최근에 확인된 것이어서 아직 자세한 지역편년이 설정되어 있지는 않다. 그러나 최근 논의되고 있는 이 지역 청동기문화에 대한 기초적인 편년연구의 결과들(李恭篤 1985 ; 鄭漢德 1990)에 따르면 필자의 전술한 편년체계와 대체로 일치하고 있음을 알 수 있다. 즉, 비파형동검으로 대표되는 본격적인 청동기의 제작 사용 시점을 기준으로 그 이전 시기와 그 이후 시기로 구분되고 있다. 그에 해당되는 이 지역의 구체적인 청동기문화는 선동검기의 廟後山類型文化와 비파형동검기의 公貴里類型文化로 이해할 수 있다.

　이 두 유형의 문화는 토기의 형태상으로는 뚜렷이 구분하기 어려우나 후자의 경우 비파형동검과 공반되는 美松里型土器를 포함하고 있는 점이 특징이다. 그리고 토기의 형태를 자세히 관찰해 보면 전자의 묘후산유형토기에는 구연부 아래 또는 목부분에 突帶가 부착되거나 胴體에 닭벼슬형의 장식이 있어(李恭篤·劉興林·齊俊 1985) 공귀리유형과 구분이 가능하다. 이러한 특징은 요동반도를 비롯한 遼南지방의 新石器末期 단계 于家村 下層文化의 토기들에서 전형적으로 관찰되는 장식이어서 묘후산유형은 이 지역 신석기말기~청동기초기에 이르는 과도

　한강유역 무문토기 편년 골격의 일부에 대한 수정이 필요하였다. 전고에 비해 달라진 주요 내용은 다음과 같다. 선동검기 단계의 교하리유형 제외, 가락동유형의 절대연대 상향조정 및 압록강유역 이중구연토기 관련설, 비파형동검기의 흔암리유형 절대연대 상향 및 원산만지역 형성후 남하설 주창 등이다(朴淳發 1999 참조).

기로 이해되고 있으며 그 시작은 C14연대에 의해 B.C. 1600~1300년경
으로 비정하고 있다(李恭篤 1985).

　공귀리유형은 미송리형토기를 공반하고 있음은 전술한 바와 같은
데, 미송리형토기는 〈표 1〉에서 보듯이 비파형동검의 초기형과 함께
B.C. 1100년경에 출현하여 B.C. 7세기 중엽경까지 이어지고 있다. 한편
미송리형 토기의 後身인 묵방리형토기를 포함하면 기원전 400년경까지
지속되고 있어 그 시간폭이 매우 길다. 그런데 공귀리나 심귀리 등 공
귀리유형의 유적에서 공반되는 미송리형토기는 대략 제2기 단계까지
로 볼 수 있어 공귀리유형은 기원전 1000년을 전후한 시기부터 기원전
600년경까지로 비정할 수 있다.

　혼강 및 압록강 중류유역의 청동기시대 토기 가운데는 공귀리유형
과 거의 동일하나 把手의 형태가 橋狀으로 된 것들이 있다. 이들을 출
토하는 유적들의 대부분이 아직 정식 발굴조사된 것이 아니어서 정확
한 양상 파악이 어려우나 공귀리유형 보다 얼마간 늦은 것으로 보인
다. 이에 해당되는 유적들로는 本溪地域의 後台子, 九龍頭, 桓仁地域의
狍圈溝, 通化地域의 王八脖子, 拉拉屯, 그리고 평안북도 벽동군 송련리
등이 있다(도면 1). 이들 유적 출토 토기들에 특징적으로 보이는 縱·
橫의 교상파수는 미송리형토기와 관련될 가능성이 매우 높다. 한편 이
러한 교상파수는 고구려토기인 노남리형토기의 전형적인 요소 가운데
하나이므로 후행하는 고구려토기와의 연결을 상정하기는 어렵지 않다.
공귀리유형 이후에 이어지는 이와 같은 토기문화에 대해서는 아직 자
세한 연구가 없으나 필자는 편의상 대표적인 유적의 명칭을 따라 拉拉
屯類型이라 부르고자 한다.

　납납둔유형은 결국 이 지역 청동기말기에 해당되는 토기문화인 셈
이다. 그런데 그 하한연대에 대해서는 구체적으로 알려진 바가 없다.
그러나 뒤에서 보는 것처럼 세형동검과 더불어 나타나는 철기문화와

〈표 1〉 한국 청동기문화의 전개

절대연대	요동반도 및 압록강 하류유역	대동강유역 및 황해도지방	한 강 유 역	두만강유역 및 함경도 동해안지방
B.C. 1200	于家村下層文化(신암리 I 문화층) 신석기말기 청등말래유형토기 쌍타자 I 기토기	신석기 말기 (금탄리제2문화층)	신석기말기	신석기말기 서포항 Ⅴ기·호곡동 Ⅰ기 토기 (반관통공열토기 출현)
1100	于家村 上層文化(신암리 제3지점 2문화층) 先銅劍期			
1000	제1기 (비파형동검 초기형) 〔美松里型土器文化〕	선동검기 (銅泡·銅鑿) 〔角形土器文化 早期〕	내평유형(공열토기·즐문토기·반관통 돌유형)	선동검기 — (두만강지방) ·적색마연토기 ·銅泡, 銅管玉 ·갈색마연토기 ·銅釧 ·흑색마연토기
900		〔角形土器文化 前期〕	선동검기 — ·삼거리유형(각형토기전기) ·가락동유형	(함경도·동해안지방) ·적색마연토기 (강상리유형) ·공열토기 ·지석묘
800				
700	제2기 (비파형동검 중기형) 〔美松里型土器文化〕	비파형동검기 — 비파형동검 (중·후기형) 〔角形土器文化 中期〕	비파형동검기 — ·역삼동유형 ·흔암리유형	·중기형 비파형동검 →	(두만강지방)
600				
500	(비파형동검 후기형) 〔黑房里型土器〕	유혈구식마제석검 〔後期〕	·유혈구식 마제석검 출현	(함경도 동해안지방) 비파형동검기 — (금야-토성리 유형) ·비파형동모 ·선형동부 ·청동방울	·갈색·흑색 마연토기문화
400				
300				·나무그루손잡이 토기문화
200	세형동검기 (초기형 세형동검)	이중구연심발형토기 흑색마연장경호	세형동검기 — 세형동검(BⅠ,BⅡ) 전기 점토대토기 흑색마연장경호 명사리형토기	세형동검기 — 점토대토기 흑색마연장경호 세형동검(BⅡ,BⅢ)	·수석리유형	세형동검기 — 전기 세형동검(BⅡ) 흑색마연장경호 이중구연심발형토기
100	초기 철기시대		·응봉유적	
B.C. 0	회색승석문토기, 명도전, 철기	세형동검(BⅢ,BⅣ) 후기 초기 철기시대 화분형토기 회색승석문토기호	·도곡동유적	후기 세형동검(BⅢ)
A.D.				초 기 철 기 시 대
100				

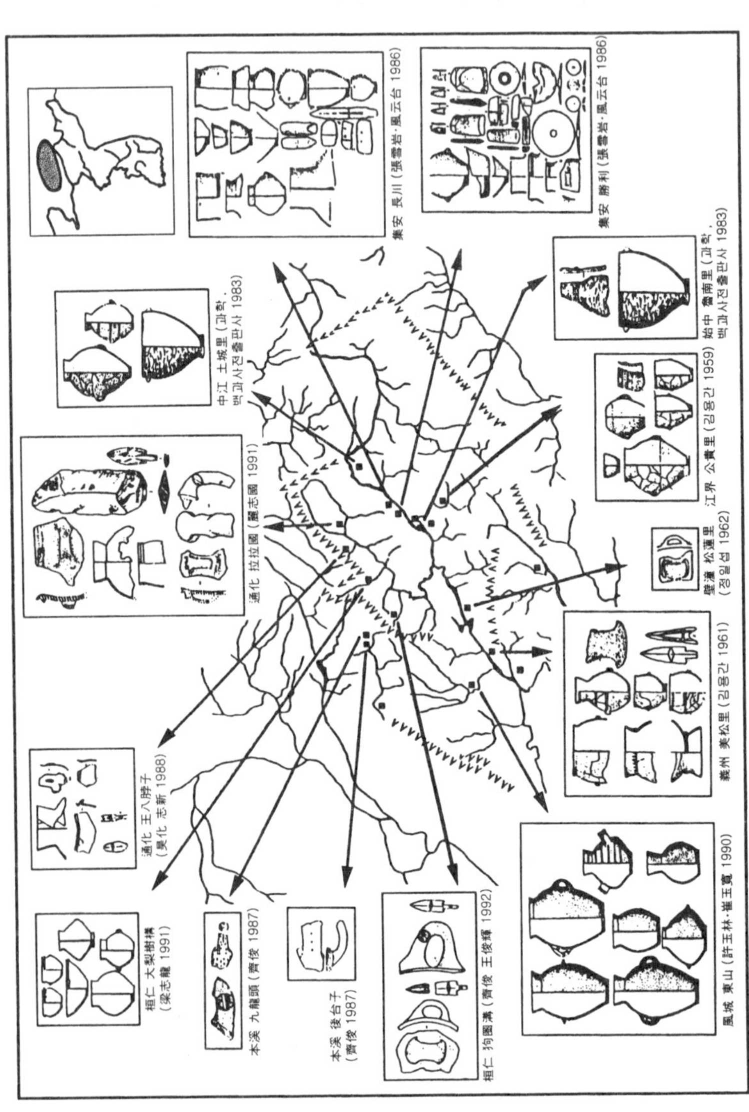

〈도면 1〉 혼강 및 압록강 중류유역 청동기시대 유적분포 및 토기문화

는 공반되지 않는다. 그러므로 〈표 1〉에서 보듯이 B.C. 300년경을 하한으로 하고 있는 것으로 暫定하여도 좋을 것이다. 이상의 내용을 요약하여 혼강 및 압록강 중류유역 청동기시대 토기문화의 전개를 정리하면 다음의 〈표 2〉와 같다.

〈표 2〉 혼강 및 압록강 중류지역 청동기문화 편년

遼南(요동반도) 및 鴨綠江河口		渾江 및 鴨綠江 中流流域	時期區分 및 絶對 年代
于家村下層文化	新岩里1(청등말래유형), 細竹里1문화(金灘里1,2식)	鴨綠江對岸제3유형(小娘娘城山), 肇工家, 土城里하층	新石器 末期 B.C. 1300
于家村上層文化	新岩里2문화	廟後山類型 (桓仁大梨樹溝)	靑銅器 初期 B.C. 1000
尹家村하층 1기	雙房類型	美松里型土器文化 細竹里2文化	公貴里類型 (公貴里,深貴里)	靑銅器 中期 B.C. 700~600
尹家村하층 2기		墨房里型土器,細竹里攪亂層 (牛角形把手)	拉拉屯類型(拉拉屯)	靑銅器 末期 B.C. 300
細竹里 - 蓮華堡類型文化 (尹家村윗층)	細竹里3文化: 打捺文土器, 鐵器	大甸子類型(大甸子,五道嶺溝門, 大夾板溝 등)	初期鐵器 B.C. 200
		魯南里型土器 : 高句麗土器 (淸源大南溝,魯南里)	高句麗

Ⅲ. 渾江 및 鴨綠江 中流流域 初期鐵器文化

우리나라 초기철기문화의 전개과정은 크게 3단계로 구분하여 볼 수 있다(朴淳發 1993b). 제1단계는 청천강이북의 한반도 서북지역에 국한된 것으로서 그 대표적인 유적들인 요녕지방의 무순 연화보유적과 평안북도 영변군 세죽리유적의 명칭을 따라 세죽리-연화보유형(細竹里-蓮花堡類型)문화라고 부르는 전국계 철기문화이고, 제2단계는 대동강유역을 중심으로 한 서북지역의 토광묘 계열의 무덤들에서 출토되는 철기들로서 戰國系 鑄造鐵器 및 秦漢交替期 또는 漢初의 철기문화이며, 제3단계는 漢四郡의 설치와 함께 본격적으로 확산되어 오는 漢代의 철기문화이다.

　　그러나 제1단계의 세죽리-연화보유형은 자세히 살펴보면 다시 세분될 수 있는 여지가 있다. 기원전 300년경을 전후한 시점에 처음 들어온 千山山脈 以西의 戰國 燕의 철기문화, 그 이후 秦에 의한 燕의 멸망시기, 진한교체기 그리고 漢初 위만세력의 移動 등의 복합적인 결과로 나타난 천산산맥 以東 청천강 以北지역 철기문화 등으로 구분될 수 있다. 따라서 보다 엄격히 한반도지역만을 대상으로 한다면 청천강 이북의 철기문화는 전국 연나라의 철기문화로만 보기는 어렵다. 그러나 전국연과 진대의 철기문화를 현실적으로 자세히 구분하기는 어려우므로 기왕에 지칭해오던 세죽리-연화보유형이라는 명칭을 굳이 다른 것으로 바꿀 필요성은 느끼지 않는다.

　　제2단계의 대동강유역에까지 미친 철기문화 역시 당시 이 지역의 역사적 상황을 고려할 때 세분하여 생각할 필요가 있다. 우선 고조선과 연의 군사적인 충돌 결과로 인해 천산산맥 以西의 요녕지역에 전국연의 철기문화가 직접적으로 미친 이후 머지 않아 고조선에도 연의 철기문화가 영향을 주었을 가능성을 생각해 볼 수 있다. 이 경우 철기문화를 소지한 인간집단의 직접적인 이주와 같은 것은 아닐지 모르나 적어도 철기 기술이 파급되었을 가능성은 없지 않다. 황해도 솔뫼골에서 細形銅劍, 多鈕鏡 등과 공반된 鑄造鐵斧는 이와 관련된 고고학자료로 이해 될 수 있을 것이다. 이 무덤은 토광목관 주변에 돌을 채운 이른바 돌돌림(토광과 목관 사이에 돌을 채운)무덤으로서 이러한 형식의 무덤은 요녕지방 세형동검기에 이미 나타나는 것이므로 전국 연과 관련되는 묘제는 아니라고 할 수 있다. 그리고 연의 철기문화가 직접 미친 요녕지방의 경우 주조철부 이외에도 여러 종류의 주조철기가 전국시대의 특징적인 타날문토기와 함께 나오고 있는 점에 비추어 보면 주조철부 1점밖에 없는 솔뫼골의 철기문화는 매우 빈약하다. 이러한 점으로 미루어 솔뫼골의 주조철부는 연과 접촉한 고조선이 어떠한 경로를 통해 받아들인 철기문화로 이해해도 좋을 것이다.

그러나 이에 이어 나타나는 토광목곽묘 출토 철기들은 타날문토기와 화분형토기 등 종래 한반도에서는 보이지 않던 새로운 토기와 공반될 뿐만 아니라 주조 철기 이외에 발달된 단조 무기류도 포함되어 있어 이전의 솔뫼골 철기와는 양상을 달리하고 있다. 이는 衛滿朝鮮의 성립과 관련된 것으로 보인다. 위만세력은 진말~한초의 철기문화를 소지하고 온 유이민들로서 대략 천산산맥 이동~청천강 사이로 추정되는 고조선의 서변에 얼마간 머물다가 기원전 195년경을 전후한 시점에 평양에 들어와 준왕(準王)을 몰아내고 위만조선을 세웠으므로 이때 대동강유역으로 파급된 철기문화는 준왕조 고조선의 철기문화 보다는 직접적이고 전면적인 것으로 보아야 하기 때문이다. 이러한 점에서 이 무렵 대동강유역에 등장한 철기문화는 제1단계 세죽리-연화보 유형의 철기문화 가운데 천산산맥 이동의 세죽리 철기문화와 동일한 것으로 보아도 좋을 것이다.

지금까지의 내용을 정리하면 다음과 같이 요약된다.

제1단계 : 1기 – 천산산맥 以西의 요녕지방까지만 직접 파급된 戰國 燕의 주조철기 문화

　　　　2기 – 천산산맥 以東으로부터 한반도의 청천강 이북지역까지만 직접 파급된 秦代 또는 秦漢交替期의 철기문화

제2단계 : 1기 – 천산산맥 以西의 전국 연 주조철기문화와의 간접적인 접촉에 의해 파급된 대동강 유역의 準왕조 고조선의 철기문화

　　　　2기 – 위만조선의 성립으로 대동강 유역에 직접 파급된 진한교체기 또는 한초의 철기문화

제3단계 : 위만조선 멸망후 한사군의 설치로 직적 파급된 전한의 철기문화

혼강 및 압록강 중류유역의 초기철기문화는 이 가운데 제1단계의 2

기 및 제3단계에 해당되는 것으로 판단된다. 지금까지 이 지역에서 확인된 초기철기 유적들의 분포 및 출토유물은 〈도면 2〉와 같다. 이들은 대부분 세형동검과 공반되고 있는데, 이러한 양상은 윤가촌 12호 토광목관묘(사회과학원출판사 1966 : 115~119)로 대표되는 요남지역과 대비된다. 윤가촌 12호 무덤에서는 세형동검이 아직 철기를 공반하고 있지 않다. 타날문토기, 주조철기 등의 전국계 철기문화는 윤가촌 12호가 속한 아래층 2기문화와는 층위를 달리하는 윗층문화에 해당되기 때문이다. 혼강 및 압록강 중류유역의 초기철기문화의 구체적인 연대는 유적에 따라 얼마간의 차이가 있으나 거의 대부분 전국말~한대에 걸친 시기로 비정 가능하다.

한편, 이 무렵의 토기양상은 현재까지의 자료로 보는 한 매우 불투명하지만 桓仁 望江樓 無基壇式積石塚(梁志龍 · 王俊輝 1994)의 예로 보면 태토가 泥質化되고 있는 등 漢灰陶의 영향이 나타나고 있다 한다. 망강루에서는 특히 楡樹 老河深(吉林省文物考古研究所 1987) 등 夫餘地域에서 보이는 金製 귀걸이가 확인되고 있어 그 時點이 기원 전후한 무렵임을 알려줌과 동시에 환인지역이 그 무렵 부여지역과도 연관이 있음을 말해주고 있다. 이러한 부여지역과의 관련성에 주목하여 이를 卒本夫餘의 무덤으로 보는 견해(梁志龍 · 王俊輝 1994)도 있다. 아무튼 이 무렵 토기는 아직 자세하지는 않으나 魯南里型土器의 가장 큰 특징 가운데 하나인 泥質 胎土가 사용되고 있는 점 등으로 보아 고구려토기와 유사한 모습을 갖추어 가고 있는 것으로 보아도 좋을 것이다. 그러나 형태적인 측면에서의 유사성 정도는 현재까지 알려진 매우 영성한 자료로써는 판단하기 어렵다.

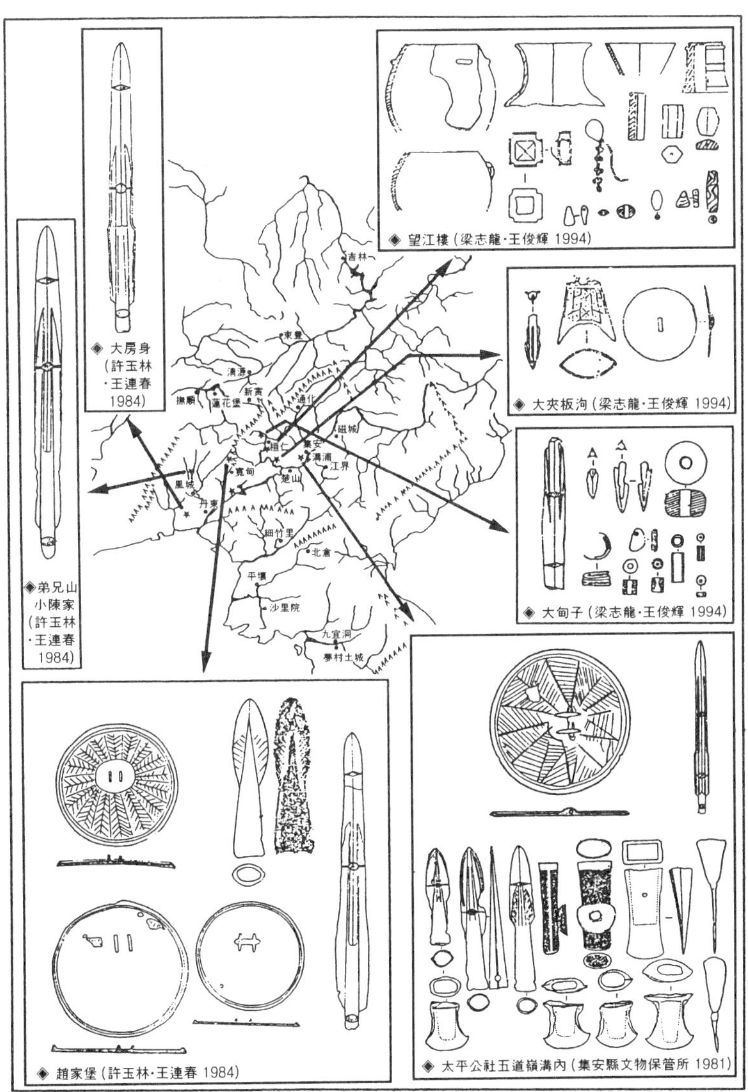

〈도면 2〉戰國末~漢代 유적 분포 및 출토유물

Ⅳ. 高句麗土器의 形成과 展開

고구려토기의 初現型인 노남리형토기는 자강도 시중군 노남리유적의 윗층에서 출토된 토기들을 표식으로 한다. 노남리형토기의 특징은 우선, 제작기술적 면으로 볼 때 앞선 청동기시대 以來 토기의 砂粒混入 胎土와 달리 고운 점토로만 구성된 泥質 태토라는 점과 표면을 磨研하고 있다는 점 등을 들 수 있다. 이러한 제작기술상의 특징은 전술한 것처럼 초기철기문화와 함께 들어온 중국 戰國末~漢代 灰陶의 영향으로 볼 수 있다.

다음으로, 형태상의 특징은 종방향 또는 횡방향으로 붙은 橋狀把手의 존재이다. 이러한 형태의 손잡이는 거슬러 올라 가면 청동기시대의 공귀리유형 및 미송리형토기에서 그 연원을 찾을 수 있다. 따라서 기형적인 측면에서 보면 노남리형토기의 특징은 외래적이기 보다는 고유의 지역 전통에 기반을 두고 있는 것으로 생각된다. 그리고 이와 더불어 磨研 技法과 같은 제작기술 역시 이미 미송리형토기에 보이고 있다. 따라서 노남리형토기의 형성에 있어 중요한 기반이 되었던 것은 미송리형토기라 할 수 있다. 그렇지만 泥質 태토는 전국말~한대 灰陶와의 관련성을 배제하기 어려우므로 결국 노남리형토기의 형성은 초기철기와 더불어 新來한 새로운 제작기술과 미송리형토기 이래의 재래적 요소가 결합된 결과로 이해하는 것이 타당하리라 생각된다.

그렇다면 이제 노남리형토기의 형성시점은 어느 무렵으로 비정할 수 있는지에 대해 살펴보기로 하자. 이와 관련한 북한 학계의 견해는 대략 기원전 2세기 경으로 보는 것(정찬영 1973 : 40~41)과 기원전 3세기로 보는 것(리창언 1991)으로 나뉘고 있다. 기원전 3세기로 보는 견해의 근거는 노남리형토기가 明刀錢과 공반되고 있다는 점을 강조하고 있으나 철기의 내용으로 보는 한 이러한 연대관은 너무 올려 보는 것으로 판단된다. 노남리유적은 청동기문화층인 아래층과 노남리형토기가 나오는 윗층으로 구분되는데, 윗층문화에 속하는 유구는 집자리와 야철지가 있다. 여기에서 출토된 철기들은 철촉, 철부, 띠고리, 송곳, 낚시바늘 등 漢代 이래의 단조철기들이 주종을 이루고 있을 뿐 아니라 이 지역 다수 유적의 경우 명도전은 흔히 半兩錢, 五銖錢 등과도 공반되고 있는 점을 감안한다면 명도전만을 근거로 연대를 올리는 것은 무리라고 생각한다.

이와 관련해 최근 淸原縣 南口前 大南溝 石棺墓(佟達·張正岩 1989 : 144~145)등에서 출토된 토기가 주목된다. 여기의 토기는 노남리형토기의 특징인 니질태토, 마연 등의 기술적인 요소와 더불어 縱耳의 교상파수가 달린 有頸壺 등 형태적인 요소도 함께 나타나고 있어 고구려토기의 특징을 구비하고 있다. 이 석관묘의 연대에 대해서 보고자들은 戰國末~漢初로 비정하고 있어 대략 기원전 200년경으로 볼 수 있다. 그러나 이 연대관 역시 분명한 근거는 제시되어 있지 않다. 따라서 현재까지의 자료로 보는 한 노남리형토기의 정확한 성립시점을 特定하기는 어렵다. 필자는 이러한 검토내용을 염두에 두고 잠정적으로 기원전 200년경을 노남리형토기의 등장 始點으로 보고자 한다. 그러나 이 단계의 토기는 아직 기종이 縱耳把手가 양쪽에 달린 유경호 이외에는 확인되지 않고 있어 기종의 확대와 더불어 土器樣式上의 통일성은 그다지 뚜렷하지 않아 노남리형토기의 완전한 성립단계로 보기에는 다소 이르다.

한편 노남리형토기의 분포지역을 보면 지금의 桓仁, 集安지역을 중심으로 압록강 건너 한반도의 북부 및 太子河의 상류지역에 걸쳐 있다. 이 지역은 앞서 살펴본 묘후산유형 및 공귀리유형 등의 청동기시대 유적 분포권과도 대략 일치하고 있다. 주지하는 것처럼 고구려는 消(涓)奴部, 絶奴部, 順奴部, 灌奴部, 桂婁部 등의 5부가 聯盟王을 중심으로 통합되면서 연맹왕국으로 성장된 것으로 이해되고 있다. 연맹에 참여한 5부의 구체적인 위치 및 그 물질문화의 내용이 어떠하였는 지에 대해서는 아직 자세하지 않으나 이와 관련해 李殿福은 구체적인 위치

비정을 시도한 바(李殿福 1986) 있어 주목된다. 그에 따르면 고구려의 初都地로 널리 인정되는 桓仁지역을 계루부로 전제하여 소노부는 그 서쪽인 지금의 新濱縣 일대, 절노부는 그 북쪽인 지금의 通化縣 일대, 순노부는 동쪽인 集安縣 지역, 관노부는 남쪽인 환인 남부 및 寬甸縣 일대 등으로 비정하고 있다. 이러한 지역 범위는 노남리형토기의 분포 범위와도 일치되고 있어 구체적인 비정지에 대한 확실성 여부는 접어 두더라도 노남리형토기라는 일정한 토기양식의 통일성이 보이는 지역 이 고구려 국가성립 시점의 5부의 영역으로 파악되고 있는 점은 주목 할 필요가 있다. 이는 국가단계 정치체의 등장과 특정 토기양식의 일 정한 지역적인 통일성 사이의 관련성이 있음을 보여 주는 또 하나의 예로 받아 들여도 좋음을 시사하는 것으로서 이러한 양상은 삼국시대 백제, 신라, 가야 등 한반도의 각 정치체들에서도 관찰되고 있음은 冒 頭에서 말한 바 있다.

고구려의 국가 성립, 즉 연맹왕국단계로의 성장 시점을 기원전 1세 기 전반경으로 보는 견해가 지배적이지만 노남리형토기로의 양식적인 통일성이 나타나는 시점은 전술한 것처럼 이 보다 얼마간 올려 볼 수 있어 적어도 토기로만 본다면 고구려의 연맹왕국 성립 시점은 기원전 2세기까지 소급해 보아도 좋을 듯하다. 고구려의 특징적인 묘제인 積 石塚의 등장 시점 역시 노남리형토기와 비슷한 시기인 전국말~한초 무렵까지 소급되고 있는 최근의 조사결과(張雪岩 1981)와 결부해 보면 더욱 그 가능성이 높아진다.

이러한 점으로 미루어 보면 고구려의 국가 형성은 戰國 燕의 軍事的 인 압박으로 비롯되어 이후 秦~漢으로 이어지는 일련의 외부적인 압 력이 혼강 및 압록강 중류유역의 청동기 말기 단계의 사회에 가해지 면서 새로운 철기 기술의 유입과 함께 사회분화가 더욱 촉진되고, 이 어 5부로 대표되는 지역 정치체들이 외부의 압력에 대응하여 내부적으로 긴밀히 결속하면서 연맹왕국으로 성장한 것으로 이해된다.

다음은 고구려토기 형성이후 그 변천과정에 대해 간략히 살펴보기로 한다.

고구려토기에 대한 본격적인 연구(耿鐵華·林至德 1984)는 극히 최근에 시작되었다. 비교적 자료의 축적이 많은 집안지역의 자료를 토대로 이루어진 耿鐵華·林至德의 연구에 의해서 처음으로 고구려토기의 기종구성 내용과 더불어 전기·중기·후기의 3단계 시기 구분이 가능하게 되었다. 그 이후 시기적인 변화가 비교적 잘 나타나는 대표적인 고구려토기 기종인 廣口長頸四耳壺를 대상으로 보다 구체적인 편년 연구(魏存成 1985) 및 토기를 포함한 종합적인 고구려 문물의 편년관(東潮 1988) 등이 잇따라 발표되었다. 東潮는 고구려토기를 早期(A.D.200~300)·前期(300~400)·中期(400~500)·後期(500~600)·晩期(600 이후) 등 5기로 세분함과 아울러 절대연대도 제시하고 있어 가장 자세하다. 그러나 고구려토기의 형성을 200년 이후로 보고 있어 노남리형토기로 대표되는 초기의 고구려토기 양상이 생략된 점은 문제이다.

필자는 이러한 문제점을 보완하기 위하여 지금까지 확인된 고구려토기의 출토예들을 가능한 한 충실히 취합하여 보았다. 그 내용은 〈표 3〉과 같다. 그리고 각 유적의 연대에 의해 고구려토기의 변천 양상을 관찰해 보면 〈도면 4〉와 같다. 〈도면 4〉를 보면 노남리형토기의 출현시점으로 暫定한 B.C. 200년 이후부터 A.D. 300년 무렵까지의 특징은 縱耳把手를 가진 기종이 많다는 점과 廣口長頸四耳壺가 아직 없다는 점이다. 그리고 300~500년 사이의 특징은 종이파수가 소멸되고 거의 대부분의 파수는 횡이의 교상파수 일색으로 된 점과 광구장경사이호의 발달, 문양의 등장 등을 들 수 있다. 500년 이후에는 광구장경사이호의 最大 胴徑이 점차 아래로 쳐지는 한편 동체에 비해 구경이 축소되는 경향이 눈에 띄며 甁이 새로이 등장하고 있다. 이러한 관찰 결과

는 아직 토기 출토 유적의 양이 적을 뿐만 아니라 현재의 자료상으로
는 시기별 해당유적의 편중현상이 심한 편이어서 확실하지는 않으나
대략 300년, 500년을 기점으로 토기문화상의 큰 변화 경향은 인정하여
도 좋을 듯하다.

　한편 각 시기별 유적들의 공간 분포 양상은 〈도면 3〉과 같은데
이는 고구려의 영역확대 과정과 잘 일치되고 있음을 관찰할 수 있다.
고구려토기의 형성과 국가 성립과의 밀접한 관계와 더불어 삼국시대
의 경우 특정 토기양식의 분포와 정치체의 영역이 긴밀한 상관관계를
나타내고 있음을 보여 주는 사례이기도 하다.

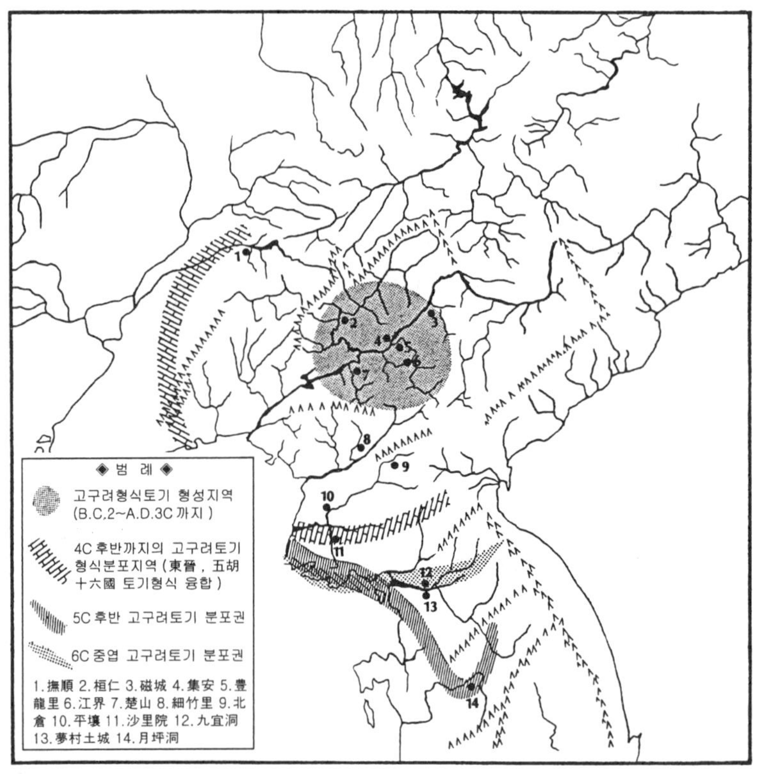

〈도면 3〉 고구려토기의 형식성립과 분포 확대과정

끝으로, 이와 관련하여 최근 한강유역의 九宜洞 유적을 비롯한 일련의 고구려 군사유적에 대한 연대관(崔鍾澤 1998)에 대한 필자의 견해를 첨언해 둠으로써 고구려토기의 변화양상 파악에 도움을 얻고자 한다. 최종택은 구의동유적 출토 長胴壺에 대한 형식학적 분류를 통해 이 유적의 연대폭을 4세기 말엽~6세기 중엽경으로 비정하고 있다. 이러한 연대관은 구의동 출토 장동호의 각 형식을 고구려지역 출토품들과의 비교검토와 아울러 고구려의 한강유역진출과 관련한 역사적 상황을 종합한 것으로 이해된다. 그러나 집안 등지의 고구려지역에서의 지금까지의 토기편년이 정밀하지 못한 점을 감안할 때 여기의 연대관은 다분히 고구려의 한강유역 진출을 전하는 『삼국사기』 등의 문헌기록을 염두에 둔 것으로 보여진다. 필자 역시 한강유역 고구려토기의 시간적 위치 설정과 관련하여 문헌기록이 전하는 당시의 역사적 상황을 보다 적극적으로 활용하는 것이 현단계에서는 토기편년의 중요한 단서가 될 수 있다고 생각한다.

1〉 아차산 보루 유적 전경

〈사진 2〉 몽촌토성 출토 고구려토기 각종

　　그렇다면 당시의 역사적 상황을 고려하여 구의동유적을 비롯한 漢江北岸의 고구려 보루유적의 연대를 생각해보기로 하자. 최종택의 견해에 따르면 5세기 중엽경에는 구의동을 비롯한 일련의 고구려 보루유적의 존재로 보아 고구려군이 한강북안에 주둔하고 있었으며, 이어서 5세기 후반(475년을 염두에 둔 것으로 이해되지만)에는 한강을 건너 한성백제 중심지를 차지하게 된다(崔鍾澤 1998 : 158). 그런데 이러한 역사상황 설정은 『삼국사기』 蓋鹵王 21년조의 기사내용과는 사뭇 다르다. 잘 아는 것처럼 『삼국사기』에 따르면 長壽王은 백제 침공에 앞서 간첩 道琳을 백제에 보내어 내부사정을 염탐케 하는 한편, 대규모 役事를 부추기어 백제의 국력을 소진케 하였다. 이 무렵 고구려의 군사가 한강북안에 주둔하고 있었다면 과연 이러한 상황이 가능하였을까 지극히 회의되는 바이다. 구의동유적이나 한강북안 아차산 일대의 보루유적에서는 육안으로도 백제의 도성내부가 훤히 조망되는 곳이므로 만약 5세기 중엽경 고구려군이 이곳에 주둔하였다면 적어도 도림사건은 일어나기 어려웠을 것으로 보는 것이 합리적이다. 강 건너 고구려 전초군이 항상 도성을 굽어보고 있는 상황에서 개로왕이 스스로 개탄하는 바와 같이 "予愚而不明信用姦人之言"하였을 수는 없기 때문이다.

　　그러므로 구의동을 비롯한 한강북안의 고구려 보루들은 적어도 475년 한성이 함락된 이후에야 등장할 수 있는 것이다. 따라서 구의동 등 한강북안의 고구려 보루유적의 연대는 475년이 상한이 되어야 하며, 그 하한은 553년 신라와 백제에 의해 한강유역이 회복될 무렵이 되어야 한다.

　　그러나 필자는 이들 고구려 보루유적을 구체적으로 6세기 중엽경으로 特定될 수 있을 것으로 보고 있다. 즉, 신라와 백제에 의해 고구려가 한강유역을 상실할 무렵의 것으로 보아야 한다는 것이다. 그 이유는 이들 유적에 대한 고고학 조사결과에서 찾을 수 있다. 구의동유적을 비롯하여 최근 조사된 아차산 제4보루 유적의 경우 모두 불탄 채 발견되었을 뿐만 아니라 특히 구의동에서는 당시에 사용하던 무기를 비롯한 일체의 물질자료가 고스란히 남겨져 있어 어느 무렵 急襲된 이후 더 이상 복구되지 않았던 사정을 전해주고 있다. 이러한 고고학적 양상은 적어도 고구려가 이 지역에 계속 진주하고 있는 상황하에서는 일어나기 어렵다. 전술적·전략적 상황이 변하지 않은 가운데 단순한 불의의 화재의 결과였다면 당연히 복구되어야 하기 때문이다. 더 이상 복구되지 않았다는 사실은 그 구체적인 배경이 무엇이든 간에 적어도 전략적 또는 전술적 상황의 변화가 있었음을 말해주는 것임은 분명하므로 이 지역에 있어서 그러한 변화는 결국 고구려군의 퇴각과 관련이 있다는 추론이 성립되기 때문이다. 이러한 논지가 받아들여질 수 있다면 구의동유적을 비롯한 한강북안의 고구려 보루유적의 폐기시점은 구체적으로 553년이 되어야 한다. 그리고 토기의 耐久 기간이 길지 않다는 점을 감안하면 이들 유적 출토 고구려토기 역시 6세기 중엽경의 것으로 보아야 할 것이다.

이상의 논의를 통해 필자는 한강북안의 고구려 보루유적의 연대를 6세기 중엽경으로 이해하며, 그에 따라 이들 유적 출토 고구려토기들은 이 무렵의 편년자료로 비정하고 있다. 한편, 몽촌토성 출토 고구려토기는 이 보다 앞서 475년 한성함락 무렵의 것(金元龍 外 1998)으로 보인다. 이러한 시간차는 원통형삼족기 등에 덮히는 양유적 출토 뚜껑류 등에서 보이는 기형상의 차이에서도 감지되나 고구려토기의 경우 아직 토기 자체의 형식학적 상대편년이 정교하지 못하므로 금후의 면밀한 분석결과를 기다려야 할 것이다.

V. 맺음말

지금까지의 논의 과정을 통해 도출된 결론은 다음과 같다.

우선, 고구려토기의 형성은 縱·橫의 把手가 많은 기형적인 측면에서 보면 압록강 중류지역 및 혼강유역 일대 청동기시대 토기인 공귀리유형 및 미송리형토기에서 그 연원의 일단을 찾을 수 있으며, 특유의 泥質 태토와 같은 요소는 戰國末~漢初의 灰陶 제작기법과의 연관성이 확인되므로 결국 재래의 지역전통의 기반위에 초기철기와 함께 新來한 제작기술의 결합으로 이해할 수 있다.

다음, 고구려토기의 형성시점은 최근까지의 조사 결과로 보아 대략 기원전 200년경 무렵까지 소급 가능하다. 그러나 기종의 확대와 더불어 일정한 공간범위 내의 토기양식상의 통일성은 이 무렵까지는 뚜렷하지 않다. 이러한 토기양식의 형성과 그 공간적 확대과정은 적어도 연맹왕국단계의 국가성립과 밀접히 관련되므로 고구려토기의 형성은 곧 고구려의 연맹왕국 성립을 말해주는 고고학자료로 이해될 수 있다. 이러한 관점에서 혼강 및 압록강 중류지역 일대에서의 연맹왕국의 성립시점은 대략 기원전 2세기 무렵까지 소급될 수 있으며, 이 무렵은 고구려지역 특유의 積石塚 등장시점과도 대체로 일치된다.

그리고 고구려토기의 시간적·공간적 분포양상은 〈도면 3〉에서 보듯이 고구려의 영역변천을 잘 반영하고 있는데, 이와 관련하여 구의동을 비롯한 최근 드러나고 있는 한강유역의 고구려유적은 475년 고구려에 의한 百濟 漢城의 함락과 더불어 등장하며, 한강북안의 일련의 고구려 보루유적들은 신라·백제에 의한 한강유역의 탈환시점인 553년경을 전후한 6세기 중엽경으로 비정될 수 있다.

마지막으로, 지금까지 알려진 고구려토기 출토 유적들의 토기양상을 종합하여 보면 고구려토기의 변천은 대략 〈도면 4〉와 같다. 이를 통해 보면 漢城期 백제의 黑色磨研土器와는 그 기형이나 변천양상이 판이함을 알 수 있어 백제토기와 고구려토기의 관련성은 더 이상 논의의 여지가 없음을 확인할 수 있다.

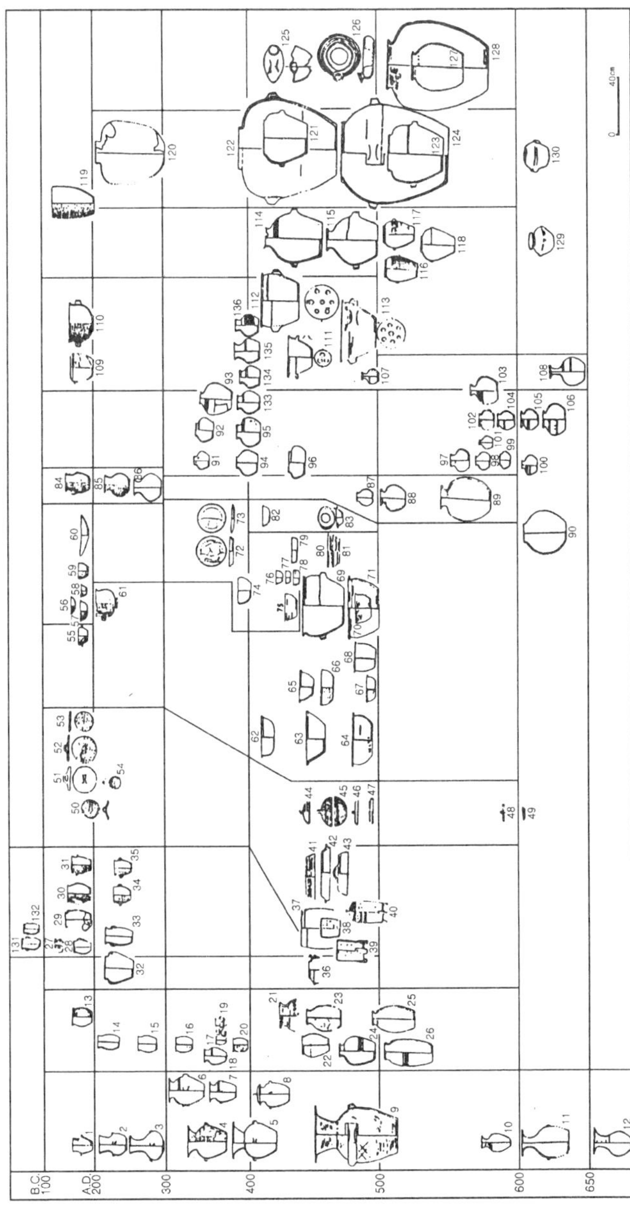

<도면 4> 고구려토기의 변천 (축척=1/50)

〈표 3〉 고구려토기 출토 유적 및 유물 (토기 번호는 도면 4의 유물번호와 일치됨)

번호	유 적 명	유 적 성 격	특　징	공반유물(年代)	출　전
1	集安 下活龍村	B號 積石塚	無基段, 石槨	(A.D.2~3C初)	孫仁杰 1984
2	集安 山城下	M196 積石塚	基段, 段築, 石槨	(3C初~3C末)	李殿福 1983
3	〃	〃	〃	共伴 120:86 (M195, 東漢五銖)	〃
4	〃	M332 封土石室墳	壁畵	銙板(東湖의 Ⅲ型) ※廣州 大刀山 東晋 太寧2年(323年)墓出土와 類似	〃
5	集安 馬線溝	1號 封土石室墳	〃	"十" 字形 杏葉 (공반62) (5C代)	方起東 1964
6	集安 長川	2號 封土石室墳	〃	"十" 字形 杏葉	陳相偉 1983
7	〃	三室塚	封土石室, 壁畵	共伴 82	李殿福 1981
8	廣州 金冠塚	新羅 積石木槨墳			濱田耕作·梅原末治 1924
cf.	京都大 藏品				緒方泉 1983
9	夢村土城	百濟都城	共伴 21,39~41,70,112)	475年以後(?)	金元龍 外 1988
10	平壤 土浦里大塚	封土石室墳			緒方泉 1983
11	平南 南浦龍興洞	7號 封土石室墳			리준걸 1993
12	上京 龍泉府	渤海 宮城址		7C후반	緒方泉 1983
13	集安 上活用村	2號 積石塚	無基段, 石槨		耿鐵華·林至德 1984
14	集安 山城下	M196 積石塚	基段, 段築, 石槨		李殿福 1983
15	〃	M152 積石塚	〃	金銅龍紋透彫銙板 (西晋代)	李殿福 1983(유사한 과판이 출토된 예로는 297년 축조의 江蘇 宜興周處墓가 있음)
16	遼寧本溪 晋墓	封土石室墳	平天井, 棺臺龕室附羨室 (禹山下41號와 유사)	鏡板轡(七星山 96號 銜과 유사, 공반91,92,133~136)	沈白文 1984

번호	유적명	유적성격	특징	공반유물(年代)	출전
17~19	集安 七星山	96號 積石塚	方形基段, 段築, 同室	靑銅三足洗, 鏡板轡, 杏葉	張雪岩 1979
20	慈城郡 魯男里	南坡洞 163號 積石塚	基段方形, 石槨		과학 · 백과사전출판사1983
22	서울 九宜洞	高句麗 軍事哨所	共伴 24~26,36,42,43,47,64,68,71,75,80,83, 107,111,113,122,126~128		金元龍 外 1988 ; 서울大學校博物館 1994
23	平壤 高山洞	11號 封土石室墳			사회과학원출판사 1964
27	慈城郡 法洞	하구비 積石塚	川石, 基段, 石槨(2곽)	鑣轡(서해리 2고분군 1호출토와 유사)	정찬영 1963
28	集安 東大坡	356號 積石塚	方形基段, 段築, 石槨		張雪岩 1991
29	深貴里	73號 積石塚	無基段, 石槨		과학 · 백과사전출판사 1983
30	魯南里	住居址	共伴 31,34,52,53,55,57~60,110,119		〃
32, 33	集安 萬宝汀	242 積石塚	方形基段, 段築, 4基 連接, 石槨	"S" 字形 鑣轡	趙偉勤 · 周云台 1982
35	土城里	住居址	共伴 50,54,85		과학 · 백과사전출판사 1983
38	撫順 高爾山城	高句麗山城	共伴 44,46,63,65,76~79,96, 114~118,121,123,124		徐家國 · 孫力 1987
45	深貴里	8號 封土石室墳			과학 · 백과사전출판사 1983
44,48, 49	集安 東大坡	M346,377,392 封土墳	共伴 125		張雪岩 1991
72	安岳 3號	封土石室墳	前 · 後 羨室, 壁畵	375年, 共伴 73,93	과학원출판사 1958

번호	유적명	유적성격	특징	공반유물(年代)	출전
74	崔濬墓		共伴 94,95	後燕"建興十年"銘(395)	陳大爲 1982
87	法洞 하구비	封土石室墳			정찬영 1963
88	平壤 大成山 高山洞	11號 封土石室墳	單室		사회과학원출판사 1964
89	平壤 土浦里	古墳			金元龍 外 1988 ; 國立中央博物館 贓品
97	平壤 大成山麓 安鶴	7號 封土石室墳	壁畵	共伴 102,104	김사봉 · 최응선 1988
98	平壤 大成山 高山洞	鼓句麗 우물	石築	共伴 98~101	김사봉 1986
103	延灘郡 창매리	封土石室墳			최응선 1992
105	撫順 洼渾木	封土石室墳	單室	共伴 130	王增新 1964
106	撫順 前屯	封土石室墳	單室	共伴 129	〃
108	集安 東大坡	小形封土石室墳	褐色釉施釉(隋代의 綠褐色釉와 매우 유사	6C末~7C初	張雪岩 1991
131	無順大伙房水庫	石棺墓	초기노남리형토기의 특징과 유사	共伴 132	考古 1989 - 2
※	集安 國內城	土築城壁土內 赤葛色 燒土坑內	〈土器의 특징〉 대상종위파수부심발1, 심발2, 석부, 玄蒐郡 所屬 不而縣治所의 土城으로 추정	B.C. 1C 前半	閻毅之 · 林至德 1984
※	集安 馬線溝	M940 封土石室墳	肩部玄文壺1(崔濬墓出土와 유사),寶珠形 紐附盒 (深貴里8號出土와 유사)		魏存成 1994
※	集安 山城下	積石墓	帶狀橫位把手附兩耳壺 (下活用村8號積石塚出土品과 유사)		〃
※	集安 禹山下	2325(JYM2325)	肩部文樣帶附四耳長胴甕1,陶倉1		〃
※	〃	JYM1897 封土石室	釜(鐵釜와 유사)1, 동이형(자배기)1		〃

번호	유적명	유적성격	특　징	공반유물(年代)	출　전
※	集安 馬線溝	JMM117	肩部文樣帶附廣口長頸四耳壺1(底部缺失), 土製頭枕1		魏存成 1994
※	集安 通溝河口	遺蹟	廣口長頸四耳壺(胴部細長,長頸化)1		〃
※	集安 禹山下	2321(JYM2321)	寶珠形細附虎子, 동이형토기(자배기)1		〃
※	集安 氣象臺遺蹟		帶狀橫耳兩耳壺1(高爾山城出土 115와 유사)		〃
※	자강도 만포시 문악리	1號 積石塚	基段,段築,羨道側面龕室附石室墳, 기단 20m ×20m		리광희 1990

參 考 文 獻

과학·백과사전출판사 1983, 『압록강, 독로강 류역 고구려 유적발굴보고』 유적발굴보고 제13집.

과학원출판사 1958, 『안악 제3호분 발굴보고』.

김사봉 1986, 「고산동의 고구려 우물」, 『조선고고연구』 1986-1.

김사봉·최응선 1988, 「안학동, 로산동 일대의 고구려무덤 발굴보고」, 『조선고고연구』 1988-4.

김영우 1964, 「세죽리유적 발굴 중간보고(2)」, 『고고민속』 1964-4.

김용간 1959, 『강계시 공귀리 원시유적 발굴보고』, 과학원출판사.

_______ 1961, 「미송리 동굴 유적 발굴 중간보고(1)」, 『문화유산』 1961-1.

金元龍 1986, 『韓國考古學概說』, 一志社.

金元龍·任孝宰·朴淳發 1988, 『夢村土城-東南地區 發掘調査報告書-』, 서울大學校 博物館.

朴淳發 1992, 「百濟土器의 形成過程-漢江流域을 中心으로-」, 『百濟硏究』 제23집, 忠南大學校 百濟硏究所.

_______ 1993a, 「漢江流域의 靑銅器·初期鐵器文化」, 『한강유역사』, 民音社.

_______ 1993b, 「우리나라 初期鐵器文化의 展開過程에 對한 약간의 考察」, 『考古美術史論』3, 忠北大學校 考古美術史學科.

_______ 1996, 「百濟의 國家形成과 百濟土器」, 『第2回 百濟史 定立을 위한 學術세미나 發表要旨文集』, 百濟文化開發硏究院.

_______ 1999, 「欣岩里類型 形成過程 再檢討」, 『호서지방의 선사문화』(제1회 호서고고학회 학술대회 발표요지), 호서고고학회.

사회과학원출판사 1964, 『대성산일대 고구려유적 발굴조사보고』.

_______________ 1966, 『중국 동북 지방의 유적 발굴 보고』.

안병찬 1962, 「평북도 박천군 녕변군의 유적 조사 보고」, 『문화유산』 1962-5.

李基白·李基東 1996, 『韓國史講座』 I [古代篇], 一潮閣.

리광희 1990, 「고구려무덤을 통하여 본 유약바른 질그릇의 발생시기에 대하여」, 『조선고고연구』 1990 – 4.

리순진 1965, 「신암리 유적 발굴 중간보고」, 『고고민속』 1965 – 3.

리준걸 1993, 「룡흥리 고구려무덤 발굴보고」, 『조선고고연구』 1993 – 1.

李熙濬 1998, 『4~5세기 新羅의 考古學的 研究』, 서울大學校 大學院 博士學位 論文.

정일섭 1962, 「평안북도 벽동군 송련리와 룡천군 왕산 원시유적 답사보고」, 『문화유산』 1962 – 1.

정찬영 1963, 「자성군 조아리, 서해리, 법동리, 송암리, 고구려고분 발굴 보고」, 『고고학자료집』 3.

최응선 1992, 「창매리 돌칸흙무덤 발굴보고」, 『조선고고연구』 1992 – 4.

崔鍾澤 1998, 「고고학상으로 본 고구려의 한강유역진출과 백제」, 『百濟研究』 제28집, 忠南大學校 百濟研究所.

東潮 1988, 「高句麗文物に關する編年學的一考察」, 『橿原考古學研究所論集』 10.

緒方泉 1985, 「高句麗古墳群に關する一考察 – 中國集安縣における發掘調査を中心にして(上), (下)」, 『古代文化』 37卷 1,3號.

濱田耕作・梅原末治 1924, 『慶州金冠塚遺寶』, 朝鮮總督府 古蹟調査 特別報告三.

有光敎一 1941, 「平安北道江界郡漁雷面發見の箱式石棺と其副葬品」, 『考古學雜誌』 31卷 3號.

鄭漢德 1990, 「美松里型土器の形成」, 『東北アジアの考古學』, 六興出版.

耿鐵華・林至德 1984, 「集安高句麗陶器的初步研究」, 『文物』 1984 – 1.

吉林省文物考古研究所 1987, 『楡樹老河深』, 文物出版社.

吉林省博物館文物工作隊 1977, 「吉林集安的兩座高句麗墓」, 『考古』 1977 – 2.

佟達・張正岩 1989, 「遼寧撫順大伙房水庫石棺墓」, 『考古』 1989 – 2.

方起東 1964, 「吉林輯安麻線溝一號壁畫墓」, 『考古』 1964 – 10.

龐志國 1991, 「吉林通化拉拉屯北崗靑銅時代遺址」, 『遼海文物學刊』 1991 – 2.

徐家國・孫力 1987, 「遼寧撫順高爾山城發掘簡報」, 『遼海文物學刊』 1987 – 2.

孫仁杰 1984, 「集安縣上, 下活龍村高句麗古墓淸理簡報」, 『文物』 1984 – 1.

沈白文 1984, 「遼寧本溪晉墓」, 『考古』 1984 – 8.

梁志龍 1991, 「桓仁大梨樹溝靑銅時代墓葬調査」, 『遼海文物學刊』 1991 – 2.

梁志龍·王俊輝,「遼寧桓仁出土靑銅遺物墓葬及相關問題」,『博物館硏究』 1994－2.

閻毅之·林至德 1984,「集安高句麗國內城址的調査與試掘」,『文物』 1984－1.

王增新 1964,「遼寧撫順市蓮花堡遺址發掘簡報」,『考古』 1964－6.

______ 1964,「遼寧撫順市前屯,涯渾木高句麗墓發掘簡報」,『考古』 1964－10.

魏存成 1994,『高句麗考古』, 吉林大學出版社.

______ 1985,「高句麗四耳展沿壺的演變及有關的幾個問題」,『文物』 1985－5.

李恭篤 1985,「遼寧東部地區靑銅文化初探」,『考古』 1985－6.

李恭篤·劉興林·齊俊 1985,「遼寧本溪縣廟後山洞穴墓地」,『考古』 1985－6.

李殿福 1981,「吉林集安洞溝三室墓淸理記」,『考古與文物』 1981－3.

______ 1983,「集安洞溝三座壁畫墓」,『考古』 1983－4.

______ 1986,「兩漢時代的高句麗及其物質文化」,『遼海文物學刊』 創刊號.

林至德·閻毅之·趙韋勤 1983,「集安高句麗墓葬發掘簡報」,『考古』 1983－4.

張雪岩 1979,「集安縣兩座高句麗積石墓的淸理」,『考古』 1979－1.

______ 1981,「集安發現靑銅短劍墓」,『考古』 1981－5.

______ 1991,「吉林集安東大坡高句麗墓葬發掘簡報」,『考古』 1991－7.

張雪岩·周云台 1986,「集安嶺前鴨綠江流域原始社會遺址」,『博物館硏究』 1986－2.

趙偉勤·周云台 1982,「集安萬寶汀墓區242號古墓淸理簡報」,『考古與文物』 1982－6.

齊俊 1987,「本溪地區太子河流域新石器至靑銅時期遺址」,『北方文物』 1987－3.

齊俊·王俊輝 1992,「遼寧桓仁縣狍圈溝遺址」,『考古』 1992－6.

陳大爲 1982,「遼寧朝陽後燕崔遹墓的發現」,『考古』 1982－3.

陳相偉 1983,「吉林集安長川二號封土墓發掘紀要」,『考古與文物』 1983－1.

許玉林·王連春 1984,「丹東地區出土的靑銅短劍」,『考古』 1984－8.

許玉林·崔玉寬 1990,「鳳城東山大石盖墓發掘簡報」,『遼海文物學刊』 1990－2.

昊化·志新 1988,「通化市王八脖子遺址復查報告」,『博物館硏究』 1988－3.

Song－Nai Rhee 1992, Secondary State Formation:The Case of Koguryo State, Pacific Northeast Asia In Prehistory, Edited by C. Melvin Aikens and Song－Nai Rhee, Washington State University Press.

A Study on the Formation Process of Koguryo Style Pottery

Koguryo style pottery is characterized by its fine-grained paste, its being fired in a relatively low temperature, and, in particular, its adoption of surface treatment of polishing, thus setting itself apart in various aspects from potteries of Paekche, Shilla, and Kaya. This paper examines the development of such characteristic attributes of Koguryo style pottery. The result can be summarized as the following.

First, Koguryo style pottery developed as a result of combination of indigenous tradition and newly-arrived Chinese technique. In terms of its shape, the origin of Koguryo style pottery can be traced back to the Bronze Age pottery of Konggui-ri type and Misong-ri type in the middle reaches of Apnok River and the Hun River valley. Its fine-grained paste can be related to the production technique of gray pottery of the late Warring State and early Han period of China.

Second, the development of Koguryo style pottery was completed as early as 200 B.C. Since its initial development and the process of its spatial expansion is closely related, at least, to the formation of Koguryo state as a confederated kingdom, the development of Koguryo style pottery can be considered as an archaeological evidence of the development of confederated kingdom of Koguryo. In this view, the appearance of confederated kingdom in the Hun River valley and middle reaches of Apnok River can be dated to the second century B.C., and seems to have coincided with the building of distinctive stone-mound tombs of Koguryo.

Third, the change in temporal and spatial distribution of Koguryo style pottery reflects well the transition of Koguryo territory. Thus, Koguryo sites in the Han River valley, including Kuui‑dong site, appeared after 475 A.D., when Koguryo took the Paekche capital of Han‑song., and Koguryo garrison sites on the northern shore of Han River can be dated to the mid‑sixth century, around 553 when the area was retaken by Paekche and Shilla.

Last, Koguryo style pottery are very different in its shape and development from the black polished pottery of Paekche in the Han‑song period. Thus, it is confirmed here that there is no basis to discuss the relationship between Paekche pottery and Koguryo pottery.

補論 ②

馬韓 對外交涉의 變遷과 百濟의 登場

馬韓 對外交涉의 變遷과 百濟의 登場

〈目 次〉

Ⅰ. 序
Ⅱ. 馬韓과 古朝鮮의 交涉
Ⅲ. 馬韓과 中國郡縣의 交涉
Ⅳ. 百濟의 對外交涉權 掌握
Ⅴ. 結

요 약

　　대략 기원전 300년부터 기원후 300년경에 이르는 기간 동안의 韓사회와 대동강유역의 고조선 및 중국군현과의 대외교섭에 대하여 다뉴경, 한경, 그리고 중국화폐 등의 고고학자료를 통해 검토하였다.

　　다뉴경의 시공간적 분포정형을 통해 살펴 본 기원전 3~2세기대의 韓사회는 마한지역이 여타 지역에 비해 유력 정치체의 분포가 조밀하여 대동강유역의 고조선과 더불어 그 무렵 한반도의 정치사회적 중심지임을 알 수 있었다.

　　그러나 漢鏡의 분포를 보면 군현 설치 이후 마한지역 중심지들은 낙동강유역을 비롯한 영남지방에 비해 현저히 위축되는 모습을 보여 주고 있다. 이러한 양상은 앞선 시기에 비해 대조적이어서 군현측의 의도적 선택과 무관치 않은 것으로 보인다.

　　군현과의 공적 교섭은 군현의 對토착사회 통제력이 뒷받침되었을 것인데, 후한정권의 쇠락과 함께 군현의 통제력이 위축되면서 그러한 형태의 교섭은 현저히 퇴조된 듯하다. 2세기 중후반 "桓·靈之末" 이래 韓사회로 군현민의 대량 유입이 일어나고 그 결과 韓濊가 彊盛하면서 朝貢交涉과 같은 공적 교섭이 퇴조되고 있음이 엿보인다.

　　한편, 對군현 교역로상에 위치한 서남해안 및 대하천 연변의 韓사회는 교역 거점으로서 역할을 통해 정치사회적 발달을 도모하고 있었다. 그러한 사정은 중국화폐의 출토로써 엿볼 수 있다.

한강유역 伯濟國은 이러한 對군현 교역로상에 위치한 교역거점의 하나로 성장하고 있었음이 최근 풍납동 출토 전한 오수전으로써 짐작되는데, 이는 온조집단의 한강유역 정착과 무관치 않을 것이다.

百濟가 韓지역 여타 정치체에 비해 정치사회적 성장이 앞설 수 있었던 배경은 아무래도 중국 군현과의 관계에서 찾아야 할 것으로 보인다. 군현세력이 건재할 무렵 군현에 가까운 마한지역은 변진한 지역에 비해 군현의 羈縻策으로 인해 정치사회적 발전이 상대적으로 위축되었을 것이지만 그 가운데서도 백제는 對군현 교역로상에 위치한 이점을 어느 정도 누리고 있었으며, 반면 군현이 약화되는 시기에 와서는 군현민의 유입 등이 오히려 정치사회적 성장을 촉진하는 측면으로 작용하였기 때문이다. 또한 기원후 2세기 무렵까지의 군현 통제력의 건재는 마한지역에서의 유력 정치체 성장을 저해하는 결과를 빚었을 것이므로 그 이후 백제가 비교적 단기간에 걸쳐 이 지역의 대외교섭권을 장악하는 데에 긍정적으로 작용하였을 것이다.

주요어 : 韓, 馬韓, 對外交涉, 多鈕鏡, 漢鏡, 中國貨幣, 百濟, 國家形成

I. 序

馬韓에 대한 구체적인 이해는 초기철기시대 및 원삼국시대 뿐 아니라 백제사에 있어서도 매우 중요한 과제의 하나이다. 마한은 언제 어떻게 등장하였으며, 그 존재 양태는 어떠하였는가? 마한과 주변 정치체와의 관계의 실상은 어떠하였는가? 마한의 일소국인 한강유역의 伯濟國은 어떻게 하여 국가형성에 이를 수 있었는가? 등등. 아직도 해결하여야 할 과제가 적지 않지만, 여기에서는 마한과 주변 정치체와의 교섭관계를 살펴보고 나아가 백제의 등장과정에 초점을 맞추어 살펴보고자 한다.

마한의 등장시점에 대해서는 필자 나름의 견해를 제시한 바(朴淳發 1998a) 있다. 고고학적으로 보아 粘土帶土器 및 細形銅劍을 표지로 하는 考古學的 文化의 등장을 韓 또는 광의의 馬韓의 출현으로 이해할 수 있다는 것이 그 요지였다. 그러므로 대략 기원전 300년경 이후부터 한강 유역에서 백제가 국가로 성장하는 무렵인 기원후 250년경까지를 필자 는 前期 馬韓이라 부르고자 한다.

　이 기간 동안 대동강유역에는 고조선과 낙랑 등 중국군현이 존재하 고 있었으므로 마한사회는 이들과 어떤 형태로든 교섭관계를 유지하 고 있었을 것이다. 그러나 그와 관련된 문헌사료는 거의 없다하여도 좋을 정도로 빈약하므로 현재로서는 고고학자료 이외에 달리 접근할 근거가 없다. 본고에서는 정치체간의 관계를 비교적 잘 반영하고 있는 것으로 판단되는 銅鏡 등의 위신재와 중국화폐의 시공적인 분포양상 을 통해 이 문제에 접근하고자 한다.

Ⅱ. 馬韓과 古朝鮮의 交涉

　전술한 것처럼 고고학자료로 볼 때 기원전 300년경 이후 한반도의 남부에 존속하던 세형동검기 문화의 역사적 실체는 韓으로 대표된다 하여도 좋을 것이다. 여기서는 그와 관련하여 당시 韓지역에 존재하던 유력 정치체의 공간분포 및 그 시기적인 변천상을 중심으로 살펴보고, 이를 토대로 당시 고조선의 중심지로 이해되는 대동강유역과의 관계 가 어떠하였는 지를 검토하고자 한다. 韓地에 존재하던 정치체를 고고 학적으로 접근하려는 노력은 주로 세형동검을 비롯한 靑銅儀器, 多鈕鏡 등을 부장한 유력자의 분묘의 공간적 분포를 통해 이루어져 왔으며(金 鐘一 1994), 최근에는 그러한 유물 가운데 특히, 多鈕鏡이 지닌 신분적 상징성에 주목하여 부장된 鏡의 수량 및 크기를 근거로 피장자의 정 치적 위계를 추정하려는 연구(李淸圭 1994)도 있다.

　세형동검기의 부장유물의 조합상으로 보아 여타 청동기에 비해 동 경이 지닌 신분 상징성은 매우 높다하여도 좋으므로 본고에서도 이를 통해 당시 韓지역에 존재하던 정치엘리트의 분포 즉, 정치체의 공간적 위치를 일별해 보고자 한다. 후술하는 것처럼 지금까지의 자료로 보는 한 다뉴경의 분포는 대동강유역 및 중서부 이남지방 특히, 금강유역권에 집중되어 있다. 이는 결국 당시 한반도에서 정치사회적 선진지역이 이 두 지역임을 보여주는 것이다. 주지하는 것처럼 전자는 고조선의 중심지이고 후자는 馬韓지역이므로 이는 고조선과 마한지역 정치체의 관계를 반영하는 것으로서 주목된다. 그런데 이들 사이 관계의 추이를 이해하기 위해서는 통시적 관점의 확보가 긴요하다. 따라서 해당 고고학자료에 대한 시간축의 설정이 전제되어야 한다.

다뉴경에 대한 편년적 연구는 일찍부터 여러 선학들에 의해 이루어져 왔다(森本六爾 1935 ; 宇野隆夫 1977 ; 全榮來 1977 ; 甲元眞之 1990). 이들을 종합해보면 대략 다음과 같이 그 시간적 추이를 설정할 수 있다.

첫째, 背面 문양의 精粗와 더불어 문양의 내용이 대체로 雷紋 → 不定合 三角組合紋 → 整合 三角組合紋·星形紋 → 3區分 文樣帶構成으로 이행되며, 문양대가 구분되는 단계에서는 다시 시간의 흐름과 더불어 內外區 사이의 中區가 확대, 精巧化되는 양상을 보인다. 또한 外區의 경우는 3구분 문양대구성 단계이후 기본적으로 三角形과 逆三角形을 교차 배치하는 이른바 對合三角列帶가 지속되나 그것을 구성하는 단위 삼각형은 점차 밑변이 짧은 이등변삼각형으로 변화됨과 아울러 대합삼각 열대 사이에 장방형의 區分竪帶 및 同心圓紋이 나타난다. 한편, 이등변삼각형 단계에서는 또한 대합삼각형 가운데 외부의 역삼각형부분이나 내부의 삼각형부분이 사선으로 채워지지 않은 餘白으로 된 이른바 外白三角列帶 또는 內白三角列帶가 등장한다.

둘째, 위의 문양 변화와 함께 周緣의 斷面形 역시 定向的 변화가 나타나는데, 대략 三角緣 또는 匕緣 → 半圓形緣의 경향을 보이고 있다.

　이러한 변화는 전술한 문양 내용의 변화단계와 결부해 보면 대략 정합삼각조합문·성형문 단계에서 확인된다.

　그리고 鈕의 형태상에도 변화가 있으니 단면형이 環形에서 梯形으로 변천되고 있으며, 그에 따라 전체의 모양도 고리모양의 半環形에서 가운데가 잘록한 橋梁形으로 바뀌고 있다.

　이상과 같은 다뉴경 자체의 형식학적 변화를 공반유물상의 변천과 종합해 필자는 대략 크게 Ⅰ, Ⅱ, Ⅲ 단계로 구분하고자 한다. Ⅰ단계는 비파형동검기, Ⅱ단계는 철기를 공반하지 않는 세형동검기 전기에 해당된다. 그러나 Ⅲ단계의 이른 단계 역시 아직 철기를 공반하지 않고 있으므로 이들 사이의 구분의 기준이 문제가 될 수 있다. 이에 대해서는 다뉴경 자체의 형식학적 변화방향이 고려되었다. Ⅱc와 Ⅲa는 시문기법상의 현저한 차이로 인해 일반적으로 전자를 粗紋鏡 후자를 細紋鏡 또는 精文鏡으로 구분 인식하는 것이 통설이 되고 있기 때문이다. 이러한 내용을 圖示한 것이〈도면 1〉이다.

　〈도면 1〉에 대해 잠시 살펴보기로 한다. Ⅰb단계는 연구자에 따라 2와 3·4로 세분하기도 한다(全榮來 1977). 그러나 3·4의 경우는 출토지 및 공반유물이 정확히 알려져 있지 않아 비록 鏡 자체의 형식학적 변화의 방향으로 보면 2→3·4라는 것이 인정될 수 있을 지라도 기본적으로 모두 Ⅰa단계의 전형적인 뇌문의 퇴화형에 해당된다는 점에 주안을 두어 잠정적으로 Ⅰb라는 단일 단계로 설정해 둔다. 이러한 점에서 5와 6도 문양의 내용상 Ⅰb와 크게 다르지 않으나 6의 경우 세형동검과 공반되고 있어 그와 별도의 Ⅱa로 구분하였다.

　Ⅱ단계에서 Ⅱa, Ⅱb, Ⅱc의 세분은 鏡자체의 형식학적 변화상으로 보아 그 구분의 타당성은 이미 여러 연구자들이 대체로 공감하는 바이나, Ⅱb에 대해서는 8·9·11의 정합삼각문계와 나머지 성형문계를 다시 세분하는 연구자도 있다. 사실 형식학적으로 보면 이들이 단일하

지 않은 것은 충분히 이해된다. 그러나 본고에서는 다뉴경의 시간적인 선후관계 파악이 당면 목표이므로 시간적 선후관계가 분명치 않는 이들을 일단 단일 단계로 포괄하였다. 한편, 8번 거울은 그간 출토지에 대한 정보가 결여된 채 金東鉉씨 소장품으로만 학계에 소개되고 있던 것인데, 필자가 확인한 소장자의 수집기록상에는 경기도 漣川 출토품으로 되어 있음을 밝혀 둔다.

Ⅲa와 Ⅲb의 구분 근거는 전자는 철기와 공반되지 않은 데에 비해 후자는 철기를 공반하는 것이란 데에 있다. 물론〈도면 1〉의 Ⅲb에 포함된 모든 거울이 철기를 공반하고 있는 것은 아니나 최근 공반관계가 확실한 예들을 통해보면 외구의 대합삼각형열대에 여백이 있는 외백 또는 내백삼각열대를 가진 거울들은 鳳山 松山里(황기덕 1958), 咸興 梨花洞(안영준 1966), 長水 南陽里(池健吉 1990a ; 尹德香 2000), 扶餘 合松里(李健茂 1990) 등에서 鑄造鐵斧를 비롯한 초기철기와 공반되고 있으며, 외구에 장방형수대 및 동심원대가 있는 거울 역시 唐津 素素里의 경우처럼 철기와 공반되는 예(李健茂 1991)가 확인된다.

각 단계의 구체적인 절대연대 비정 문제는 아직 자세하지 않다. 그러나 세형동검의 출현은 기원전 300년경을 전후한 무렵으로 볼 수 있으며, 금강유역의 철기를 수반하는 세형동검기는 대략 衛滿朝鮮의 성립과 그에 따른 準王의 南奔과 관련지울 수 있으므로 기원전 200년경을 상한으로 설정할 수 있다(朴淳發 1993). 그리고 다뉴경의 하한은 평양지역의 출토경향으로 보아 대체로 위만조선의 멸망 및 그에 따른 樂浪 등 漢郡縣의 설치시점으로 볼 수 있다. 이러한 필자의 年代觀을 근거로 Ⅱa 단계의 시작은 기원전 300년경으로 할 수 있으며, 그리고 철기를 공반하는 Ⅲb의 상한은 기원전 200년경, 하한은 기원전 100년경으로 비정해 둔다.

이상 검토한 다뉴경의 편년을 근거로 이제 이들의 공간적 분포를

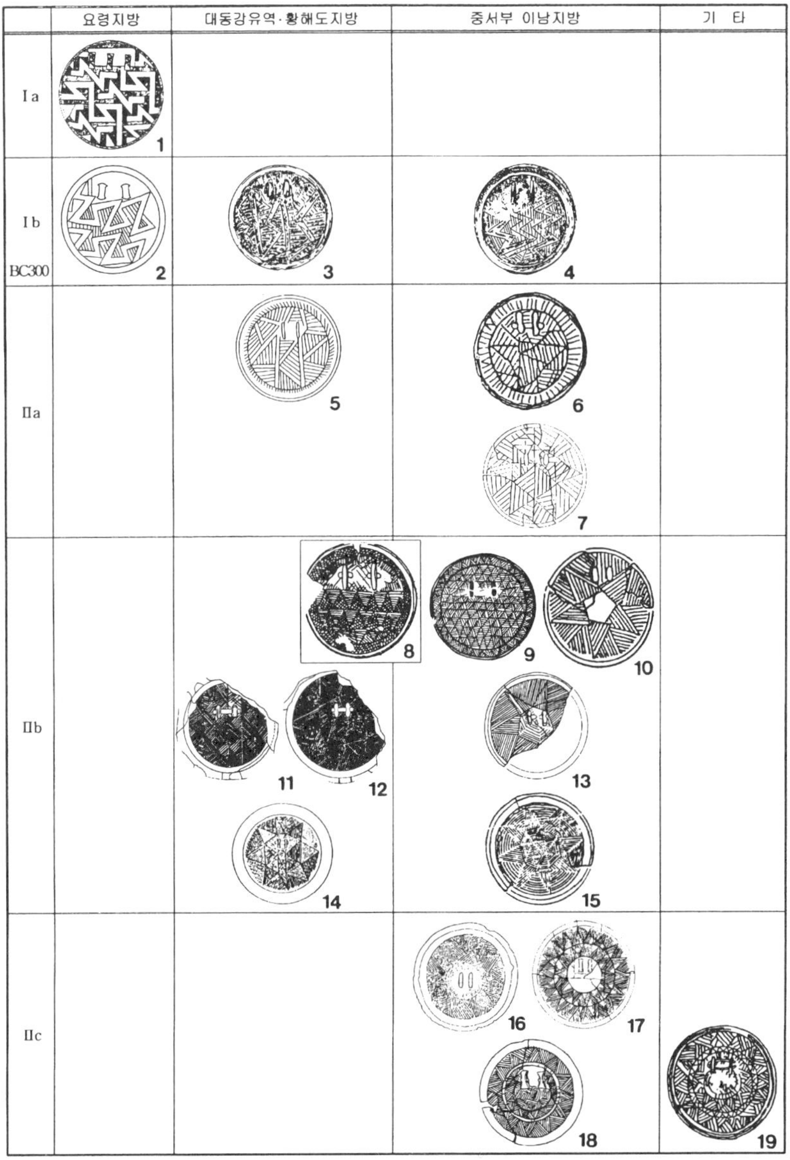

〈도면 1 - 1〉 다뉴경의 변천

대동강유역·황해도지방	중서부 이남지방	기 타
IIIa BC200	20 22	21 23
IIIb BC100	24 27 31	25 28 29 32	26 30

1.朝陽 十二臺螢子(周貴1960) 2.沈陽 鄭家窪子(沈陽古宮博物館1975) 3.傳平壤鏡(梅原末治·藤田亮策1947) 4.傳忠南鏡(梅原末治·藤田亮策1947) 5.傳成川鏡(梅原末治·藤田亮策1947) 6.盆山 五金山(金元龍1967) 7.傳全北(全榮來1977) 8.金東鉉鏡(金元龍1973) 9.盆山 多松里(全榮來1975) 10.扶餘 蓮花里(金載元1964) 11.傳中和(金良善1972) 12.傳孟山范 裏面鏡(梅原末治·藤田亮策1947) 13.大田 槐亭洞(李殷昌1969) 14.傳孟山范 表面鏡(梅原末治·藤田亮策1947) 15.高興 小鹿島(榧本龜生1935) 16.扶餘 九鳳里(李康承1987) 17.牙山 南城里(韓炳三·李健茂1977) 18.大田 槐亭洞(李殷昌1969) 19.沿海州 이즈웨스토프 마이헤(平井尙志1960) 20.扶餘 九鳳里(李康承(1987) 21.傳慶南(梅原末治·藤田亮策1947) 22.傳論山(金良善1972 및 全榮來1977) 23.襄陽 釘岩里金元龍1967) 24.平壤 反川里(梅原末治·藤田亮策1947) 25.和順 大谷里(金元龍1972) 26.咸興 梨花洞(안영준1966) 27.鳳山 松山里(황기덕1958) 28.傳論山(金良善1972 및 全榮來1977) 29.和順 大谷里(金元龍1972) 30.慶州 入室里(梅原末治·藤田亮策1947) 31.平壤 反川里(梅原末治·藤田亮策1947) 32.長水 南陽里(尹德香 2000)

<도면 1 - 2> 다뉴경의 변천

통해 본고의 당면 과제인 고조선과 마한지역의 관계를 살펴보기로 한다. 다뉴경 각 단계별 분포는 〈 도면 2 〉와 같다.

Ⅰb 단계는 요녕지방을 제외하면 평양과 충남지역에 국한되어 있다. 한반도내의 이러한 공간 분포정형은 단면원형점토대토기문화의 유입 과정(朴淳發 1993)과 무관치 않은 것으로 이해된다. 단면원형점토대토기문화는 기원전 300년경을 전후한 무렵의 고조선과 戰國 燕의 무력 충돌이라는 역사적 사건과 관련되므로 결국 Ⅰb 다뉴경의 분포는 이러한 과정에서 당시 요녕지방으로부터 단면원형점토대토기문화가 한반도지역으로 파급되면서 새로운 점토대토기문화의 중심지로 부상하는 지역으로 볼 수 있겠다. 평양 및 충남출토 다뉴경의 정확한 출토지점은 미상이나 Ⅰb 단계의 다뉴경에 형식적으로 직결되는 Ⅱa 단계 거울들이 역시 대동강유역의 성천 및 금강하류유역의 익산 등지에서 확인되는 점이 주목된다.

Ⅱb 단계가 되면 그 이전에 비해 그 분포가 다소 확산되고 있다. 임진강유역의 漣川 및 남해 小鹿島의 예가 그러한 경향을 반영하고 있다. 그러나 집중 분포지역은 여전히 대동강유역 및 금강유역이다. Ⅲa 단계에 오면 그러한 확산경향이 더욱 뚜렷하여 橫城, 襄陽, 榮山江流域, 그리고 慶南지방에까지 분포범위가 확대된다. 그리고 최종적으로 Ⅲb 단계에 와서는 황해도지방, 원산만지역, 경주지역이 분포범위에 추가되고 있다.

이러한 다뉴경의 시공간적 분포양상으로 미루어 점토대토기문화의 파급과 함께 금강유역은 대동강유역과 더불어 정치사회적 발전이 앞선 지역으로 부상한 이래 준왕조 고조선 및 위만조선과 병존하던 시기에서도 여전히 남한지역의 중심지 역할을 이어가고 있었음을 알 수 있다. 다뉴경의 집중으로 뒷받침되는 금강유역 정치체의 역사적 성격은 韓 또는 馬韓으로 보아도 좋다면, 당시 대동강유역을 중심으로 하

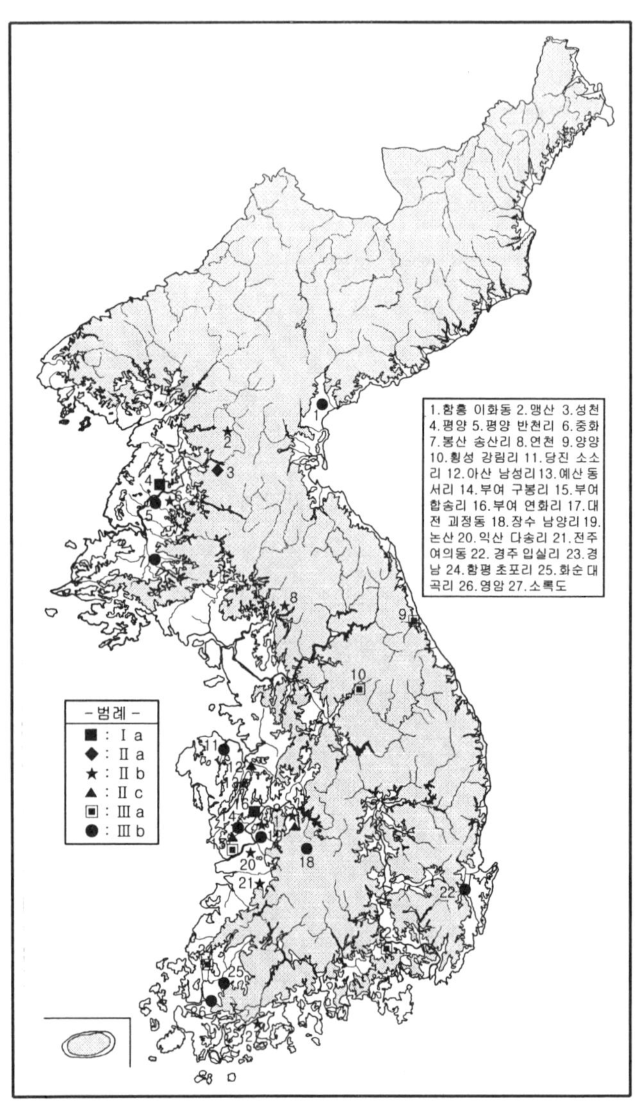

〈도면 2〉 다뉴경의 분포

1.함흥 이화동 2.맹산 3.성천
4.평양 5.평양 반천리 6.중화
7.봉산 송산리 8.연천 9.양양
10.횡성 강림리 11.당진 소소
리 12.아산 남성리 13.예산 동
서리 14.부여 구봉리 15.부여
합송리 16.부여 연화리 17.대
전 괴정동 18.장수 남양리 19.
논산 20.익산 다송리 21.전주
여의동 22.경주 입실리 23.경
남 24.함평 초포리 25.화순 대
곡리 26.영암 27.소록도
- 범례 -
■ : Ⅰa
◆ : Ⅱa
★ : Ⅱb
▲ : Ⅱc
▣ : Ⅲa
● : Ⅲb

는 고조선은 바로 금강유역의 이들 정치체와도 모종의 교류를 가지고 있었을 것으로 보아도 좋을 것이다. 이러한 추정은 Ⅱ~Ⅲ단계 다뉴경의 형식학적 전개과정에서 잘 나타나고 있는데, 평양지역의 거울과 금강이남지역의 거울이 형식학적으로 보아 서로 별개의 것이라 보기 어렵기 때문이다1).

한편, 이와 같이 다뉴경의 분포를 통해 추정한 고조선과 마한지역의 교류관계는『三國志』魏書 東夷 韓傳 所引『魏略』기사와 일견 부합되지 않는 부분도 있다.

"其子及親留在國者 因冒姓韓氏. 準王海中 不與朝鮮相往來"가 그것이다. 그러나『史記』朝鮮傳에서 보듯 위만조선이 "眞番旁辰國欲上書見天子 又擁閼不通"하였으니 만큼 적어도 위만조선과 그 이남의 정치체와는 그 무렵 일정한 교류관계를 유지하고 있었다고 하여야 할 것이다.

---

1) 全榮來는 Ⅱb 단계의 다뉴경에 보이는 대동강유역과 금강유역 사이의 유사성에 대해 準王의 남천과 관련하여 이해하고 있으며, Ⅲb 단계의 대동강유역 거울(도면 1의 24, 27등)은 금강유역의 것이 위만조선과의 교류를 통해 逆流된 것으로 파악한 바(全榮來 1977 : 28, 56) 있다. 〈도면 1〉에서 보듯 Ⅱc 및 Ⅲa 단계의 거울 가운데 대동강유역 출토예가 없는 것이 문제가 될 수 있으나, 최근 조사예를 통해보면 外區의 對合三角列帶에 外白 혹은 內白이 있는 거울들은 대부분 주조철부 등 철기를 공반하고 있어 철기의 유입과정과 결부해볼 때 역시 이러한 거울형식은 대동강유역과 별개로 생각하기 어려우며, Ⅲa 단계의 거울 가운데 횡성 등 한강유역 출토품이나 경주 입실리 출토품 등이 모두 대동강유역이 아닌 금강유역에서 유입된 것으로 보아야만 할 근거는 없다. 기왕에 필자는 철기를 공반한 Ⅲb 단계를 준왕의 南來와 관련된 것으로 이해하고 있으나(朴淳發 1993), 준왕의 남분계기가 곧 위만조선의 성립이므로 이들 가운데는 위만조선 성립이후 위만조선과의 교류관계를 통해 유입되었을 가능성을 배제할 필요는 없다. 아무튼 이러한 자료들은 당시 고조선과 금강유역의 마한 또는 韓의 지배엘리트층과의 교류관계를 말해주는 것으로 보는 데에는 문제가 없을 것이다.

Ⅲ. 馬韓과 中國郡縣의 交涉

　한반도 남부지방의 韓사회와 중국군현 사이의 교섭은 朝貢, 互市와 같은 정치적 성격이 비교적 강한 公的 교섭과 군현 또는 중국본토 商人들의 상업활동과 같은 私的 성격이 강한 교섭으로 구분될 수 있다 (李賢惠 1994a). 이러한 교섭에는 물자의 이동이 수반되는데, 교섭의 구체적인 형태에 따라 매개 또는 교환되는 물자의 종류도 달랐을 것임은 물론이다. 이와 관련해 銅鏡이나 貨幣와 같은 漢式文物은 주로 朝貢交涉과 관련되는 것인데 비해 非漢式文物은 군현의 하위계층들이 주도하는 교섭과 관련된다는 견해(高久健二 1997)도 있다.

　여기서는 마한지역에서 출토되는 중국군현의 외래문물을 통해 그러한 문물이 매개로 되었던 교섭의 실상을 추구해 보고자 한다. 이를 위해 본고에서는 크게 2가지의 교섭형태를 상정하고자 한다. 첫째는 政治體 간의 공적 교섭으로서 조공 또는 互市와 같은 것이 대표적이라 할 수 있다. 이에 수반되는 문물로서는 印綬衣幘, 銅鏡과 같은 위신재를 상정할 수 있다. 둘째는 상인들의 활동 특히, 중국군현 또는 중국본토의 상인들이 토착 韓사회를 대상으로 하는 물자교환이다. 이와 관련되는 문물은 매우 광범위하고 다양할 것이나 고고학자료상으로 쉽게 인식할 수 있는 것으로는 중국 또는 郡縣産 각종 사치품(李賢惠 1994a)을 들 수 있을 것이며, 이때 중국 貨幣도 商去來의 수단이 되었을 가능성이 있다(李賢惠 1994b). 이하 고고학자료를 통해 구체적인 교섭형태 및 그 추이를 검토해 보기로 한다.

　먼저, 공적 교섭에 대해서이다. 조공과 같은 공적 교섭은 해당 정치체내에 그것을 담당할 만한 일정한 정치사회적 발달이 전제되어야 한다.『삼국지』동이 한전에는 漢代 韓은 낙랑군에 사시조알하였다고 전하고 있으나("漢時屬樂浪郡 四時朝謁") 그러한 조알이 한의 여러 小國들이 각기 주체가 되어 행해졌던 것인지의 여부는 분명치 않다.

그런데 지금까지 알려진 고고학자료로써 보는 한 이 무렵 마한지역에서 그를 뒷받침할 근거는 거의 없다. 남한지역에서 확인된 前漢鏡 및 後漢鏡은 거의 대부분 낙동강유역 및 영남지방에서 출토되고 있기 때문이다. 출토지점이 분명한 漢代 鏡 예는 다음〈표 1〉과 같다.

〈표 1〉 남한 출토 한식경

유 적 명	경 식	시 기	출 전
益山 平章里	三葉三螭 蟠螭文鏡	B.C. 2세기 戰國末~前漢初	全榮來 1987
昌原 茶戶里 1號墳	星雲鏡	B.C. 1세기 후반	李健茂 外 1989
大邱 池山洞	日光鏡5, 昭明鏡1	B.C. 1세기 후반	國立慶州博物館 1987
慶州 朝陽洞 38號墳	日光鏡2, 昭明鏡1, 四乳鏡(家常富貴鏡)1	기원전후	崔鍾圭 1983
大邱 坪里洞	虺龍文鏡1	B.C. 1세기 말	尹容鎭 1981
公州 公山城	虺龍文鏡1	B.C. 1세기 말	安承周・李南奭 1987
永川 漁隱洞	日光鏡2, 虺龍文鏡1	B.C. 1세기 말	朝鮮總督府 1925
金海 良洞里	方格矩規鏡1	A.D. 1세기	朴敬源 1970
良洞里162號墳	圓座內行花文鏡1, 四乳鳥文鏡1	A.D. 2세기 후반	林孝澤・郭東哲 2000

이 표에 수록된 것 이외에도 경남 固城 東外洞 貝塚 출토 破鏡 1점(金東鎬 1984)과 제주 山地港 출토 漢鏡 파편 1점(梅原末治・藤田亮策 1947)이 더 있다. 동외동 파경은 後漢 前期의 細線式獸帶鏡으로 파악되나(高倉洋彰 1994), 산지항 출토품은 殘片이므로 鏡式을 알 수 없다.

한편, 扶餘 場岩面과 益山 金馬面에서도 각각 後漢鏡이 출토되었다(金貞培 1979)고 하나 경식을 확인할 수 있는 근거 자료가 제시되지 않았을 뿐 아니라 유물의 소재 역시 확인할 수 없었다.

이상에서 보듯이 익산 평장리경과 공산성경을 제외하면 확실한 마한지역 출토 한경은 없다. 평장리경은 경식 자체로 보면 전국말~전한 초로 비정되어야 하나 구체적인 파급 계기는 한군현 설치 이후인 전한 후기로 보기도 한다(高久健二 1997). 그러므로 평장리경이 매개된 대외교섭의 대상이 위만조선인지 한군현인지는 아직 분명치 않다. 이에 이어지는 한경의 출토예가 전혀 없는 점으로 미루어 이는 위만조선 단계의 교섭 산물일 가능성이 많다.

공산성 출토 훼룡문경은 방형토광내에서 백제토기들과 함께 출토된 것으로 보고자들은 이를 백제시대의 동경으로 이해하였으나(安承周·李南奭 1987 : 85-86, 201), 토광의 형태로 보아 동경과 관련된 시점의 토광과 백제시대의 토광이 공교롭게 중복된 것으로 판단된다. 동경과 관련있는 유물로는 水晶多面玉 1점이 더 있어 이러한 추정을 뒷받침하고 있다. 동경이 출토된 토광은 원삼국시대의 토광목관묘의 일부였을 것으로 추정되는데, 바닥부근에서 "불에 그을은 듯한" 흑회색사질토가 노출되고 동경 역시 바닥으로부터 약 10cm 지점에서 출토되었다는 정황으로 뒷받침된다.

지금까지 한반도내에서 출토된 原三國期와 병행하던 무렵의 중국경의 출토예는 유구 단위를 기준으로 하면 모두 73개소에 달하는데, 그 가운데 61개소가 평양시 일원에 집중된 분묘들이다(高久健二 1995 : 280-299). 동경을 부장한 이들 분묘의 피장자들은 시기별로 얼마간 차이가 있으나 대부분 낙랑분묘 피장자 가운데 최상위계층에 속하는 이들로서 군현의 屬吏級 관직을 맡고 있던 有力豪族들로 이해되고 있다(高久健二 1995 : 98-133). 그러므로 한경을 부장한 남한지방의 분묘 피장자들 역시 그에 상응하는 토착유력계층으로 볼 수 있으며, 동경의 분포는 곧 당시 군현과 공적 교섭을 유지하고 있던 유력 정치체의 중심지라 하여도 좋을 것이다.

공산성경은 그간 마한 지역에서는 전무하던 前漢鏡의 존재를 새로

이 인식할 수 있다는 점에서 매우 귀중한 자료이다. 이로써 기원전 1세기 말경 공주일대의 마한세력이 군현과 공적 교섭관계를 유지하고 있었을 가능성을 확인할 수 있겠다. 그러나 이러한 양상은 역시 후술할 영남지방에 비하면 매우 빈약한 모습이라 하지 않을 수 없으며, 특히 선행한 고조선 단계에 보이던 마한지역의 모습에 비교할 때 더욱 그러하다.

한편, 낙동강유역의 영남지방에서는 기원전 1세기 후반이래 기원후 2세기 후반에 이르기까지 군현지역과의 교섭이 지속되고 있음이 확인된다. 이는 이전의 고조선 단계에 보이던 이 지역의 위상과 대비하면 가히 비약적이라 할 수 있다(도면 2, 도면 3 참조).

결국 군현설치 이후 한때 마한지역도 對군현 공적 교섭에 참여하였으나 그후 현저히 퇴조되었음을 말해준다. 또한 아직 금강 이북지역에서 전한경의 출토가 확인되고 있지 않는 점으로 미루어 군현과의 조공교섭은 주로 군현으로부터 비교적 먼 금강이남의 마한세력만이 참여하였을 가능성이 높다.

이러한 사정은 마한세력들의 자발적 선택의 결과라기보다 다분히 군현측의 필요에 따른 것으로 이해된다. 즉, 토착 韓사회에 대한 군현측 羈縻策의 일환으로서 군현에 가까운 마한세력에 대해서는 조공과 같은 공적 교섭을 허용하지 않았을 가능성이 있다. 전술한 것처럼 고조선시기에 한반도 남부지방의 여타 한사회에 비해 정치사회적 발달이 앞섰던 지역이 바로 중서부지방이었던 사실을 상기할 때 이 무렵에 보이는 對군현 관계의 실상은 군현측의 의도적인 개입을 배제하고는 설명되기 어렵기 때문이다. 금후 새로운 자료가 등장할 가능성은 없지 않으나 현재까지 드러난 자료상으로 보아 마한 지역은 변한 및 진한 지역에 비해 對군현 공적 교섭이 매우 빈약한 것은 부정하기 어렵다.

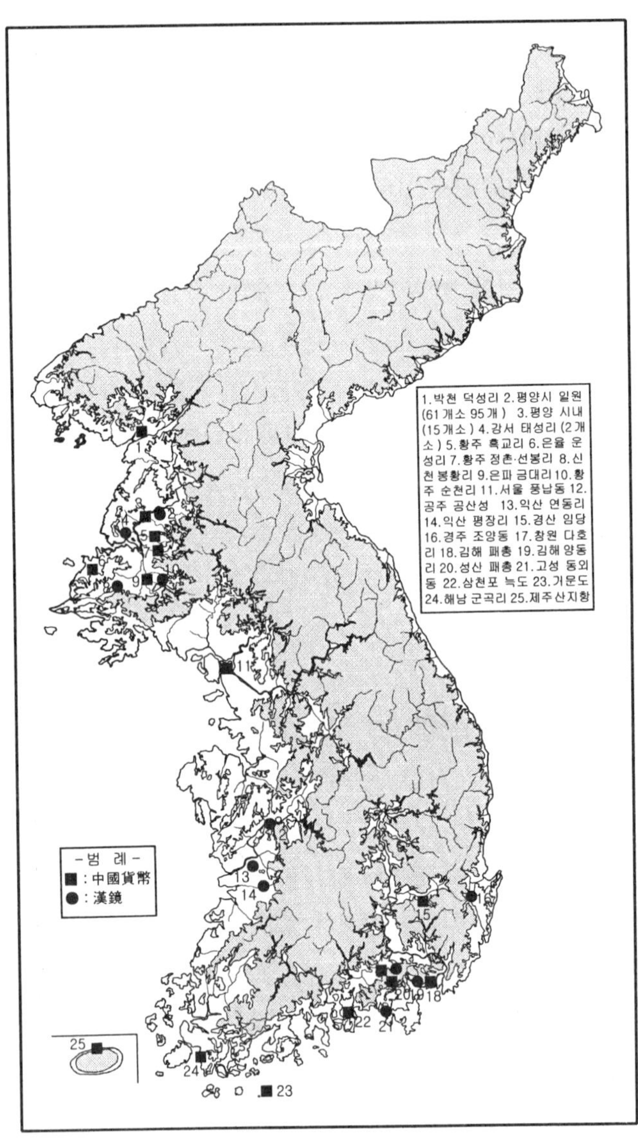

〈도면 3〉 한반도 원삼국기 중국 화폐 및 한경 분포

그렇다면, 전술한 『삼국지』 동이 한전의 "漢時屬樂浪郡 四時朝謁"하였다는 기사의 함의는 무엇인가가 문제이다. 여기의 조알이 공적인 조공교섭이라면 그것은 적어도 고고학자료로 보는 한 그것은 주로 영남지방의 정치체들과 관련될 뿐 마한지역은 기원후부터는 확인되지 않기 때문이다. 이 기사는 韓傳에 포함되어 있으므로 이 부분의 내용은 마한 뿐 아니라 韓사회 전체와 관련되는 것으로 볼 수도 있겠고, 아니면 기사가 반영하고 있는 시간폭이 前漢 무렵에 국한된 것으로도 볼 수 있을 것이다.

아무튼 군현과 영남지방의 정치체들과의 공적 교섭도 2세기 중후반 이후 더 이상 지속되지 않았던 듯하다. 낙랑군은 후한정권의 퇴조와 함께 대략 기원후 2세기대에 오면 약화되고 3세기대에는 쇠퇴된다(高久健二 1995 : 206－228). 『삼국지』 동이 한전의 "桓靈之末 韓濊彊盛 郡縣不能制 民多流入韓國"의 상황일 것이다.

이후 한지역과 군현 사이의 공적 교섭은 曹魏가 군현을 접수하고 "諸韓國臣智加賜邑君印綬"한 景初年間에 한 차례 이루어졌을 가능성은 있다. 이와 관련된 고고학자료로는 일찍이 益山 三箕面 蓮洞里에서 출토된 鏡이 있다(洪思俊 1960). 이 거울은 이른바 2龍1虎의 三頭式 盤龍鏡으로서 後漢末~魏晉期에 성행하는 鏡式 가운데 古式에 해당한다(桶口隆康 1979 : 196－203). 이와 유사한 것으로 일본 京都 廣峯 15호분 출토 출토 "景初四年(240년)"銘 龍虎鏡, 兵庫縣 森尾古墳 출토 "正始元年"銘鏡 등(京都國立博物館 1993 : 62－63)의 魏鏡이 있다. 그러므로 연동리 거울은 魏鏡으로 보이며, 魏가 중국군현을 인수한 뒤 재지 토착사회에 대한 慰撫策을 펴는 과정에서 분여되었을 가능성이 높다. 그러나 영남지방에서는 아직까지 위경이 출토된 바 없다.

지금까지 동경을 중심으로 한지역과 군현간의 공적 교섭의 양상을 살펴보았다. 군현 설치 이후 前漢代에는 금강이남의 마한세력과 군현

〈사진 1〉 부여박물관 소장 익산 연동리 출토 위(魏) 반룡경(盤龍鏡)

의 조공교섭은 상정할 수 있으나 후한이래 2세기 중후반경에 이르기까지 마한지역과의 교섭은 더 이상 인지되지 않는 반면 영남지방의 辰韓 및 弁韓 지역과는 공적 교섭이 지속되고 있었음을 확인할 수 있었다. 그러나 군현이 쇠퇴하면서 그러한 교섭도 중단되었으며, 조위가 새로이 군현을 접수한 景初年間 잠시 마한지역과의 교섭이 다시 한번 관찰될 뿐이다.

이러한 공적 교섭과 함께 군현 상인들에 의해 주도된 對韓지역 상거래도 상정되는데, 전술한 바와 같이 이 경우는 중국 화폐가 사용되었을 것이므로 이를 통해 그 양상을 어느 정도 살필 수 있을 것이다.

원삼국기에 해당하는 한반도 출토 중국화폐는 유구를 단위로 할 때 모두 30개소에 달한다. 그 가운데 평양시 일원 소재 낙랑분묘 출토가 15개소에 이르러 절대 다수를 차지하고 있다(高久健二 1995 : 280-299). 이들에서는 또한 전술한 한경을 반출한 예도 10개소에 달하여 정치사회적으로 상위계층에 해당하는 피장자와 높은 상관을 보이고 있음도 알 수 있다.

군현지역을 제외한 한반도 남부지역에서 지금까지 알려진 중국화폐의 출토예는 다음 〈표 2〉와 같다. 이들은 대략 기원전 1세기 후반~기원후 1세기대로 비정될 수 있는데, 전술한 漢式鏡과 시공간적 분포 정형과 거의 같다.

출토유적을 보면 분묘, 패총, 취락 등으로 다양한데, 낙랑지역에 비해 분묘의 비중이 현저히 낮음을 알 수 있다. 패총이나 취락 유적의 경우 모두 수운이 편리한 해안이나 강변에 위치하고 있어 당시 군현과 남한지방 사이의 교역경로를 잘 보여주고 있는 것으로 이해된다. 낙랑지역에서 보았듯이 화폐가 무덤에 부장되는 것은 화폐의 경제적 가치 즉, 財富의 상징으로 인식하고 있었을 가능성을 시사한다.

〈표 2〉 남한 출토 중국화폐

유　　　적	화 폐 종 유	시　　기	출　　　　　전
서울 風納洞	五銖錢1(前漢五銖)		한신大學校博物館
三千浦 勒島	半兩錢1	前漢代	東亞大學校博物館
昌原 茶戶里 1號墳	五銖錢3	B.C.1세기 후반	李健茂 外 1989
城山貝塚	五銖錢1		崔夢龍 1976
海南 郡谷里貝塚	貨泉1		崔盛洛 1987
麗川 巨文島	五銖錢980(三官五銖, 建武五銖)	A.D. 1세기	池健吉 1990b
濟州 山地港	五銖錢4, 貨泉11, 貨布1, 大泉五十2	A.D. 1세기	梅原末治·藤田亮策 1947
金海 會峴里貝塚	貨泉1		濱田耕作·梅原末治 1923
慶山 林堂洞 A-1 121號墳	五銖錢1	기원전후	韓國文化財保護財團 1998
林堂洞 E 132號墳	五銖錢1	기원전후	韓國文化財保護財團 1998

그러나 그것이 域內 재화교환 수단으로서 상시적 기능을 수행하고 있었을 것 같지는 않다. 화폐의 發行權이 통제되고 그 공급이 안정적이지 않는 한 그러한 기능은 유지될 수 없기 때문이다. 이러한 점은 『三國志』東夷 弁辰傳의 "諸市買皆用鐵 如中國用錢" 기사로써 잘 알 수 있는 바와 같다. 그렇다고 하여 남한지방에서의 중국화폐의 의미는 단순히 추상적인 부의 상징으로서의 의미밖에 없었던 것으로는 생각되지 않는다. 전술하였듯이 출토지점이 당시 對군현 교역경로로 생각되는 연안 또는 해로상 및 대하천변의 생활유적이라는 점을 간과할 수 없기 때문이다. 결국 중국화폐는 적어도 군현과의 재화교환 수단으로서는 현실적 의미를 가진 것으로 이해된다. 그렇지 않으면 군현과 통하는 교역로상의 여러 유적에서 이들이 집중적으로 출토되는 상황을 설명하기 어려울 것이다.

이러한 추정이 허용된다면, 그러한 對군현 교역로상에 서울지역의 풍납동이 포함된 점이 주목된다. 아직 정식보고가 없으므로 분명치 않으나 필자가 실견한 바로는 前漢代로 판단되는 풍납동 오수전의 존재는 서울지역이 당시 對군현 교역로상의 한 거점이었음을 보여주는 것이기 때문이다. 앞서 다뉴경의 분포로 추정한 고조선 단계의 서울지역은 주변지역에 불과하였으나 군현설치후 새로이 교역의 거점으로 부상하고 있는 모습을 엿볼 수 있다. 이 무렵 한강유역의 정치체는 아마도 伯濟國을 제외하고는 설명되기 어려울 것이다. 마한지역의 경우 한 경으로 파악되는 對군현 공적 교섭이 매우 빈약한데 비해 교역로상의 요충에 위치한 곳은 對군현 상거래의 據點으로서 일정한 역할을 하고 있었음을 알 수 있겠다.

이러한 군현 및 중국본토 상인들의 상행위는 조공교섭 등에 비해 私的 성격이 강하기는 하겠지만 茶戶里 1호분의 경우에서 보는 것처럼 韓사회 수장층을 통해 이루어지기도 하였을 것이다. 상거래의 거점이

될 수 있는 곳은 또한 물산이 집산되는 당시의 정치경제적 중심지일 가능성이 높으므로 이 때 재지 수장들이 가진 재분배기능은 이를 더욱 촉진하는 작용을 하였을 것임은 쉬이 짐작된다.

화폐의 출토로써 추정되는 군현과 한사회 사이의 상거래 역시 기원후 2세기대 이후 점차 쇠퇴의 경향을 보이고 있는데, 이 점은 공적 교섭에서 보이던 양상과 궤를 같이 하고 있다.

2세기 후반대 이후 마한 지역과 군현사이의 교섭의 추이를 보여주는 것으로는 천안 淸堂洞 유적이 있다. 청당동에서 보이는 외래문물은 제Ⅰ기(150~200년)에는 주로 金箔琉璃玉 및 靑銅製 馬形帶鉤의 素材 등으로 구성되고, 이어서 제Ⅱ기(200~250년)에는 曲棒形帶鉤가 추가된다. 그러나 제Ⅲ기가 되면 군현과 관련된 외래기성품은 더 이상 보이지 않는다(咸瞬燮 1998). 청당동에서 보이는 이러한 양상이 이 무렵 군현과 토착 한사회 간의 보편적인 교섭의 형태인지는 분명치 않으나, 어쩌면 "桓靈之末" 이후 군현이 토착 사회를 더 이상 통제하지 못하고 그에 따라 군현민 다수가 韓으로 유입되는 상황과 관련될 지도 모른다.

Ⅳ. 百濟의 對外交涉權 掌握

백제 건국을 주도하였던 溫祚집단은 기원전 1세기 말경 한강유역에 정착하였던 것으로 볼 수 있다(朴淳發 1998b). 이들이 정착한 한강하류 지금의 서울지역은 세형동검기 후기, 즉 초기철기를 수반한 단계에는 뚜렷한 고고학자료가 확인되지 않는 점에서 짐작할 수 있는 것처럼 주변지역이었으며, 한강 및 임진강 중상류 유역에 분포하였던 예계종족 집단과 중서부지역의 마한 사이의 경계지역에 해당한다. 고조선단계에 있어서 한강유역의 정치체의 모습은 적어도 多鈕鏡의 분포를 통해 보는 한 확인되지 않는다. 오히려 漣川, 橫城, 襄陽 등 濊系 종족의 거주지로 추정되는 곳보다도 정치사회적 발전이 늦은 것으로 드러나고 있을 뿐이다.

그러나 군현설치 이후 어느 무렵엔가 풍납동 출토 五銖錢으로 반영되듯 對郡縣 교역상의 거점으로 부상하고 있다. 전술한 것처럼 이는 아마도 온조세력의 등장과 무관치 않은 것으로 보인다. 이 무렵의 보다 구체적인 모습은 현재의 자료상으로는 살피기 어려우나 이후 서울지역의 그러한 역할이 갑자기 소멸되었을 것으로는 보이지 않는다. 물론, 지금까지 알려진 고고학자료상으로는 석촌동 3호분 동쪽 고분군의 대형토광묘로 대표되는 기원후 2세기 무렵사이에 공백이 있으나 이곳에서 백제가 국가로 성장하였던 점을 감안할 때 그러하다.

한편, 2세기 중후반 이후 桓靈之末에 들면 후한정권의 혼미와 함께 군현세력의 韓에 대한 통제력이 현저히 쇠퇴하고 그에 따라 郡縣民들 다수가 韓地로 유입되고 있다. 군현민들이 유입된 韓사회가 구체적으로 어디인지를 알기는 어려우나 일단 군현 인근의 韓이었을 가능성이 높으며, 이 경우 한강유역의 伯濟國 역시 그 대상이 될 가능성은 크다.

군현민들의 유입은 직접적으로 인구 증가를 유발한다는 점에서 그 자체로서도 사회변화의 중요한 요인이 될 수 있다. 더구나 그들이 기술적으로나 문화적으로 선진이었던 군현민들이라는 사실은 韓사회에 끼친 그 파장이 결코 작지 않았을 것임을 짐작케 한다. 특히 한강유역 세력은 일찍이 전한대 이래 이미 군현과의 교역거점 역할을 하고 있었으므로 이들의 유입은 그 기능을 더욱 촉진하는 계기로 되었을 것이며 이를 통해 주변 지역에 비해 정치사회적 발전이 더욱 앞설 수 있었을 것이다.

군현민의 유출로 荒地로 되었던 곳에 公孫氏 政權은 帶方郡을 설치하고 韓·倭와의 교역창구로 삼게 된다. 대방군의 설치의 의도는 기본적으로 고구려와의 대결구도에 있던 공손씨 정권이 그 후방에 있는 韓과의 우호적인 관계유지를 위한 측면이 있으므로(문안식 1997) 韓사회의 내적 통합을 크게 제어하기는 어려웠을 것이다.

오히려 한강유역의 伯濟國과 인접하였을 것으로 추정되는 臣濆沽國이 246년 무렵 魏가 단행한 군현의 對韓·倭 交易網 재편에 따른 기득권 상실에 자극되어 대방군을 공격하게 된 사실(尹龍九 1999)에서 시사되듯 대방군 주변의 韓사회는 교역의 중간거점으로서의 경제적 이득을 누린 측면도 없지 않았을 것이다.

한편, 백제는 새로 등장한 대방군과 매우 밀접한 관계를 유지하고 있었던 것으로 이해된다. 그러한 추정은 『三國史記』 百濟本紀 責稽王條의 기록으로 뒷받침될 수 있으니 帶方王女를 王의 婦人으로 취함으로써 백제가 대방의 "舅甥之國"이 된다는 표현이 그것이다.

당시 對韓·倭 교섭 창구였던 대방군과 인근해 있던 한강유역 백제는 여타지역의 韓에 비해 비교적 빠른 속도로 정치사회적 발달을 이루어내었던 것으로 보이는데, 그 결과 古爾王 13년(246)경에는 전술한 신분고국과 함께 魏의 對韓 군현교역망 재편을 둘러싸고 빚어진 마찰과정에서 군현에 대한 군사행동에 가담할 수 있는 정도로 성장하였음이 그 근거가 된다.

이후 3세기 중후반경에 들어서 백제는 이제 한반도내에서의 對군현 교섭을 벗어나 遼寧地方의 東夷校尉府를 통해 중국 본토의 西晉과도 원거리교섭을 주도하게 됨으로써 마한지역의 牛耳를 잡게 된다. 이 무렵 그러한 원거리 대외교섭은 『晉書』 武帝紀 및 東夷傳 馬韓條 등 문헌사료 뿐 아니라 한강유역의 고고학자료로써도 뒷받침된다(朴淳發 1998b). 특히, 풍납토성 및 몽촌토성에서 출토된 서진대 錢文陶器의 존재는 멀리 揚子江 이남의 강남지역과도 교섭하였음을 보여주고 있다.

뒤이은 4세기초에 이르면 東晉의 冊封體制에 편승하여 내적으로 왕권의 장악력이 더욱 提高되는 단계로 성장하는데, 이 무렵의 그러한 관계를 보여주는 고고학자료로는 몽촌토성에서 출토된 金銅銙帶金具를 들 수 있다(朴淳發 1999a).

V. 結

지금까지 주로 고고학자료를 중심으로 마한의 대외교섭 변천과정과 마한의 일원이었던 한강유역의 백제가 대외교섭권 장악하는 과정을 중심으로 살펴보았다. 논의된 내용을 정리해보면 다음과 같다.

多紐鏡의 시공간적 분포정형을 통해 살펴 본 기원전 3~2세기대의 韓사회는 마한지역이 여타 지역에 비해 유력 정치체의 분포가 조밀하여 대동강유역의 고조선과 더불어 그 무렵 한반도의 정치사회적 중심지임을 알 수 있었다. 특히, 準王의 南奔을 전후한 무렵부터 위만조선 단계에 이르기까지 한사회의 유력 정치체들은 唐津, 扶餘, 盆山, 長水, 靈巖, 和順 등 거의 대부분 금강유역 및 영산강유역에 분포하고 있는데 비해 영남지방에서는 경주 入室里가 거의 유일하였다.

그러나 군현 설치 이후 그러한 마한지역의 중심지들은 낙동강유역을 비롯한 영남지방에 비해 현저히 위축되는 모습을 보여 주고 있다. 漢鏡의 분포로 반영되는 對군현 공적 교섭의 경우 마한지역에서는 현재까지 공주지역을 제외하고는 확인되지 않는 데 비해 弁辰韓지역에서는 金海, 昌原, 慶州 등이 새로이 부상하고 있다. 이러한 양상은 앞선 시기에 비해 대조적이어서 군현측의 의도적인 선택이 관여되었을 것으로 보여진다. 즉, 일정한 거리내의 토착 사회에 대해서는 조공과 같은 공적 교섭을 허용치 않았을 가능성을 상정해 볼 수 있다. 현재로서는 유일한 마한지역인 공주 역시 금강 이남에 위치하고 있는 점에서 대략 금강 이북의 상대적으로 군현과 근거리에 있는 지역과의 교섭은 활발하지 않았을 것으로 보인다. 이점은 군현과 가까운 원산만 일대 역시 한경의 출토가 전무하다는 점에도 엿보이고 있다.

군현과의 공적 교섭은 군현의 對토착사회 통제력이 뒷받침되었을 것인데, 후한정권의 쇠락과 함께 군현의 통제력이 위축되면서 그러한 형태의 교섭은 현저히 퇴조된 듯하다. 2세기 중후반 "桓靈之末" 이래 韓사회로 군현민의 대량 유입이 일어나고 그 결과 韓滅가 彊盛하면서 朝貢交涉과 같은 공적 교섭이 퇴조되고 있음이 흥미롭다.

한편, 對군현 교역로상에 위치한 서남해안 및 대하천 연변의 韓사회 는 교역 거점으로서 역할을 통해 정치사회적 발달을 도모하고 있었다. 그러한 사정은 중국 화폐의 출토로써 엿볼 수 있다. 당시의 중국 화폐 가 韓사회 내부에서까지 상시적 재화교환 수단으로 활용되지는 않았 더라도 적어도 對군현 상거래에서는 교환의 수단이 되었을 가능성은 배제할 수 없다.

한강유역 伯濟國은 이러한 對군현 교역로상에 위치한 교역거점의 하나로 성장하고 있었음이 최근 풍납동 출토 전한 오수전으로써 짐작 된다. 고조선 단계 한강유역에서 이렇다할 정치체의 존재가 확인되지 않았음에도 불구하고 이 무렵 새로운 교역거점이 형성될 수 있었던 배경은 아무래도 온조집단의 한강유역 정착과 무관치 않으리라 여겨· 진다.

이때 이후 한강유역의 백제국은 마한지역에서 서서히 두각을 나타 내기 시작하여, "桓靈之末" 이후 군현민의 다수 유입과 함께 정치사회 발전이 더욱 가속화되었다. 대방군의 설치이로는 군현과의 밀접한 관 계를 통해 韓사회의 强者로서의 위치를 유지하였으며, 나아가 3세기 후반대에는 마침내 遼寧地方의 東夷校尉府를 통하여 對중국 遠距離交涉 을 실현하면서 韓사회에서는 가장 일찍 국가로 성장하게 된다.

백제가 이처럼 韓지역 여타 정치체에 비해 앞설 수 있었던 배경은 아직 자세하지 않으나 본고를 진행하면서 받은 인상은 역시 군현과의 관계을 배제하기 어렵다는 것이다. 군현세력이 건재할 무렵 군현에 가까운 마한지역은 변진한지역에 비해 군현의 羈縻策으로 인해 정치사회적 발전이 상대적으로 위축되었을 것이지만 그 가운데서도 백제는 對군현 교역로상에 위치한 이점을 어느 정도 누리고 있었으며, 반면 군현이 약화되는 시기에 와서는 군현민의 유입 등이 오히려 정치사회적 성장을 촉진하는 측면으로 작용하였기 때문이다. 또한 기원후 2세기 무렵까지의 군현 통제력의 건재는 마한지역에서의 유력 정치체 성장을 저해하는 결과를 빚었을 것이므로 그 이후 백제가 비교적 단기간에 걸쳐 이 지역의 대외교섭권을 장악하는 데에 긍정적으로 작용하였을 것이다. 이 과정에서 중요한 요인의 하나는 역시 대방군과의 밀접한 관계를 통한 인적 자원 및 정보의 확보였을 것이다.

參 考 文 獻

金東鎬 1984,「固城 東外洞貝塚 發掘調査報告」,『上老大島』, 東亞大學校 博物館.

金良善 1972,「多鈕幾何學文鏡研究抄」,『梅山國學散考』, 崇田大學校出版部.

金元龍 1967,「益山 五金山出土 多鈕鏡・細形銅劍」,『考古美術』 8－3.

＿＿＿＿ 1972,「和順出土細文鏡」,『文化財』 6.

＿＿＿＿ 1973,『韓國美術全集』 1, 同和出版社.

金鐘一 1994,「韓國 中西部地域 青銅遺物・遺蹟의 分布와 祭儀圈」,『韓國史論』
　　　　　　 31.

문안식 1997,「百濟의 對中國郡縣關係 一考察」,『傳統文化研究』 4, 朝鮮大學校
　　　　　　 傳統文化研究所.

朴敬源 1970,「金海地方出土 青銅遺物」,『考古美術』 106・107

朴淳發 1993,「우리나라 初期鐵器文化의 展開過程에 대한 약간의 考察」,『考
　　　　　　 古美術史論』 3.

＿＿＿＿ 1998a,「前期馬韓의 時・空間的 位置에 대하여」,『馬韓史 研究』, 忠南
　　　　　　 大學校 出版部.

＿＿＿＿ 1998b,『百濟國家의 形成 研究』, 서울大學校 大學院 博士學位論文.

＿＿＿＿ 1999,「漢城百濟의 對外關係－國家 成立期 對外交涉의 實狀과 意義」,
　　　　　　『百濟研究』 30, 忠南大學校 百濟研究所.

안영준 1966,「함경남도에서 새로 알려진 좁은 놋단검 관계의 유적과 유물」,
　　　　　　『고고민속』 66－4.

尹德香 2000,『南陽里 發掘調査報告書』, 全北大學校 博物館.

尹龍九 1999,「三韓의 對中交涉과 그 性格－曹魏의 東夷經略과 관련하여－」,
　　　　　　『國史館論叢』 85.

尹容鎭 1981,「韓國青銅器文化研究－大邱坪里洞出土 一括遺物 檢討－」,『韓國考
　　　　　　 古學』 10・11.

李康承 1987,「扶餘 九鳳里 出土 青銅器 一括遺物」,『三佛金元龍教授停年退任紀
　　　　　　 念論叢』I, 一志社.

李健茂 1990,「扶餘 合松里遺蹟 出土 一括遺物」,『考古學誌』 2.

______ 1991, 「唐津 素素里 遺蹟出土 一括遺物」, 『考古學誌』 3.

李健茂 外 1989, 「義昌 茶戶里遺蹟 發掘進展報告(I)」, 『考古學誌』 1.

李殷昌 1969, 「大田市 槐亭洞出土一括遺物調査略報」, 『考古美術』 8-9.

李淸圭 1999, 「東北亞地域의 多鈕鏡과 그 副葬墓에 대하여」, 『韓國考古學報』 40.

李賢惠 1994a, 「三韓의 對外交涉體系」, 『李基白先生古稀紀念韓國史學論叢』(上)(李賢惠, 1998, 『韓國古代의 생산과 교역』, 一潮閣. 所收).

______ 1994b, 「1~3世紀 韓半島의 對外交涉體系」, 『古代 東亞細亞의 再發見』, 호암미술관.

林孝澤·郭東哲 2000, 『金海良洞里古墳文化』, 東義大學校博物館.

全榮來 1975, 「益山 多松里 靑銅遺物出土墓」, 『全北遺蹟調査報告』 5, 全州市立博物館.

______ 1977, 「韓國靑銅器文化의 系譜와 編年-多鈕鏡의 變遷을 中心으로-」, 『全北遺蹟調査報告』 7, 全州市立博物館.

______ 1987, 「錦江流域 靑銅器文化圈 新資料」, 『馬韓·百濟文化』 10.

池健吉 1990a, 「長水 南陽里 出土 靑銅器·鐵器 一括遺物」, 『考古學誌』 2.

______ 1990b, 「南海岸地方 漢代貨幣」, 『昌山 金正基博士 華甲記念論叢』.

崔夢龍 1976, 「西南區貝塚發掘調査報告」, 『馬山外洞城山貝塚發掘調査報告』, 文化財管理局.

崔盛洛 1987, 『海南郡谷里貝塚I』, 木浦大學校 博物館.

崔鍾圭 1983, 「慶州市朝陽洞遺蹟發掘調査概要とその成果」, 『古代文化』 35-8.

韓國文化財保護財團 1998, 『慶山林堂遺蹟』(I), (VI).

韓炳三·李健茂 1977, 『南城里 石棺墓』, 國立中央博物館.

咸舜燮 1998, 「天安 淸堂洞遺蹟을 통해 본 馬韓의 對外交涉」, 『馬韓史 硏究』, 忠南大學校 出版部.

洪思俊 1960, 「全北 益山 出土 六朝鏡」, 『考古美術』 1-1.

황기덕 1958, 「1958년 춘하기 어지돈지구 관개공사 유적정리 간략보고II」, 『문화유산』 59-1.

宇野隆夫 1977, 「多鈕鏡硏究」, 『史林』 60-1.

梅原末治・藤田亮策 1947,『朝鮮古文化綜鑑』1.

甲元眞之 1990,「多鈕鏡再檢討」,『古文化談叢』22.

榧本龜生 1935,「南朝鮮小鹿島發見の多鈕細文鏡其他」,『考古學』6-3.

京都國立博物館 1993,『倭國-邪馬台國と大和王權-』, 每日新聞社.

高久健二 1995,『樂浪古墳文化 研究』, 學研文化社.

　　　　　　 1997,「樂浪郡과 三韓과의 交涉形態에 대하여-三韓地域 出土의 漢
　　　　　　　　　式 遺物과 非漢式 遺物의 檢討를 중심으로-」,『文物研究』1.

高倉洋彰 1994,「後漢・原三國・彌生時代의 銅鏡」,『古代 東亞細亞의 再發見』,
　　　　　　　　호암미술관.

朝鮮總督府 1925,『南朝鮮に於ける漢代の遺蹟』, 大正十一年度古蹟調査報告　第
　　　　　　　　二冊.

森本六爾 1935,「多鈕細文鏡の諸型式」,『考古學』6-7.

平井尙志 1960,「沿海州新出土の多鈕細文鏡と その一括遺物について」,『考古學
　　　　　　　　雜誌』46-3.

濱田耕作・梅原末治 1923,「金海貝塚發掘調査報告」,『大正九年度古蹟調査報告』
　　　　　　　　第1冊, 朝鮮總督府.

樋口隆康 1979,『古鏡』, 新潮社.

周貴 1960,「朝陽十二臺營子靑銅短劍墓」,『考古學報』60-1.

沈陽古宮博物館 1975,「沈陽鄭家窪子兩座靑銅器時代墓葬」,『考古學報』75-1.

Change in Mahans International Relations and the Appearance of Paekche

This paper, examining archaelogical records such as multi-button mirrors (多鈕鏡), Chinese Han mirrors (漢鏡) and Chinese coins, looks at the Han(韓)s international relations with Gojoseon and Chinese colonies in the Daedong River Valley circa between 300 BC and 300 AD.

Spatial distribution pattern of multi-button mirrors indicates that the Han of the third and second centuries BC was one of the political centers, along with Gojoseon in the Daedong River Valley, since powerful polities were distributed in the Mahan area more densely than other areas. However, the distribution of Chinese Han mirrors in the next period suggests that after the establishment of Chinese Han colonies, political centers of Mahan were weakened. This situation contrasting to previous period seems to have resulted from Chinese colonys policy.

Formal interaction with Chinese colonies must have been based upon Chinese colonies control over indigenous groups, but as their control was loosened due to decline of Chinese Han, formal interaction seems to have dramatically decreased. Since Socalled "Huanling zhime" (桓·靈之末) in the mid-second century, a large-scale migration from Chinese colonies to Han societies took place, and thus as Han-Ye (韓濊) got power, formal interactions such as tributary relations seems to have diminished.

Meanwhile, distribution of Chinese coins demonstrates that Han polities located on the southwest coast and along the major rivers sought for sociopolitical development, taking advantage of their roles as trade centers. Chinese Hans Usuchian (五銖錢) from Pungnap earthen wall imply that Paekche (伯濟國) in the Han River Valley was developed as a trade center on the trade route between Han and Chinese colonies. This would have been related with the Onjos occupation of the Han River Valley.

Relations between Paekche (百濟) and Chinese colonies would explain the sociopolitical development of Paekche, which was earlier than any other polities. When Chinese colonies were powerful, due to Chinese colonies diplomatic policy, sociopolitical development of Mahan that was geographically close to Chinese colonies would have been protracted compared with Byeonhan and Jinhan. However, it still would have been able to take advantage of its location on the trade route between Han societies and Chinese colonies. As Chinese colonies were declined, large-scale immigration from Chinese colonies stimulated the sociopolitical development. In addition, because the existence of Chinese colonies until the second century AD would have prevented the development of powerful polities in the Mahan area, Paekche would have been able to dominate the international interactions in the region within a relatively short time.

찾아보기

박순발

1958년 경주생
서울대학교 고고학과 졸업(1984)
서울대학교 대학원 석사과정 고고미술사학과 졸업(1989)
서울대학교 대학원 박사과정 고고미술사학과 졸업(1998)
현재 충남대학교 고고학과 교수 겸 백제연구소장
저서 : 한강유역사(공저), 韓國의 前方後圓墳(공저) 외 다수.
논문 : 漢江流域 原三國土器의 樣相과 變遷(1989), 漢江流域 百濟土器의 變遷과 夢
村土城의 性格에 대한 一考察(1989), 百濟土器의 形成過程(1992), 漢城百濟
成立期 諸墓制의 編年檢討(1994), 漢城百濟의 中央과 地方(1996), 漢城百濟
基層文化의 性格(1996), 漢城百濟의 對外關係(1999), 泗沘都城의 構造에 대
하여(2000), 榮山江流域 前方後圓墳의 意義(2001) 외 다수.

한성백제의 탄생

초판 1쇄 인쇄일 • 2001년 8월 30일
초판 1쇄 발행일 • 2001년 9월 5일
초판 2쇄 발행일 • 2002년 8월 10일

발행인 • 김선경

지은이 • 박순발

발행처 • 서 경 문 화 사
서울특별시 종로구 동숭동 199-15(105호)
Phone : 743-8203 / FAX : 743-8210 / E-mail : sk8203@chollian.net

등록번호 • 1-1664호

ISBN 89-86931-38-9 93900